剑桥家训

此乃启蒙之地和智慧之源的精华!

家训

精华卷

Cambridge
Family motto

柳杨 / 编著

中华工商联合出版社

图书在版编目（CIP）数据

剑桥家训 / 柳杨编著 . -- 北京：中华工商联合出

版社，2016.10（2021.6 重印）

　　ISBN 978-7-5158-1775-0

　　Ⅰ.①剑… 　Ⅱ.①柳… 　Ⅲ.①青少年教育－家庭教育

Ⅳ.① G782

中国版本图书馆 CIP 数据核字（2016）第 231082 号

剑桥家训

编　　著：柳　杨

责任编辑：郑承运　袁一鸣

装帧设计：北京东方视点数据技术有限公司

责任审读：郭敬梅

责任印制：迈致红

出版发行：中华工商联合出版社有限责任公司

印　　刷：唐山富达印务有限公司

版　　次：2017 年 1 月第 1 版

印　　次：2021 年 6 月第 2 次印刷

开　　本：710mm×1020mm　1/16

字　　数：280 千字

印　　张：20

书　　号：ISBN 978-7-5158-1775-0

定　　价：78.00 元

服务热线：010-58301130

销售热线：010-58302813

地址邮编：北京市西城区西环广场 A 座

　　　　　19-20 层，100044

http://www.chgslcbs.cn

E-mail: cicap1202@sina.com（营销中心）

E-mail: gslzbs@sina.com（总编室）

Preface | 前言

　　剑桥大学是世界公认的最顶尖大学之一，无论学校的名气、硬件设施、教育质量，还是学生的综合素质，都堪称世界一流，被誉为科学家的摇篮。自 1209 年建校至今 800 多年间，这里先后走出 7 位首相、97 位诺贝尔奖获得者、数百位世界巨富，以及众多著名的科学家、文学家等，培根、牛顿、拜伦、达尔文、弥尔顿、罗素、霍金等伟人均出于此。

　　剑桥的伟大成就了这些最闪亮的人物，而这些响当当的人物也映衬了剑桥的辉煌。剑桥之所以成功，关键在于它先进的办学理念、追求真理的可贵品质和 800 多年沉淀下来的闪光智慧。他们因人而异、因材施教的教育方法，他们培养孩子成才的严谨态度，以及他们结合家庭教育引导孩子从平凡走向卓越的坚定信念，都是这所著名学府精英教育的重要组成部分。

　　当然，学校教育离不开家庭教育，家庭是孩子的第一所学校，父母是孩子的第一任老师，家长都希望自己的孩子能拥有一个灿烂的前程。随着社会的发展和教育的不断进步，人们对于孩子教育尤其是孩子的素质教育愈加重视。然而如何去设计、创造孩子的成才之路，是每一位家长需要面对的抉择。

他山之石，可以攻玉。剑桥家训的成功案例告诉我们，好的学习和生活习惯是父母给予孩子的最大财富。剑桥人成功的教育经验，值得我们每一个中国父母学习和借鉴，也是当前我们家庭素质教育的绝好参考。为此，我们编写了这本《剑桥家训·精华卷》，以期为父母提供一个优秀的教子读本。

本书汇集了剑桥大学顶级的教育理念精华，从人生哲理、优秀品质、杰出本领、人性弱点等多个角度，充分诠释了剑桥大学教育理念中的精髓，触及了人生中最朴素的情感和人性中最本质的内容，并挖掘出成长路上最丰富的成功内涵，为成长中的孩子提供适合其心理需求的精神养分，铸就一个人应有的优秀品质，并树立起明确的精英意识，学会在学习和生活中自我选择，自我塑造，为成长为社会精英打下坚实的基础。

这是一部培养优秀人才、造就社会精英的经典教程，也是一部在道德、精神和行为上给予指导、安慰与鼓舞的智慧典籍，更是剑桥人送给天下父母及儿女的最好的人生礼物。这里没有冗长的说教，只有无穷无尽的榜样力量和深刻的人生哲理。通过本书，家长可以与孩子一同品味剑桥的教育精华，帮助他们全面解读剑桥大学打造巨人的教育模式，使其在成功的道路上迈出坚实的一步。

正如剑桥大学的校训所说："此乃启蒙之地和智慧之源！"希望每一位读到该书的人都能有所收益，有所启迪。

编　者
2016 年 9 月

Contents|目录

第 一 章　梦想有多高，你站得就有多高 / 1

梦想是人最大的希望 / 1

用梦想做成功的指引 / 4

送自己一个愿望做礼物 / 6

拥有梦想是你的权利 / 9

为梦想设计一个清单 / 12

梦想会在坚持中实现 / 15

用目标引领你的人生 / 17

不要让目标偏离了方向 / 20

大胆地去实现你的梦想 / 22

第 二 章　机遇不会站在原地等着你 / 25

机遇就是一种选择 / 25

在小事中把握机遇 / 27

机遇要自己主动寻找 / 30

犹豫会让你错过最好的时机 / 32

不要让过多的选择蒙蔽你的眼睛 / 34

拐角处也有机遇 / 37

偏执让你白白错失机遇 / 39

不要因为害怕失败而放弃机遇 / 41

看准时机，才能准确抓住机遇 / 44

第 三 章　要沿着一条正直的道路前进 / 47

正直是人生最珍贵的财产 / 47

保持一颗纯洁无私的心 / 49

用平静的力量固守正直的本性 / 52

勇敢向人性中的丑陋宣战 / 54

承受住对良知的考验 / 57

不要被权势压弯正直的心灵 / 59

遵守内心正直的道德底线 / 62

危难中更要保持正直之心 / 64

在心中架起正义的旗杆 / 66

心正直了，腰杆才能挺得直 / 69

第 四 章　做好自己最重要 / 72

找到自己，做好自己 / 72

宽容自己的不完美 / 75

学会为平凡的自我喝彩 / 77

小心在攀比中迷失了本性 / 80

不要做无谓的比较 / 82

收住品评他人的口 / 85

坚守自己的尊严 / 87

守住人格的底线 / 90

第 五 章　坚守自我的同时懂得灵活变通 / 93

　　变通是一种不可缺少的智慧 / 93

　　恶劣的环境难不倒懂得变通的人 / 95

　　坚持不一定要到底 / 98

　　此路不通，还能走另外一条路 / 100

　　果断放弃，也是一种变通 / 102

　　不要被已知的经验拴住前进的脚步 / 105

　　灵活变通的人更容易获得成功 / 107

　　不要被你自己的条件所局限 / 110

　　变通一下，看到的就会大不一样 / 112

第 六 章　在心中播下爱的种子 / 115

　　善行将温暖你的一生 / 115

　　心存仁爱，就会离真理更近 / 117

　　给别人以真诚的赞美 / 119

　　用你的眼睛给别人一片光明 / 121

　　善良能给予人们莫大的收获 / 123

　　给予就是一种关爱 / 125

　　放开胸怀播撒爱的种子 / 128

　　用真诚滋养爱的秧苗 / 130

　　爱是成就完满人生的资本 / 132

第 七 章　把学习当作一种习惯 / 135

　　知识是不会贬值的财富 / 135

　　学习没有早晚的限制 / 138

　　学习要讲方法 / 140

　　学习没有捷径可以走 / 142

　　自学是一种生存技能 / 145

　　要学会提出问题 / 147

养成每天阅读的好习惯 / 149

要维持稳定不变的学习力 / 152

永远保持向上的进取心 / 154

要做好终生学习的准备 / 157

第 八 章　太忠于感觉，就难以好好思考 / 160

会思考的大脑比金钱更重要 / 160

要养成一种质疑的能力 / 162

学会理性地思考 / 165

不断思考才能不断前进 / 168

换位思考是解决问题的好办法 / 170

固守成见，只能深陷泥潭 / 172

冲破思维定式的牢笼 / 174

不要被表象迷惑了你的思考 / 177

再忙也要给思考留一点时间 / 179

用思考为自己赢得出路 / 182

第 九 章　把握当下 / 185

活在当下，是对自己的尊重 / 185

多珍惜一分钟，便多了一分美好 / 188

把每一天都当成最好的日子 / 190

接受当下，才能免于痛苦 / 192

甩开过去的阴霾 / 195

眼光放得过高，容易忽视了现在 / 198

面对今天，才能成就未来 / 200

感受当下的幸福 / 203

第 十 章　珍惜时间 / 206

时间是生命最大的财富 / 206

有效管理你的时间 / 208

做和时间赛跑的竞赛者 / 211

不要轻易放过空当时间 / 213

每天抽出固定的时间来做安排 / 215

及时堵住时间的小漏洞 / 217

做好时间的驾驭者 / 220

把 24 小时成功变为 48 小时 / 222

用同样的时间做更多的事情 / 224

修炼你的时商 / 227

第十一章　品格的修行应伴随人的一生 / 230

你的品质将决定你的价值 / 230

责任是成就人生的基石 / 232

尊重别人就是尊重自己 / 235

孝敬父母是最美的品行 / 237

抵制住每一次不良诱惑 / 239

自尊自立才能活出人生的精彩 / 241

任何时候都要保持修养 / 244

保持谦虚低调的作风 / 246

别让谎言毒化你的灵魂 / 249

用高尚的品行指引你的行动 / 252

第十二章　幸福的律动要用心去聆听 / 255

幸福是自己争取来的 / 255

不要让贪婪堵住幸福的源泉 / 258

不要陷进名利的旋涡 / 260

简单生活就是幸福 / 262

放下欲望的包袱 / 264

知足的人更容易感受幸福 / 267

顺其自然，幸福自然来 / 269

感受一碗水似的幸福 / 272

第十三章　合理规划自己的时间 / 275

时间的意义 / 275

合理利用零碎时间 / 276

恪守时间，珍惜时间 / 279

做时间的主人 / 281

零碎时间可以成就大业 / 282

第十四章　学习到底是为了什么 / 285

学历不是"通行证" / 285

大学毕业不等于学习终结 / 286

真正要学习的是学习方法 / 289

成绩不等于成就 / 290

能力比知识重要292

第十五章　梦想是成功的翅膀 / 295

分大目标为小步骤 / 295

贫穷只因无梦想 / 297

确信目标终究会实现 / 298

确定自己的职业目标 / 300

第十六章　每个人都是金子 / 302

经营你的强项 / 302

每个人都是金子 / 303

一味攀比会使你迷失方向 / 305

不要开错窗 / 306

走出别人给你画的圆 / 307

第一章

梦想有多高，你站得就有多高

梦想是人最大的希望

世界上最快乐的事，莫过于为理想而奋斗。

——苏格拉底

梦想是人生最大的希望，它能将人从迷茫的蛛网里解救出来；梦想是人生最大的希望，它能使最寒冷的地方盛开鲜花；梦想是人生最大的希望，所有的努力都是为了向梦想致敬。

梦想是人生最大的希望，梦想的实现要求每一个人必须具有高瞻远瞩的目光。在达到目标之前，所有其他的事物都只是我们走向梦想的辅助物。不必过多地留恋沿途的花草，当我们达成梦想后，我们有足够的时间来欣赏。不要为眼前的利益绊住双脚，一旦分心，我们就会偏离了方向。

梦想是人生最大的希望，当各种诱惑纷至沓来的时候，记得稳住心神，问问自己，什么才是最重要的，什么才能帮助我们达成梦想。有一位令人尊敬的橄榄球教练就深深知道这个道理，并且帮助自己的学生做了正确的选择。

奥利·贾维斯是一个普普通通的老师，他在一所高中做体育教练。出身贫寒的亨利是他的得意门生，非常喜欢橄榄球，很有天赋。在亨利升入高年级的那个夏天，一个朋友推荐他去做一份暑期工。亨利意识到如果自己去做这份工作，那意味着必须得告诉贾维斯教练他不能去打球了。

"你还有一生的时间可以去工作，"贾维斯教练知道后生气地对亨利说，"但是，你练球的日子是有限的，你根本浪费不起！"亨利低着头站在教练面前，努力向他解释。为了那个替他妈妈买一座房子和口袋里有钱的梦想，即使让教练对他失望，他认为也是值得的。

"孩子，你做这份工作能挣多少钱？"

"每小时 3.25 美元。"

贾维斯教练继续问道："你认为，一个梦想就值一小时 3.25 美元吗？"

亨利被这个问题震住了：我的梦想、我的未来就值 3.25 美元吗？那年暑假，亨利全身心地投入到运动中去。同一年，他与匹兹堡海盗队签订了一份价值 2 万美元的契约。后来，他在亚利桑那州立大学获得了橄榄球奖学金，使他获得了接受教育的机会。在全美国的后卫球员中，他两次被公众认可，并且在美国国家橄榄球联盟队队员的挑选赛中排在第七名。

1984 年，亨利与丹佛野马队签署了 170 万美元的合同。他终于为他的母亲买了一座房子，实现了他的梦想。

亨利也许是一个很有天赋的孩子，但如果没有那个关于梦想的问题，没有认真思考自己未来的正确方向，也许结果就不一样了。任何事物都没有一个人的梦想珍贵，有梦想才有希望，有梦想才会使种子生根发芽。实现了梦想，我们想得到的一切都会随之而来。

　　有了梦想，就可以改变一切。最直接可以改变的便是我们自己，用自己梦想的标准来要求自己，时刻准备着，终有一天会从梦想走向现实。美国的第一位黑人州长罗杰·罗尔斯，就很好地证明了这句话的可行性。

　　罗杰·罗尔斯出生在声名狼藉的大沙头贫民窟，那里环境恶劣，充满暴力。罗尔斯小时候就读于那里的诺必塔小学。

　　1961 年，皮尔·保罗被聘为诺必塔小学的董事兼校长。当时正值美国嬉皮士流行的时代，他走进大沙头诺必塔小学的时候，发现这儿的穷孩子个个无所事事。作为一个教育者，他想了很多办法来引导孩子，但都没什么效果。后来他发现这里的孩子们很迷信，就假装自己会看手相。孩子们被吸引住了，纷纷问校长自己以后的命运会如何。轮到罗尔斯时，校长拉着他的手，仔仔细细地看了一遍，说道："我一看你修长的小拇指就知道，将来你能成为一位州长。当然，你与州长的差距现在非常大，能否追上去，只取决于你自己……"

　　当时，罗尔斯大吃一惊，因为长这么大，只有奶奶说他可以成为 5 吨重的小船的船长。皮尔·保罗先生竟说他可以当纽约州的州长，这着实出乎他的预料。他记下了这句话，并相信了它。从那天起，"纽约州州长"就像一面旗帜，罗尔斯的衣服不再沾满泥土，说话时也不再夹杂污言秽语。他开始挺直腰杆走路，在以后的 40 多年间，他没有一天不按州长的身份要求自己。51 岁那年，罗尔斯成为美国纽约州的第 53 位州长，也是美国第一位黑人州长。

　　皮尔校长给罗尔斯的只是一个善意的谎言，但是罗尔斯却把他当作终生的梦想。这个梦想给了他一个希望，他便按照梦想的样子来要求自己。最终，梦想如约而至。

　　梦想是上天赐给我们最宝贵的礼物。梦想是人生最大的希望，专注地朝着梦想前进，你就一定能够成就自己。

用梦想做成功的指引

有些人让梦想悄然绝灭，有些人则细心培育、维护，直到他安然度过困境，迎来光明和希望，而光明和希望总是降临在那些真心相信梦想一定会成真的人身上。

——伍德罗·威尔逊

一个没有梦想的人，就像断了线的风筝和大海上迷失方向的船一样，没有任何依靠。可见，梦想对于一个人的成功有着巨大的助推和牵引作用。梦想是成功的前提，因为只有心中有梦，才会为之奋斗，才会在不久的将来看到成功的彼岸。

他从小就喜爱篮球，却因为自己的个子不高屡次遭到伙伴们的讥讽和嘲笑。

一直到高中毕业的时候，他才仅仅长到 1.65 米。此时的他依然热爱篮球，并希望将篮球作为他终生奋斗的事业。但是，他面临着众人的质疑声：只有 1.65 米的他，能打好职业篮球赛吗？

面对他人的质疑，他自信地说道："别人说我矮，反而成了我的动力。我偏要证明矮个子也能打好篮球。"于是，在各个大小篮球赛场上，从下方来的球 90% 都被他收走了。他利用个子矮的"优势"飞速地运球过人，取得了一次又一次的胜利。

后来，他成了 NBA 全联盟中最矮的球员。他就是美国篮球明星博伊金斯。

正是梦想激励着博伊金斯最终走向成功的舞台。梦想有着神奇的力量，它可以极大限度地激发起人的潜能，促使人一步一步向成功靠近。

没有人知道自己的潜力有多大，当我们抱着必胜的信心去迎接挑战时，就会挖掘出连自己都想象不到的潜能。所以说，要想成功，必须要有梦想，你的梦想会决定你的人生走向，决定你是否能迈向成功，正如美国一位哲人所说的那样："很难说世上有什么做不了的事，因为昨天的梦想可以是今天的希望，还可以是明天的现实。"要想使自己的人生绽放光彩，要想改变自己的命运和处境，在学业和事业上获取成功，就需要你拥有梦想，然后以它来作为成功的指引。

英国有个叫布罗迪的教师，他在一次整理旧物时发现了一叠25年前的作文簿，是彼得金中学 B（2）班 31 位孩子的春季作文，题目叫《未来我是……》。他顺手翻了几本，就被孩子们千奇百怪的自我设计迷住了。比如，有个叫彼得的学生说，未来的他是海军大臣，因为有一次他在海中游泳时喝了 3 升海水都没被淹死；还有一个说自己将来必定是法国总统，因为他能背出 25 个法国城市的名字，而同班的其他同学最多的只能背出 7 个；最让人称奇的是一个叫戴维的盲人学生，他认为将来他必定是英国的一个内阁大臣，因为在英国还没有一个盲人进入过内阁。总之，31 个孩子都在作文中描绘了自己的未来，有当驯狗师的，有当领航员的，有做王妃的……五花八门，应有尽有。

布罗迪读着这些作文，突然有一种冲动——何不把这些本子重新发到同学们手中，让他们看看现在的自己是否实现了 25 年前的梦想呢。当地一家报纸得知他这一想法后，就为他发了一则启事。没几天，书信从四面八方向布罗迪飞来。他们中间有商人、学者、政府官员，更多的是没有身份的普通人，他们都表示，很想回忆儿时的梦想，并且很想得到那本作文簿。布罗迪按地址一一给他们寄去。

一年后，布罗迪身边仅剩下戴维的作文簿。他想，这个人也许已经死了。毕竟 25 年了，25 年间是什么事都可能发生的。

就在布罗迪准备把这个本子送给一家私人收藏馆时，他收到内阁教育大臣布伦克特的一封信。他在信中说："那个叫戴维的就是我，感谢您还为我们保存着儿时的梦想。不过我已经不需要那个本子了，因为从那时起，我的梦想就一直在我的脑子里，我没有一天放弃过。25年过去了，我已经实现了那个梦想。今天，我还想通过这封信告诉其他的30位同学，只要不让年轻时的梦想随岁月飘逝，成功总有一天会出现在你的面前。"

梦想应是植根于内心深处并保持良久的，它能以最大强度鼓励人们勇敢向前方迈进，支撑人们坚定下去的决心。布伦克特之所以成功，正是因为儿时梦想的持久推动。

梦想是前进的指南针，是建设高楼大厦的蓝图，是长途跋涉中指引行者前行的路标，是对未知探索的一种盼望，更是对实现成功目标的一种支撑。只有在心中长存梦想，我们才会执着于脚下的路，才会在形形色色的诱惑中把握方向，才会勇敢面对前方的层层困难险阻，才会一直坚定不移地走下去。所以说，有梦想才有希望，有梦想才有追求，有梦想才有奋进，有梦想才有成功。

梦想是成功之根，一切的成功都将从梦想出发。正如一位哲人所说："没有春天的播种，就没有秋天的收获，没有梦想的萌发，就没有后来的成功。"人的聪明和伟大，就在于把梦想作为目标来执着追求。因此，倘若想获取成功，使自己的人生成就辉煌，那么，就请果断插上梦想的翅膀，不断地追逐梦想、放飞梦想，心甘情愿地接受梦想的牵引吧！

送自己一个愿望做礼物

有了物质，人才能生存；有了理想，人才能生活。生存与生活有什么不同呢？动物是生存，而人则应该生活。

——雨果

美国马萨诸塞州的科学家曾经做过一个探索南瓜生长力量的实

验，他们用铁丝箍住一个成长中的小南瓜，看看它能够承受多大的力量。小南瓜生命力出乎意料地旺盛，想要生长的愿望压倒了一切。实验者不断加重压力，小南瓜不断向外突破，当压力到达 5000 磅（1磅 =0.45 千克）的时候，南瓜才最终破裂。此时，南瓜内部已经全部变成坚硬的纤维，无法食用了。实验者向下挖掘，惊讶地发现南瓜的根系深深地扎入整个花园，几乎每一寸土地都被它占据了。

想要生长的愿望，让南瓜竭尽所能地抗击外来的压力，甚至可以占据整个花园。如果我们有南瓜一样强烈的愿望，去直接面对外来的压力，我们也会从弱小变强大。强烈的愿望可以引领我们一步步走向自己的目标，强烈的愿望就像富有营养的肥料，灌溉着我们想要成功的心，滋养着，催发着，直到它茁壮起来，变成参天大树，变得绿树成荫。正如铁丝拦不住南瓜生长的决心，有些人是不会为环境所困的，因为他们想出人头地的愿望太强烈了。

加纳自幼家庭贫困，他 5 岁时就开始劳动，8 岁开始赶骡子，帮助家庭维持生计。加纳有一位不平凡的具有进取精神的母亲。她目睹自己家庭的生活环境，即使每日艰苦劳动，收入仅能糊口，孩子也还是没有读书的机会。于是，她与儿子加纳讨论说："加纳，我们不应该贫穷。我不愿意听到你说：我们的贫穷是上帝的意愿。我们的贫穷不是由于上帝的缘故，而是因为你的父亲从来就没有产生过成功的愿望。我们家庭中的任何人都没有产生过出人头地的想法。"

妈妈这番话给加纳的心灵刻下了深深的烙印：没有产生过成功的愿望，即没有进取精神、没有积极的心态，甘愿世世代代贫穷下去。加纳当时虽年纪不大，但他的心里已萌发了成功的决心。从此，他时时刻刻注意怎么才能走上成功之路。他总是把他所需要的东西放在心中，对他不需要的东西置之不理。这样，愿望的种子慢慢开始发芽、生长。

加纳为了走上成功之路，选择了经商。从做小伙计到自己创业卖肥皂，经过 12 年的努力，他收购了一家肥皂厂。数十年过去了，加纳带着致富的愿望成了当地有名的亿万富翁，留下了又一个不断进取、创造奇迹的传奇。

人生的精彩来自梦想的精彩，想要富起来的愿望是加纳积极向上的动力。人生在世就应当努力进取，无论生在何方，无论你的家庭背景是什么，无论你的起点在哪里，只要你有足够强烈的愿望，就可以不断从中汲取力量。为了达成愿望而努力奋斗的过程中，我们要将外在的条件全部抛诸脑后，像小南瓜抵抗铁丝一样，像加纳渴望摆脱贫困一样，实现愿望，让生命价值不断升华。

"思想有多远，我们就能走多远。"换言之，我们的愿望有多大，我们的成就就可以有多大。平凡而又内向的邮差希瓦勒捡起了一块又一块美丽的石头，按照自己天马行空的想象做自己的城堡，一辈子捡的石头最终成了法国最著名的旅游胜地——邮差希瓦勒之理想宫，而他的第一块石头上写着："我想知道一块有了愿望的石头能走多远。"

一块有了愿望的石头走了很远，而一个有了愿望的人又能走多远呢？有了愿望的人可以走到他想到的任何地方。

有这样一位少年，出身贫寒，每当闲暇时间，他总要拿出祖父在他 8 岁那年送他的生日礼物——一幅已被摩挲得卷边的世界地图。他的目光一遍遍浏览着地图上标注的城市，思绪亦随之纵横驰骋。15 岁那年，这位少年写下了他气势不凡的计划书——《一生的志愿》："要到尼罗河、亚马孙河和刚果河探险；要登上珠穆朗玛峰、乞力马扎罗山和麦金利峰；驾驭大象、骆驼、鸵鸟和野马；探访马可·波罗和亚历山大一世走过的道路；主演一部《人猿泰山》那样的电影；驾驶飞行器起飞降落；读完莎士比亚、柏拉图和亚里士多德的著作；谱一部乐曲；写一本书；拥有一项发明专利；给非洲的孩子筹集 100 万美元捐款……"他洋洋洒洒地列举了 127 项人生的宏伟志愿。

所有人都认为那不过是一个孩子天真的梦想而已，随着时光的流逝，很快就会烟消云散。然而，少年却毫无畏惧地开始了将梦想转变为现实的漫漫征程。毫无疑问，那是一场壮丽的人生跋涉，也是一场异常艰难、令人难以想象的生命之旅。他把一个个近乎空想的愿望变成了一个个现实，他也因此一次次地品味到了梦想成功的喜悦。44 年后，他实现了《一生的志愿》中的 106 个愿望。他就是 20 世纪著名的探险家约翰·戈德。

命运的画卷是由自己涂上色彩的。约翰·戈德自己送给了自己一份愿望做礼物，他乘着帆船去了远方；加纳在贫困的生活里产生了要出人头地的愿望，他改变了自己也改变了家人的命运。

如果生活没有色彩，如果生活陷入窘境，如果环境限制了你的才能和发展，给自己一个愿望！给自己一个愿望做礼物，我们就可以走得更远！

拥有梦想是你的权利

正因为有了理想，生活才变得如此甜蜜；正因为有了理想，生命才显得如此宝贵。

——艾特玛托夫

梦想有一种巨大的魔力，能够不断召唤着你前进。因此，无论你的梦想怎样模糊，也不管你的梦想多么的不可思议，只要你勇敢地听从梦想的召唤，正视它，并坚持不懈地走下去，就能使梦想变成现实。

梦想女神青睐每一个有勇气的人，欣喜地看着无数的"西西弗斯"为了实现梦想而坚持不懈地推石头上山。梦想根植于每个人的心，融入生命，和我们的生活与命运紧密相连。对于每一个人来说，梦想都是无价之宝。

梦想从来都是公平的，无论穷人和富人，卑微或者高贵，都可以拥有它。一旦拥有并相信梦想，我们就可以改变自己的命运。

有一位水手常年往来于大西洋各个港口，船靠岸的时候，他可以带着自己的孩子到岸上四处游览。一次，水手带着儿子去参观凡·高故居，在看过凡·高那张小木床及裂了口的皮鞋之后，儿子认真地问父亲："凡·高不是位百万富翁吗？"父亲答："凡·高是位连妻子都没娶上的穷人。"第二年，水手带儿子去丹麦。在安徒生的故居前，儿子又困惑地问："爸爸，安徒生不是生活在皇宫里吗？"父亲答："安徒生是位鞋匠的儿子，他就生活在这栋阁楼里。"儿子看着破旧的房子，专注地看着，他的眼中渐渐充满了光芒。

这个小孩子叫伊东布拉格，是美国普利策新闻奖的第一位黑人得奖者。20年后，在回忆童年时，伊东布拉格说："那时我们家很穷，父母都靠卖苦力为生。有很长一段时间，我一直认为像我们这样地位卑微的黑人是不可能有什么出息的。好在父亲让我认识了凡·高和安徒生，这两个人告诉我，上帝没有轻看卑微，没有轻看任何人。"

无论是穷人还是富人，只要能够不懈地奋斗，就一定能够实现自己的理想，从而获得成功。因为上帝从来都会给每个人相等的机遇。

阻碍这位黑人记者伊东布拉格走向成功的，是卑微的身份和贫困的家境，可是一旦他意识到自己也有权利拥有梦想时，生命的能量就此被激发了。这个小伙子，找到了秘诀，在实现梦想的路上斗志昂扬。

面对种种阻碍因素，也许我们应该坚定地对自己说："我早已致力于我决心保持的东西。我将沿着自己的路走下去，什么也无法阻止我对它的追求。"伊夫林·格兰妮就是这样一位坚信未来、不轻言放弃，把梦想变成现实的人。

伊夫林·格兰妮是世界上一流的打击乐独奏家。她曾说："从一开始我就决定：一定不要让其他人的观点阻挡我成为一名音乐家的热情。"热爱音乐的格兰妮8岁时就开始学习钢琴，她每日辛苦练习，不知疲倦，她的热情与日俱增。然而，不幸的事情发生了，她的听力渐渐地下降。医生断定这是由于神经损伤造成的，而且这种损伤难以康复，并且还断言到12岁时，她将彻底耳聋。对一个热爱音乐的人来说，这是多么残酷，格兰妮沉浸在巨大的绝望和悲痛之中，但她仍然一如既往地热爱音乐，没有放弃学习。

她的理想是成为打击乐独奏家，为了演奏，她学会了用不同的方法"聆听"其他人演奏的音乐，她通过身体和想象感觉每个音符的震动。伊夫林·格兰妮向伦敦著名的皇家音乐学院提出了申请，她的演奏征服了所有的老师。最后，她打破了这个学校从来不收聋学生的传统，顺利地入了学。

从那以后，她就专心致志地为成为第一位专职打击乐独奏家而努力，并且为打击乐独奏谱写和改编了很多乐章。格兰妮一直坚持自己的选择，她不为任何事情左右，甚至是医生的诊断也不能阻止她，而她终于成功了，她成了世界上第一位专职的打击乐独奏家。她为自己的选择感到骄傲。

我们生活在一个开放的世界里，每当遇到问题时，周围便充满了各种各样的眼睛，但不管是鼓励关切还是不屑质疑，甚至是阻挠制止的，我们都应该明白，对于正确的选择一定要坚持。

我们每个人都拥有自己的生活方式，每个人都有拥有梦想的权利。不必因为外在条件的欠缺，而否定自己拥有梦想的权利，没有必要放弃追逐美好的权利。不必因为别人的看法和意见，而停下前进的脚步。有人说，上帝关上门的时候，为你留了一扇窗。而实际上，上帝主宰世界，我们却主宰自己，没有门没有窗的时候，我们可以用双手去敲开封闭的墙。

所以任何时候，让心做行动的向导，它会带你去到那个你想去的地方。我们所梦想的，我们就值得拥有，梦想的权利掌握在自己手中。

为梦想设计一个清单

只有向自己提出伟大理想，并以自己全部的力量为之奋斗的人，才是最幸福的。

——加里宁

"如果生命只剩下一天，你会怎样度过？你会去爬高山吗？你会去亲吻梦中的女孩吗？你会向某个人倾诉自己的一生吗？"这是美国最火爆的真人秀节目《被埋葬的生活》的广告语，它煽动了很多人的心。这个节目所讲述的是四个朋友共同制作了一张梦想清单，并想尽办法实现它的过程。"被埋葬的生活"，这个名字说得多好啊！远离梦想，终日忙碌的我们，何尝又不是疲于奔命，被埋葬在日复一日的琐碎生活里？

想从束缚自己的茧中挣脱出来，你必须做的就是明确自己的梦想，以及你将如何去实现它。

布莱特·鲁恩赛维尔大胆地打破了自己平静的生活。他曾经是个循规蹈矩的上班族，过着养尊处优的白领生活。在即将步入而立之年时，他回想过去的生活，觉得似乎没有遗憾也没有惊喜，生活的轨迹似乎陷入了一种无奈的循环。"我有不错的工作，也热爱自己的生活，本可以继续做着相同的事，但是我已经这样过了25年，我决定见识一下生活中更多的可能性。"于是他毅然辞去了工作，决定找回自己的梦想——做一名环游世界，自由自在的背包客。做了决定之后，布莱特就立即着手为即将开始的背包客生涯做细致的准备。

与常人漫无目的地走不同的是，布莱特为自己开出了一张列有50个人生梦想的清单，每完成一件，他就会颇有成就感地将它划去。他为自己定下的目标是：当他划去第50个梦想时，就是他回家的日子。清单上包括爬楼梯登上帝国大厦顶层、参加吃热狗比赛、到一座农场去挤牛奶以及亲口"解雇"地产大亨特朗普……想法都很酷很古怪。布莱特的旅程几乎和一个"流浪汉"差不多，为了寻找真正"在路上"的感觉，露宿街头成了他的家常便饭。"我曾睡在圣地亚哥市的人行道上，也曾睡在火车和公共汽车上……每一天对于我来说都是一次全新的冒险。"布莱特用文字和视频将自己的经历记录在了自己的博客上，吸引了疯狂的粉丝，博得了超高的点击率。

知名度越来越高的布莱特，后来被邀请参加了美国著名节目《早安美国》，在这个节目中他实现了最难的梦想——解雇地产大亨特朗普！这件事引起了热烈的反响，网民幽默地评论说："特朗普先生以前从来没有被谁解雇过，布莱特你是第一个敢解雇特朗普的人！"

布莱特辞职去旅行的举动好像一颗莽撞的炮火，突如其来地打到了一个花园中，那美丽的园林固然是毁于一旦，可在炮火着落处竟冒出一股清澈的泉水，喷涌不止。跳出固有的圈子，把梦想一一列出来，无论它是什么，我们都要尽可能地想方设法去实现。

就像《钢铁是怎样炼成的》里保尔·柯察金所说的那样："人最宝贵的是生命。生命对人来说只有一次。人的一生应当这样度过：当回忆往事的时候，他不会因为虚度年华而悔恨，也不会因为碌碌无为而羞愧！"人的一生有多长呢？蓦然回首就会发现，岁月竟这样偷偷溜走了，那最美好的时光，竟这样毫不留情地离开了。赶紧制作一张属于自己的梦想清单吧！不要让人生由一个遗憾加又一个遗憾组成，不要错过值得尝试的事情，不要让自己的画卷苍白无力。唯有立即行动，才不至于在不久的将来为未能实现的梦想而遗憾。

过精彩的生活，给自己列一张梦想清单，你的人生之路就会更加清晰。

出生于 1947 年的施瓦辛格早在他 10 岁时，就有三个梦想：世界上最强壮的人、电影明星、成功的商人。施瓦辛格小时候身体瘦弱，为了实现成为健美冠军的梦想，他坚持不懈地锻炼，严格要求自己。有志者事竟成，施瓦辛格 18 岁便获得了欧洲健美冠军。

自信满满的健美冠军怀揣 20 美元到好莱坞闯荡天下，立志做个电影明星。演员生涯的成功，为他成功进军商业打下了坚实的基础。通过在威斯康星大学攻读商业和经济学，更是让他快速成为拥有 20 亿美元身价的亿万富翁。之后，通过自己艰苦努力和奋斗，他还当上美国加州州长。从一个瘦弱的奥地利小男孩成长为健美冠军、电影明星、亿万富翁，直至一个政治家，施瓦辛格一步一步实现着自己的梦想，一步一步把自己的人生设计规划变成现实。

没有条件，施瓦辛格便创造条件来完成自己的梦想。施瓦辛格的成功，让我们再一次看到了一个普通人是如何通过自己的努力，不畏艰辛、坚定意志，一步一步将自己的梦想变作现实的。

像施瓦辛格一样来追逐梦想吧，制作一个你的梦想清单。不需要等待，想到就去做。在这个清单上可以写下短期目标，如去游览名胜古迹，去听一场歌剧，也可以是长期目标，做自己的事业。写完后，毫不犹豫地马上行动，在规定的期限内，做完一项，就划掉一项。

这样的清单，会让你的生活更有意义，让你更懂得欣赏生命。梦想会帮助你逐渐摆脱烦琐复杂的日常事务，将越来越多的时间用于精神生活，让你在身体健康的时候，把每一分钟都活到极致。只要按照梦想一步一步走下去，梦想就会来到你的身边。现在开始，给自己的明天列个清单吧。那样，你就能最大限度地贴近梦想中的生活了。

梦想会在坚持中实现

梦想只要能持久，就能成为现实。我们不就是生活在梦想中的吗？

——丁尼生

梦想好像远方神圣的宫殿，它召唤着每个崇拜者带着信念，认认真真地做好每件事。梦想像是无边的海洋，它托着一艘艘小船，它考验着人们，也许是狂风，也许是暴雨，也许是没有食物和水，只有毫不畏惧，坚持到底的勇士们，才能到达彼岸。梦想对每个人说：我就在这里，曾对我许愿的人很多，但只有坚持到底的人，才见到了我的真容。

坚持，就是像西西弗斯一样不急不躁，做好自己的工作，即使是每天推石头上山也毫无怨言；坚持，就是达·芬奇笔下的鸡蛋，即使是面对同一个鸡蛋，也要从不同角度、不同光线去描摹，一丝不苟，认真对待；坚持，就是巴斯德为了人们的健康，不分昼夜，反复实验，破解微生物之谜。毫无疑问，哲学家柏拉图也是这样一个懂得坚持，最终能够实现梦想的人。

有一天，柏拉图的老师苏格拉底给他的学生上课。他说：同学们，我们今天不讲哲学，只要求大家做一个简单的动作，把手往前摆动300下，然后再往后摆动300下，看看谁能每天坚持。过了几天，苏格拉底上课时，他请坚持下来的同学举手，结果，90%以上的人举起了手。过了一个月，他又要求坚持下来的同学举手，只有70%多的人举手。过了一年，结果只有一个人举手，这个人就是后来也成了大哲学家的柏拉图。

并不是坚持住了甩手就能成为哲学家，但是如果不能在日复一日的学习工作中，始终坚持做好本分，而是经常改换目标，耐不住平淡寂寞的人是很难有大作为的。听老师的话，不打折扣，年轻的柏拉图已经表现出一个杰出人物应具有的执着追求、坚持不懈的优秀心理素质。学如逆水行舟，不进则退，若不是在看似平淡枯燥的学习中，他能够始终朝着梦想向前，又怎么会写出流传千古的《理想国》呢？

柏拉图能够将自己要做的事情坚持不懈，假如我们可以像他一样，在学习和工作中设定了目标便咬定青山不放松，坚持不懈地努力下去，最终的成就是否会与现在不一样呢？

坚持努力的结果当然不一样！"坚持"二字成就了所有人的梦想。当重兴奥林匹克运动会面对重重困难时，顾拜旦到处演说筹集资金，印邮票做活动，只要是有利于扩大影响的事他都坚持去做。是坚持到底的精神，让顾拜旦重新点燃了已中断 1000 多年的奥林匹克圣火。当初的口吃少年卡耐基，也正是为了梦想坚持不懈，最终成了演讲的天才。是梦想让我们成功，是坚持让我们到达了终点。

坚持，就是水滴石穿的精神，就是锲而不舍的行动，带领我们一步步靠近梦想。坚持，就是永不松懈的意志，让我们面对挫折不屈服。美国的约翰逊先生正是如此挽救了自己的事业。

1943 年，美国的《黑人文摘》刚创刊时，前景并不被看好。创办人约翰逊为了扩大该杂志的发行量，积极地准备做一些宣传。

他决定组织撰写一系列"假如我是黑人"的文章，请白人把自己放在黑人的角度上，设身处地看待这个问题。他想，如果能请罗斯福总统的夫人埃莉诺来写这样一篇文章最好不过了。于是约翰逊便坐下来给埃莉诺写了一封言辞恳切的信。

罗斯福夫人回信说她太忙，没有时间写文章。"但她没有说不愿意写。"约翰逊这样对自己说，因此，一个月之后，他又给她写了一封信，她仍然说她很忙。又过了一个月，约翰逊给她写了第三封信，她回信说连一分钟空闲也抽不出来。约翰逊并没因此而气馁，他又给她写去了一封信，但她回信还是说很忙。此后，每隔半个月，约翰逊就会准时给罗斯福夫人写去一封信，言辞也愈加恳切。

　　不久，罗斯福夫人因公事来到约翰逊所在的芝加哥市，并准备在该市逗留两日。约翰逊得此消息，喜出望外，立即给罗斯福夫人发了一份电报，恳请她趁在芝加哥逗留的时间里，给《黑人文摘》写一篇文章。

　　罗斯福夫人收到电报后，没有再拒绝。她觉得，无论自己有多忙，也不能说"不"了。

　　这个消息一传出去，全国都知道了。直接的结果是，《黑人文摘》的发行量在一个月内由 2 万份增加到了 15 万份。后来，约翰逊又出版了黑人系列杂志，并开始经营书籍出版、广播电台、妇女化妆品等业务，终于成为闻名全球的富豪。

　　在回忆录里，约翰逊这样说："成功总需要尝试和努力，有时要经过多次失败。人们来到这里看到我这里壮观的场面，都会说，'嘿，你真走运！'我总提醒他们说，我经过 30 年漫长而艰苦的工作才达到今天的地步。我一件事接着一件事地干，最后才到了现在的地步。我认为，一个人应当像长跑运动员那样，坚持前进，千万不可半途而废。"

　　在为了梦想而奋斗的过程中，我们可能会遇到许多挫折，但只要不怕困难，不怕疲倦，不说后悔，不嫌辛苦，不退缩，不失望，不泄气，不怕一次又一次跌倒，坚持下去，再坚持下去，终归都能到达梦想的彼岸。

用目标引领你的人生

生活没有目标就像航海没有指南针。

——大仲马

当我们行驶于茫茫大海之上，风雨交加的时候，唯有远方始终不变的灯塔能指引我们的方向。当我们迷失在神秘的沙漠时，只有耐下心来等待天黑，等待北斗星的指示才能知道该往何方。当我们在人生旅途上忙忙碌碌，找不到自我时，唯有回想最初的那个目标，才能知道自己是否走在正确的轨道上。

为了确保不偏不倚地朝着心中的梦想前进，我们必须要有一个确定的目标。事实证明，有了清晰目标的人，他的人生方向会很清楚。

有一个非常著名的关于目标对人生影响的跟踪调查，对象是一群智力、学历、环境等都差不多的年轻人。调查结果表明：27%的人没有目标；60%的人目标模糊；10%的人有清晰但比较短期的目标；3%的人有清晰且长期的目标。

25年的跟踪研究结果表明，他们的生活状况及分布现象十分有意思。那些占3%者，25年来都不曾更改过自己的人生目标。25年来他们都朝着同一个方向不懈地努力，25年后，他们大都成了社会各界的成功人士，他们中不乏创业者、行业领袖、社会精英。那些占10%的有清晰的短期目标者，大都生活在社会的中上层。他们的共同特点是，短期目标不断被实现，生活状态稳步上升，成为各行各业不可或缺的专业人士，如医生、律师、工程师、高级主管等。其中占60%的模糊目标者，大都生活在社会的中下层。他们能安稳地生活与工作，但都没有什么特别的成绩。剩下的27%是那些25年来都没有目标的人群，他们大都生活在社会的最底层。他们的生活都过得很不如意，常常失业，靠社会救济，并且常常都在抱怨他人，抱怨社会，抱怨世界。

正如这个研究所证明的，一个人如果没有明确而坚定的目标，是不会成功的。连未来的方向都不明确，怎么能规划出自己的前程。那些资质平平、走得慢的人，只要他不丧失目标，不迷失方向，总比漫无目的，原地徘徊的人好。

目标除了可以用来引领我们的前进方向，还是我们的里程碑，记录下每一个阶段的成就。设定目标，达到目标，以及期待目标实现的过程都是愉悦的，都会带给人希望和快乐。塞缪尔·斯迈尔斯博士就是用给自己一个目标的方法换来了重生。

塞缪尔·斯迈尔斯博士是美国哈佛大学的心理学教授，第二次世界大战的时候他被关在远东的俘虏集中营里。集中营里食物短缺，没有干净的水，放眼所及全是患痢疾、疟疾等疾病的人。有些战俘早已无法忍受身体和心理上的折磨，对他们来说，死是最好的解脱。塞缪尔·斯迈尔斯博士自己也想过一死了之。当他正想着爬上通了电的围篱自杀时，旁边的老人问了他一个问题："你从这里出去之后，第一件想做的事情是什么？"

这是博士在集中营里从来没想过的问题，也是他从来不敢想的。但是他心里的答案却很明确：看看太太和孩子们。突然间，博士认为自己必须活下去，回去看看孩子和妻子这件事情值得他活下去。老人的问题给了他一个活下去的理由！从那时起，活下去变得不再那么困难了，博士知道每多活一天，就离战争结束近一点，也离梦想近一点。

那一个简单的问题不只救了博士的命，而且还让博士认识到了目标的力量。目标是一种愿望，是企图，是值得奋斗的事情。目标给了我们方向，给我们生活的目的和意义。但是要真正地活着、快乐地活着，我们就必须有生存的目标。伟大的思想家爱默生曾说过："没有目标，日子便会结束，像碎片般消失。"

我们每个人都渴望成功，都渴望能干自己想干的事、去自己想去的地方。在这个世界上，有这样一个现象，那就是"没有目标的人在帮有目标的人达到目标"。因为有目标的人在为清晰的前途拼搏着，而没有目标的人只是茫然地走来走去，从来没有认真地考虑过自己应该做什么。有罗盘的船只，它们有明确的方向，无论多大的风浪，都阻止不了它们的步伐。而没有罗盘的，就只能跟随着前者了。

美国著名的国际管理大师博恩·崔西说："成功就是目标的实现，

其他都是这句话的注解。"用清晰的目标来引领方向吧，要知道现实中那些有人生大格局的成功人士不是成功了才设定目标，而是设定了目标才成功的。

不要让目标偏离了方向

> 理想是指路明灯。没有理想，就没有坚定的方向；没有方向，就没有生活。

——托尔斯泰

在美丽壮阔的撒哈拉沙漠里，有一颗明珠——比赛尔，这里是一个每年可以吸引数以万计游客的神奇地方。在小城的中央立着一个名叫阿古特尔的年轻人铜像，铜像底座上刻着一行字——新生活是从选定方向开始的。原来，阿古特尔是当地第一个认识北斗星，从而走出沙漠的人，比赛尔正是因为他才走入了人们的视线。

找准了方向才能走出沙漠，找到了目标才好实现自己的梦想。可是，往往向前方走去时，我们会被别的事物诱惑，而忘记了最初的目标和方向，与最正确最合适的做法背道而驰。

所有的努力最终都是为了达到目标，而途中的辛苦都是为达到目标而做的注解。用目标去引领方向，而不是看到方向标之后来决定发展计划。方向是茫茫森林里的指南针，指引着人们按时到达目的地。到底如何明确方向？这就需要我们从一开始就记清楚目标的所在地，丈量好现在的成绩与最终目标的距离，沿直线行走不受任何诱惑。

在发展自己商业王国的时候，比尔·盖茨从来不敢忘记方向的重要性。虽然在信息产业里，微软一直是独占鳌头。其发展势头越来越猛，触角遍及全球各个角落的时候，甚至可以说有计算机的地方就有微软。而这位企业家却一直不骄不躁，保持着冷静，仔细地观察着前行的方向。

从 20 世纪 80 年代起，盖茨每年都要进行两次、每次为期一周的"闭关修炼"。在这一周的时间里，他会把自己关在太平洋西北岸一处临水别墅中，闭门谢客，拒绝和包括自己家人在内的任何人见面。这一周他所要做的就是远离尘嚣，凝神思考科技业的未来，然后把所思所想传遍整个微软帝国。

比尔·盖茨的这个习惯后来成了一种高效率的工作学习模式。这个闭关周的影响也越来越大，每一次思考过后，带给公司的新思路、新方向，都给公司发展注入了健康的血液。

比尔·盖茨的闭关，不仅让人看到一个企业家的睿智，更告诉我们通往成功的路上，不要一味地努力向前冲。方向比距离更重要，在实现目标的努力中，很多时候，除了顽强斗志和不懈奋进外，更需要保持理智，看看是不是已经偏离了方向。

所以请适时停下脚步，从工作中解放出来，给自己一点时间，让渴望成功的心平静一点，理智地思考，以代替手脚的劳作不止。当我们在付出艰辛与汗水后，发现仍未到达目的地时，为什么不停下脚步审视一下前进的方向是否是通往目标的那条路呢？

假如把我们的人生比作一次渡船，生活就是那时而湍急时而平静的河流。我们站在船上，眼睛紧紧地盯着彼岸的码头，希望可以早点到达。两点之间直线最短，从梦想的起点到成功的终点，应该是笔直的旅程，不偏不倚的，不是吗？

每个人都希望自己的人生旅途一帆风顺，每个人都希望从来没有偏离既定的梦想。只可惜往往计划赶不上变化，生活赐予我们的，与我们所期望的总是会有些许偏差。

生活不就是这样么，在前行时，我们随时面对环境的变化。驶向梦想的轮船，需要抵抗住外来的风雨水流，更需要我们内心平静如初。时时调整观察，看一看脚下的地方与过去与未来是不是在一条线上。

用目标来引领方向，用脚步来丈量，每个人都可以很好地掌握自己的命运。

大胆地去实现你的梦想

人生重要的事情就是确定一个伟大的目标，并决心实现它。

——歌德

梦想好像鲜美的苹果，高高地挂在枝头，只有敢于站出来采摘才能吃到。我们无数次地想象苹果的甜美多汁，却犹疑着没有行动。

毫无疑问，每个人心中都有一个强烈的梦想，从儿时开始生根发芽，到成年时早已茁壮。但我们却缺少大胆行动的勇气，总是在不断地在心中问自己"我可以吗？这行得通吗？万一失败了怎么办？"只有心胸坦荡不畏失败的人，才会抛开心中的疑虑和外界的困扰，大胆地去实现梦想。

摩西奶奶是美国弗吉尼亚州的一位农妇，76岁时因关节炎放弃农活，开始了她梦寐以求的绘画。摩西奶奶只是坚持做自己想做的事情。人生的时间所剩无几，为什么不拿来做自己想做的事情呢？终于，摩西奶奶80岁时，到纽约举办了画展。她活了101岁，一生留下绘画作品600余幅。

在摩西奶奶的私人收藏品中，有一张最引人关注的明信片，它是摩西奶奶1960年寄给一个叫春水上行的日本人的。

这张明信片在华盛顿国立女性艺术博物馆为摩西奶奶举办的画展上第一次公之于众，摩西奶奶在上面画了一座谷仓，并亲笔写下一段话："做你喜欢做的事，上帝会高兴地帮你打开成功之门，哪怕你现在已经80岁了。"

原来，春水上行很想从事写作，他从小就喜欢文学。大学毕业后，他一直在一家医院里工作,不能做自己喜欢的事,日子过得索然无味。马上就 30 岁了,他在安稳的工作和梦想之间徘徊着,却不知道怎么抉择。于是他给仰慕已久的摩西奶奶写了一封信,希望得到她的指点。对于春水上行的信,摩西奶奶很感兴趣,很高兴地鼓励了这位年轻人。这位迷茫的年轻人春水上行,在摩西奶奶鼓励下,勇敢地开始写作并获得成功,他就是日本大名鼎鼎的作家渡边淳一。

如果你想改变你的生活,实现你的梦想,再没有什么比大胆行动更有用。倘若不为你的梦想做出实际行动,那么再好的想法也会付诸东流,那些曾经美妙的梦想最后将会在光阴的年轮中被搁浅。

梦想因为美好而具有强大的吸引力。尽管有的时候它显得不切实际,有的时候它看起来与我们的生活距离太远,有时候会遭到旁人的嘲笑质疑,但千万不要因此而心生退却将梦想搁置埋藏。要记住,只有实实在在的行动,大胆地去做,我们才能让自己快乐,让质疑你的人信服。

罗伯特是 80 美元环游世界的第一人。在读完儒勒·凡尔纳的《八十天环游地球》后,他的想象力和内心潜在的勇气被激发了。

罗伯特告诉朋友:"别人用 80 天环绕地球一周,现在我为什么不能用 80 美元环绕地球一周呢?只要我有足够的勇气,任何地方我都可以到达。别人可以靠在货轮上工作而得以横渡大西洋,再搭便车旅行全世界,我为什么就不能呢?"

罗伯特拿出笔在便签上列出了他所能想到的在旅途中将会遇到的困难,并仔细地记下准备用来解决每个困难的办法。

罗伯特雄心勃勃地开始行动了。他先和经营药物的查尔斯-菲尔公司签订了一份合同,保证为这家药物公司提供他所要旅行的国家的土壤样品。他又想办法获得了一张国际驾照和一套地图,条件是他提供关于中东道路情况的报告。他四处奔波,让朋友设法替他弄到了一份海员文件,并且获得了纽约公安部门开出的关于他无犯罪记录的证明，关于旅行，他想得很周全，甚至为自己准备了一个青年旅游招待所的会籍。最后他又与一个货运航空公司达成协议，该公司同意他搭飞机越过大西洋，只要他答应拍照片供公司宣传之用。

26 岁的罗伯特完成了上述计划，便乘飞机和纽约市挥手告别，开始了他 80 美元周游世界的梦想。他一路依靠自己的摄影技术和良好的社交能力，换取了一段又一段路程的免费搭载。当他结束环游回到美国时，只用了 84 天，而旅费也仅仅是 80 美元。

没有什么是不可能的，只是想与不想，做与不做的问题而已。面对朋友们的嘲笑，罗伯特坚持了自己的想法，大胆地去行动，最终创下了一个奇迹。面对人生的最后时光，是慢慢等待死亡，还是换一种更快乐的活法，摩西奶奶用自己的画展说明了一切。

年轻的朋友们，每天都拥抱着一个充满生机的世界。这个世界变化很快，这个世界充满挑战，这个世界只要付出就总会有回报。我们对这个可爱的世界，有许多的期待，为什么不去将它变为现实呢？

梦想靠自己去实现，梦想的实现需要我们勇敢。不必害怕，不必徘徊，不必等待，只要梦想在召唤，就请大胆地去实现吧！

第二章

机遇不会站在原地等着你

机遇就是一种选择

我不能选择那最好的，是那最好的选择我。

——泰戈尔

人生短暂，人们苦苦等待着幸福之神的降临，时时盼望着有好的机遇。可是当机遇来临的时候，如果不能把握，就要终身蹉跎，一事无成。机遇的面孔十分平凡，它靠的是我们能睿智地辨别出来，并果断利落地做出正确选择。

机遇总是青睐那些有准备的人，机遇总是垂青那些善于思考、善于改变的人。很多时候，机遇就掌握在我们自己手中，它就是一种自主的选择。

两个樵夫结伴上山捡柴，在山里发现两大包棉花，欣喜之余，他们决定各自背一包棉花回家。走着走着，其中一名樵夫眼尖，看到山路有着一大捆布，他想和同伴商量，改背麻布回家。

他的同伴坚持不愿换麻布。先前发现麻布的樵夫屡劝同伴不听，只得自己竭尽所能地背起麻布，继续前行。又走了一段路后，背麻布的樵夫在路上发现数坛黄金，便扔下麻布，改用挑柴的扁担来挑黄金。

他的同伴仍然不愿意丢下棉花，发现黄金的樵夫只好自己挑了两坛黄金，和背棉花的伙伴赶路回家。走到山下时，突然下了一场大雨。背棉花的樵夫肩上的大包棉花吸饱了雨水，重得完全无法再背得动。那樵夫不得已，只能丢下棉花，空着手和挑着黄金的同伴回家去了。

两个樵夫面对着同样的机遇，一个抓住现有的利益紧紧不放，不肯改变思路，不听取他人的建议，惧怕改变而因循守旧，终被淘汰。而另一个则善于观察，对自己现有的利益和新的机会进行比较，明智地做出了决断并付诸行动，他敢于思考、敢于创新，用正确的选择抓住一次又一次的机遇。

机遇在我们眼前一次次经过，抓住了机遇就像乘上顺风顺水的船，我们所追求的事物会更加容易实现。世上没有免费的午餐，要酬劳就要付出。面对机遇也是如此，不处处留心，不大胆选择改变自己，怎么可能辨别机遇的多变面孔呢？

面对更高更快的社会发展步伐，如果我们自己能多多学习，改变自己，做出选择，也许就会迎来更多的机会。机会摆在面前却不会去利用，或者因为犹豫不决而错过了它，只能让人后悔莫及。

几个学生问哲学家苏格拉底，怎样才能寻找到合适的伴侣。

苏格拉底没有直接回答，而是把他们带到一片麦田，要求每人挑选一束自己认为最大最好的麦穗。不许走回头路，不许选择两次。

等到学生走出麦田的时候，苏格拉底笑着问学生："你们都挑到自己最满意的麦穗了吗？"

"老师，让我再选择一次吧，"一个学生请求说，"我刚走进去就发现了一束很大很好的麦穗，但我还想找一束更大更好的。当我走到尽头时，才发现第一次看到的那束就是最大最好的。"

另一个学生紧接着说："我和他恰好相反。我走进不久，就摘下了一束我认为最大最好的麦穗，可是，后来我又发现了更好的。所以，我有点后悔。"

　　只有第三个学生对自己的选择比较满意，他说："当我走进麦田时，我并不急于选择，而是将注意力放在观察麦穗上。后来当我走到麦田的 2/3 时，我选择了一束我认为最饱满的麦穗，虽然后来看到的还有其他更好的麦穗，但我并不后悔。"苏格拉底听完后，露出会心的微笑。

　　人生就是一次无法重复的选择，错过良好的机遇会让我们抱憾终生。面对徐徐展开的人生画卷，落笔要谨慎，做出最正确的选择，才算是充分利用了上天赐给我们的机遇。不要像那第一个学生盲目地期待更好的，一直往前走却没有把握就在手边的机遇。也不要像第二个学生没有过多地思考，只是抓住了手边的，却再也没有机会看看后面更好的稻穗。只有第三个学生认真地思考了自己所有的条件，仔细观察并在可以控制的范围内做了最满意的选择，所以即使后面还有更大的，他也不后悔。

　　赢得一个好机遇，不仅是靠运气，更决定于个人的明智选择。同样的事物摆在眼前，有头脑的人会多动脑子多思考辩证，把被动化为主动，最终做出最符合自己利益的选择。正如苏格拉底让学生们只能走一次一样，人生只能上演一次，这次错过了就再也没有机会弥补。一个人的命运是由自己的思想意志决定的，改变了自己就能改变人生，机遇面前不逃避、不退缩，果断行动，才能抓住它。

在小事中把握机遇

　　机会是每个人都有的，但许多人并不知道他们已碰到它。

——达尔文

　　机遇往往隐藏在普普通通的小事中，没有惊天动地的声音，没有华丽绚烂的外表。工作和学习都是由一件又一件的小事组成，也许很简单的事情要重复上万次，也许我们觉得自己被大材小用了，也许我们觉得烦琐不堪，但是机遇就是在我们细心认真地做好小事的时候，悄然来临。

磨炼一个人而使其成长的就是些看起来平平常常的小事。普普通通的小事磨炼了我们的耐力，在小事磨炼中我们变得沉稳理智。在一件件小事的学习处理中，我们慢慢地磨炼出做大事所需的能力，每一件小事都是一个宝贵的机会。成千上万的小事落在我们的手心里，各式各样的小机会每天发生，无论我们怎样对待它，它依旧默默走它的路，从不改变。

平常的一天，他和平常一样去上班。

早上，他在上班的人潮中帮一位盲人拾起了被挤落在地上的东西，并帮他拎过了马路，爱情便在某一个角落盯上了他。

中午，他利用休息的时间与刚进公司的新同事下了一盘棋，友谊便在阳光下发芽了。

他只是在公司如往日一样加班，为了明天的工作任务能如期完成，谁料，一双睿智的眼睛便让他的人生从此改变了。

半夜他才回家，看见一只受伤的流浪猫蹲在一个垃圾桶旁哀叫。他一边给朋友打电话一边走过去把它抱起来，谁知刚走没几步，一辆失控的卡车撞在了他刚才站在那里打电话的树下，树都被拦腰撞断了。

生活中有很多的机遇，一件小事就可以改变一个人的一生，对其命运产生很大的影响。其实，我们不刻意去追寻什么，抱着一颗平常的心去面对每一天，好好地生活，才是最重要的。

为了理想而奋斗的人们，设定了目标，充满斗志地在朝着胜利的方向前进。除了埋头苦干以外，可能还需要一些好的机遇。然而，好的机遇不会无缘无故地来临，机遇只将橄榄枝伸向有准备的人。

人很难自己创造时机，但是他可以抓住那些已经出现的时机。

成功学大师卡耐基说过："我们多数人的毛病，是当机会朝我们冲奔而来时，我们兀自闭着眼睛，很少人能够去追寻自己的机会，甚至在绊倒时，还不能见着它。"很多人在生活中都不知不觉地错过了与之迎面而来的机遇，但有的人不一样。

在圣诞节前夕，美国曼尔登公司的一位经理从芝加哥去旧金山进行市场调查。在火车上，一位身穿圣诞节礼服的女郎格外引人注目，同车的人都目不转睛地看着她那件礼服，有的人还特意走过去打听礼服是从哪里买到的。

这位经理看在眼里，灵机一动，觉得赚钱的机会来了。他分析了一下情况，当时已是 12 月 18 日，离圣诞节仅剩一周时间，圣诞节礼服在这段时间一定是抢手货。在一个火车上就有那么多妇女喜欢那位女郎的金装圣诞节礼服，推而广之，整个美国该是多么庞大的市场！于是他非常礼貌地向那位女郎提出拍张照片作为留念的请求，那位女郎欣然应允。拍完照片后，那位经理便中途下车，向公司发出传真电报，要求公司务必在 12 月 23 日前向市场推出 1 万套这种服装。

曼尔登公司接到经理的传真电报后，立即召集公司的设计师，按传真过来的服装照片式样设计，并于当晚 23 点 25 分，向所属的服装加工厂下达投料生产指令，要求工厂以最快的速度，日夜加班，生产出 1 万套"圣诞节金装女郎礼服"。12 月 22 日下午 2 点，1 万套"圣诞节金装女郎礼服"同时出现在曼尔登公司的几个铺面，立即引起妇女们的兴趣，她们争先恐后地购买。到 12 月 25 日下午 4 点，1 万套礼服除留下两套作为公司保留的样品，1 套赠给火车上那位女郎外，全部销售一空，公司净赚 100 万美元。

这位经理就是一个为了工作时时用心处处留意的人。一个女郎穿了一件美丽的衣服，不过是一件很普通的小事，火车上那么多顾客欣赏赞叹，却只有这位经理抓住了这个机遇并立即实行。

如何抓住机遇，并没有固定的模式和准则可循，若想在小事中看到机会并抓住它，人的洞察力和预见能力无疑是非常重要的。日常生活中，成千上万的小事发生在我们的身边，有些事使人感到惊奇，引起多数人的注意；有些事则平淡无奇，许多人漠然视之，但这并不排除它可能存在各种各样的机遇。

机遇要自己主动寻找

机会不会找上门来，只有人去找机会。

——狄更斯

机遇是一个顽皮的孩子，他聪明伶俐，却从来不听从旁人的指挥，只有最积极主动的人才能得到他的青睐。亚历山大大帝在某一次战斗结束后，有人问他，是否等待机会来临再去进攻另一个城市，亚历山大听了这话嗤之以鼻："机会？机会是要我们自己去创造的。"

乔治·W.布什曾说："要把握时机，确实要眼明手快地去'捕捉'，而不能坐在那里等待。"

20世纪初，美国有一家专门经销煤油及煤油炉的公司。公司创立伊始曾大量刊登广告，极力宣扬煤油炉的诸多好处，但收效甚微，其产品无人问津，货物大量积压，公司濒临绝境。

有一天，老板突然灵机一动，招来手下职员，让他们登门向住户无偿赠送煤油炉。住户们得到无偿赠送的煤油炉，真是喜出望外，哪里会拒绝呢？不久，公司的煤油炉就赠送一空。当时的炉具还没有现代化，人们生火做饭只能用木柴和煤。这时，煤油炉的优越性显现出来了，家庭主妇们一天也离不开它了。很快，她们发现煤油烧完了，这回只能自己到市场上去买。当时煤油价格并不低，但已离不开煤油炉的人们也只得掏腰包了。再后来，煤油炉也渐渐用旧了，于是只好买新的，如此循环往复，这家公司的煤油和煤油炉便畅销不衰了。

化被动为主动，顾客不了解自己的产品，便主动创造机会让煤油炉进入人们的生活。用大手笔的付出换来后来更广阔的市场，这表现了老板的非凡魄力。当销售停滞，大家一筹莫展的时候，换一个想法，也换来了一片生机。

经验告诉我们，等待机遇是一种极其愚蠢的行为。不要以为机遇像是一位客人，他来到你家轻轻地敲门，等待你开门把它迎接进去。相反，机遇是不可捉摸的，无影无形、无声无息，有时潜伏在你努力的工作中，有时徘徊在无人注意的角落里，假如你不用苦干的精神，努力去寻求、去创造，也许你永远不会遇见它，因为机遇只会与勤奋努力、敢于拼搏闯荡的人打交道。

机遇遮掩了自己的熠熠生辉的面孔，在我们的中间行走，他在观察，谁最勇敢谁最主动，谁对机遇的渴望最为强烈。只有积极主动地去寻找机遇，才会带来美好的结果。

麦吉一直有一个愿望，就是到著名的 H 大学念书，然而当他收到录取通知书时却陷入了苦恼。原来他同时收到了 K 大学的通知书，K 大学不仅为他免除了四年学费，还提供四年的助学金，这对于贫寒的麦吉来说是个极好的消息。麦吉辛苦考上的 H 大学，只在入学当年给 6500 美元的奖学金，仅此而已。麦吉陷入了抉择的苦恼中，他向老师帕拉教授征求意见。

"你喜欢的是 H 学校，那么只要你去找学生自主办公室的人员了解一下情况，并表示诚意，我敢打赌，你一定会得到进一步资助的。""那第二个学年怎么办？""先进去再说。"帕拉教授语气坚定地说。

第二天一大早，麦吉就来到 H 大学学生自主办公室，向主任了解情况，并进一步诚恳地陈述自己在经济方面的困难。主任耐心地听完后问："你到底有没有决定上 H 大学？"麦吉回家立即给 H 大学正式回信，表示他将在秋季入学。

5 天后，麦吉收到 H 大学学生资助办公室回函，通知他学院决定补加 2500 美元的奖学金。进入 H 大学之后，麦吉又通过不同途径找到了各种经济资助。到头来，他在 H 大学读书的 6 年里，非但一分学费未交，还得到 4 万多美元的奖学金！

麦吉从这次经验中学到了凡事要多想可能性，多做调查的方法，"先进去再说"也成了麦吉日后的一项重要的做事原则。

英国作家弗兰西斯·培根说过："通往失败的路上，处处是错失了的机会。"通常，适合我们的时机往往只出现一次，如果在选择面前犹犹豫豫，只能让你错失好的机会。难以抉择时，我们要主动去寻找，机会一旦露出端倪，就要毫不犹豫地抓住它。

当你很想做一件事，又苦于重重的阻力、犹豫不决时，不妨就采取这样的行动：先进去再说。人如果在一扇门外站得太久，往往会把困难在想象中无限放大，最后再也没有勇气抬起敲门的那只手。不管怎样，给自己创造一个机会，先进去再说吧！

犹豫会让你错过最好的时机

良机只有一次，一旦坐失，就再也得不到了。

——勃朗宁

有一句谚语说："机会不会再度来叩你的门。"做事犹豫不决，总是告诉自己等待更好时机的人，最后肯定是两手空空。

优柔寡断，只能任机会稍纵即逝。这些犹豫不决的人，在机遇面前，没有果断力、没有信心，他们的一生也就注定只能在平庸中度过。

乌力吉小时候和小朋友去树林中捕山鸡。聪明的孩子们把木箱子用木棍支起，在木棍上系上绳子一直接到他们隐藏的草丛之中。只要山鸡飞下来去啄食撒在箱子下面的谷粒，乌力吉他们一拉绳子就可以把山鸡罩起来就抓到了。

他们隐藏起来，观察动静。一会儿，飞来了一群山鸡，共有11只。大概是山鸡太饿了，不一会儿就有8只山鸡走到了箱子下面。一个朋友让乌力吉拉绳，可他犹豫地说："再等一会儿，这样更稳妥一些。"他们等了一会儿，非但那3只没有进去，反而又走出了4只。朋友劝他拉绳子，乌力吉说再有一只走进去才拉绳子。但是接着却又走出来两只。如果这时候拉绳子，还能套住一只，但是乌力吉担心剩下了一只，拉绳子也未必能罩住它。不幸的是，最后一只山鸡也走出来了。

乌力吉很聪明，也很有创造力，但是犹豫不决的性格使得他一次次错过最好的时机。机会摆在面前，却总是等待着下一刻的变化，总是在犹豫徘徊，注定会一无所获。

每个成功者奔波的路上都曾经遇见许多岔道，他们要不断选择朝哪个方向继续前进。机遇就像是在每条道口旁的路标，指引着善于把握时机者踏入成功之途。

遇事举棋不定优柔寡断的人，在人生之路上不知放过了多少好机会。成功的人一般都是迅速下决定的人，因为机会就在这几分钟走来，抢先占得领地的人才是最大的赢家。

有一位非常优秀的学者，他是所有女子的崇拜偶像。有一天，有一位长得很漂亮的女子走进他的房屋，对着他说："让我做你的夫人吧！我会好好地与你生活，错过我，你将再也找不到比我更爱你的女人。"

这位学者虽然对她也有点好感，但最后对她说："让我考虑考虑吧！"之后，这位学者将娶她和不娶她的利弊分别列出来，发现娶她也有好处，不娶她也有一定的好处，真是不知道如何选择。于是，他陷入长期的苦恼之中，无论他又找出了什么新的理由，都有选择的困难。

过了很久，他才下定决心娶那个女子为妻。这位学者来到了她家中，对那女子的父亲说："您的女儿呢？我考虑清楚了，决定娶她为妻！"

"你来晚了5年，我女儿已经有两个孩子了。"老人冷冷地回答。

那位学者万万没有想到，自己的犹豫不决竟会造成这样的结果，慢慢因为忧郁得了重病，临终前，他向学生们说了一段话："如果人生要想成功、要想幸福，那做事就不要犹豫。"

这位学者就是因为没有立刻做决定而导致自己抑郁而终。美好的事物都是稍纵即逝的，一个时机从不会出现两次，如果我们不能当机立断，就会永远与之无缘。

机遇虽然稍纵即逝，但那些果敢、当机立断的人，他们仍能抓住机遇，是因为他们在机遇面前没有犹豫。所以，当机遇来临时，请不要患得患失，而应该果断地抓住它。法国作家大仲马曾经说过："谁若是有一刹那的胆怯，也许就放走了幸运在这一刹那间对他投过来的香饵。"

多一点勇气和决断力，在机遇来临时，我们不观望犹豫，想做就去做，一定会有意想不到的收获。

不要让过多的选择蒙蔽你的眼睛

如果有人错过机会，多半不是机会没有到来，而是因为等待机会者没有看见机会到来，而且机会过来时，没有一伸手就抓住它。

——罗曼·罗兰

有的时候伟大的事业降临到渺小人物的身上，仅仅是短暂的瞬间。有的时候，机会只是迎面而来却擦身而过。不要妄想每一个机遇都应该属于自己，不要觉得自己的每一个想法都应该实现。当机遇迎面而来时，我们迎接它的手应该是慎重的，而不是草率的。珍惜眼前的机会，趁着难得的机会做出正确的选择，是我们每个人都应当学会去做的。

选择往往会与机会接踵而至。这就是说，有时候我们可能会同时面对两三个甚至更多的选择机会。当出现这种情况时，我们就应果断做出选择，千万不要被过多的选择迷失了头脑，白白将机会拱手让人。事实证明，人人都喜欢有多种多样的选择，但过多的选择往往会使人做决定的效率大大下降。

美国心理学家曾做过一项研究调查，让被调查者做一次果酱的选择。结果显示，如果让被调查者选择在 6 种果酱中挑一种，还是在 24 种果酱中挑一种时，绝大多数人都愿意有更多的选择，也就是更愿意在 24 种果酱中挑选一种。可是当真正做决定的时候，在 6 种果酱中选择的人们做出最终决定的时间，比在 24 种果酱中做选择决定的人快 10 倍。

可见，选择太多有的时候并不是一件好事。选择果酱如此，选择机会也是如此，当可选的机会过多时，我们往往就会更难做出决定，因而也就可能会在选择上浪费过多的时间，最终浪费掉最好的机会。

人应该常有知足的心态，虽然是应该追求更美好的生活，但是知足常乐的心态有利于身心健康。所以，我们在开始做事时要高瞻远瞩，具备一定的大格局，不要一时间被一些小事所迷惑。正如培根所说："机会老人先给你送上它的头发，当你没有抓住再后悔时，却只能摸到它的秃头了。"生活就是这样，我们要学会等待，也要学会捕捉，在纷纭的世事中，好的时机也许只出现一次，我们要灵活地运用它而不是滥用它，审慎地抓住它而不是被它绊倒。

有的人立志做一番事情出来，却很难下定决心立即去实行，或者想法太多以至于犹豫不决。

一个清晨，上帝来到一个年轻人身边："你有什么心愿吗？说出来，我都可以帮你实现。但是记住，你只能说一个。"

"可是，"这个人不甘心地说，"我有许多的心愿啊。"

这世间的美好实在太多，但生命有限，年轻人希望可以选择一个永不后悔的心愿。

他想了又想，所有的渴望纷至沓来，在他周围飞舞，他不知道哪一件才是最不能舍弃的，于是对上帝说："让我想想，让我再想想。"上帝说："但是要快一点啊，我的孩子。"从此，他的生活就是不断地比较和权衡。他用生命中一半的时间来列表，用另一半的时间来撕毁这张表，因为他总发现有所遗漏。

一天又一天，一年又一年，他不再年轻了，他老了，他更老了。上帝又来到他面前："我的孩子，你还没有决定你的心愿吗？可是你的生命只剩下5分钟了。""什么？"他惊讶地叫道，"这么多年来，我没有享受过爱情的快乐，没有积累过财富，没有得到过智慧，我想要的一切都没有得到。上帝啊，你怎么能在这个时候带走我的生命呢？"5分钟后，无论他怎么痛哭求情，上帝还是满脸无奈地带走了他。

当断则断是一种智慧，面对生活中的各种诱惑和各种机会，我们应该明智地选择最合适的做法。如果每一个机会都是好机会，那么我们也只能忍痛割爱只选择一个目标，专注于一个目标的成功率远远大于同时面对几个目标的成功率。

当机遇来临时，我们除了要善于捕捉以外还应该善于选择和决断。选择太多的时候，不用着急是不是都可以得到，而要用心判断，到底应该做什么。用平常心来看待好运气，用有效的行为地去接近目标，镇定地面对，最终我们可以获得成功。

拐角处也有机遇

机遇之神以无与伦比的技巧向我们表明，与它的恩惠和仁慈相比，任何才华能力都是无用的。

——叔本华

机遇不一定会轰轰烈烈地来临，也许它仅仅是安安静静地来到，需要我们去寻找，去辨别。当形势潮流一片大好的时候，大家蜂拥而上的时候，我们不必头脑发热去和大家竞争。

机遇无处不在，只要我们多动脑筋，即使在不是那么明显的拐角处，也会有属于我们自己的机遇。

美国《妇女家庭》杂志的编辑爱德华·包克从小就立志要创办一种杂志。由于他树立了这个明确的目标，所以他特别留心每个机会。

有一次，他看见一个人打开一包纸烟时，从中抽出一张纸条，随即把它扔了。包克拾起这张纸条，见上面印着一个著名女演员的照片，下面有一行字，这是一套照片中的一幅。包克把照片翻过来，发现它的背面竟然是空白的。

包克马上意识到这是个机会。他推断：如果把印有照片的纸片充分利用起来，在它的背面印上照片上人物的小传，价值就可以大大提高。于是，他找到印刷这种纸烟附件的平板画公司，向经理说明了他的想法。这位经理立即说道："如果你给我写100位美国名人小传，每篇100字，我将每篇付给你10美元。"包克很快按要求做好了工作，渐渐地，他获得了越来越多的订单。过了不久，包克就成了这里最有名气的编辑，为自己的事业打下了基础。

当别人看到香烟盒里的纸条时，他们只看到了上面的美女演员，但包克却能从背部看到一片商机。有的时候，机遇是蕴藏于毫不起眼的细微之处的，关键就在于你是否有一双常人所不具备的善于发现它的眼睛。

生命很快就过去了，一个时机从不会出现两次，必须当机立断，不然就永远别要。能否抓住机遇是一个人平庸或者卓越的分水岭。决定一个人成败的不是才华，也不是性格，而是他是否有善于抓住机遇的能力。

19世纪中叶，美国人在加利福尼亚州发现了金矿，在通往加利福尼亚州的每一条路上，每天都挤满了去淘金的人。他们风餐露宿，日夜兼程，恨不得马上就赶到那个令人魂牵梦萦的地方。在这些做着美梦的人流中，有一个叫菲利普·亚默尔的年轻人，他当年才17岁，是一个毫不起眼的穷人。就是这个年轻人，后来却干出了使人感到惊奇的事情。

到了加利福尼亚州之后，菲利普的"黄金梦"很快就破灭了：各地涌来的人太多了。茫茫大荒原上挤满了采金的人，吃饭、喝水都成了大问题。亚默尔跟其他人一样，整天在烈日下拼命地埋头苦干，每天都是口干舌燥。

亚默尔很快就意识到，在这里，水和黄金一样贵重。他曾经不止一次地听到人说："谁给我一碗凉水，我就给他一块金币！"可是很多人都被金灿灿的黄金迷住了，没有人想到去找水。亚默尔想到了，他很快就下了决心，不再淘金了，弄水来卖给这些淘金的人，赚淘金者的钱。卖水其实很简单，挖一条水沟，把河里的水引到水池里，然后用细沙过滤，就可以得到清凉可口的水了。他把这些水分装在瓶里，运到工地上去卖给那些口干舌燥的人。那些人一看到水，一下子就拥了过来，纷纷拿出自己的辛苦钱来买亚默尔的水解渴。

看到亚默尔的举动，很多淘金者都感到可笑：这傻小子，千里迢迢跑到这里来，不去挖金子，而干这种玩意儿，没出息！这本身就是一个大胆的决策，亚默尔自然不会被这些话吓回去，依然我行我素，每天坚持不懈，一直在工地上卖水。

经过一段时间，很多淘金者的热情减退了，本钱用完了，血本无归，两手空空地离开了加利福尼亚。亚默尔的顾主越来越少，他也应该走人了。但是，他已经净赚了6000美元。

捕获机会，见机而动，这个道理并不难理解，但许多人却令人遗憾地失去了成功的机会。失去机遇的原因恐怕体现在两个环节上，一个是认识，一个是选择。时机来到，有的人能及时发现，有的人却视而不见，有的人虽然有所发现，但认识不清，把握不准。

对机会的认识决定了对机会的选择，我们必须养成认真思考观察的习惯。做一个有心人，那么即使在拐角处我们也能发现机遇。

偏执让你白白错失机遇

固执己见的人往往做错事。

——约翰·德莱顿

机遇是一位仁慈的老人，他愿意给渴望通过努力获得成功的人一个改变命运的契机。他会以各种形式出现，也许是你所期待的样子，也许会隐藏真面目。而这个时候，就需要我们心明眼亮了。

我们都有渴望成功的欲望，这种强烈的积极欲望让我们面对机遇时奋勇前进。只要是认准了正确的道路，我们都会不达成目标不罢休，这是一种执着。面对机遇也许我们选择错误了，却还是一意孤行，沿着错误的方向走不改变，这叫偏执。偏执的人认准了目标后便不再回头，撞了南墙也不改变初衷，直至精疲力竭。过于偏执，会让我们成为可悲的失败者，并丧失本来应该得到的机会。

半夜，一场大暴雨淹没了河边的一座教堂。一个神父被困在里面了。这时，一个救生员驾着小艇向神父喊道："神父！快！快上来！

不然洪水会把你淹死的！"神父说："不！我深信上帝会来救我的！"

过了不久，洪水已经淹过神父半腰了，神父只好勉强站在桌子上。

这时又有一个救生员开着小艇过来了："神父！快！不然洪水会把你淹死的！"神父说："不！我要守着我的殿堂！我深信上帝会来救我的！"

最后，洪水已经把教堂淹没了，神父只好抓着教堂顶端的十字架。一架直升机缓缓飞过来，丢下绳梯之后，飞行员大叫："神父！快！快上来！不然洪水会把你淹死的！"神父还是很顽强地说："不！我深信上帝会来救我的！"最后，神父被淹死了。神父上了天堂后，来到上帝面前委屈地说："上帝，你为什么要抛弃你虔诚的信徒啊？"

上帝一脸的郁闷："我已经派了两艘小艇和一架直升机去救你了，是你偏执地坚持我会亲自去救你而拒绝了他们呀！"

在机会来临时，神父被"上帝会来救我"的信念束缚了，因为偏执而使自己丧失了生机。机遇来临时，我们总是偏执地坚持自己的想法，在自己的前进途中设置了种种障碍，我们又能够怪谁呢？

这就好比被关在玻璃瓶子里的跳蚤，一旦跳蚤认定它的世界只能跳那么高以后，即使换一个大的空间，它也只跳到之前的高度。跳蚤被自己固定的想法给束缚了，许多人也是一样。他们偏执地认定了目标，即使旁人用自己的经验告诉他行不通，他还是要花费大力气一直坚持下去。偏执者往往认定了自己认为正确的东西就听不进他人的意见，以至于最终遭到惩罚。

事实证明，偏执会让你白白错失机遇。

1947年，美国贝尔实验室发明了晶体管。敏感的人立刻意识到，这个东西可能会取代电子管，特别是在消费性电子产品方面，如收音机和刚上市的电视机，晶体管也许具有巨大的潜力。美国的一些大型制造厂商开始着手研究晶体管，但计划在1970年左右才会以晶体管取代电子管。因为他们偏执地认为在此之前，完全使用晶体管的条件并不具备。

当这些厂商固守己见的时候，日本索尼公司看到了商机，以25000美元从贝尔实验室买下了晶体管生产的专利。

两年后，索尼公司推出世界上第一台便携式晶体管收音机，首批生产的200万台一下子就被抢购一空，其销售额正好是购买专利所花费的100倍。3年后，索尼公司的产品便占领了美国市场。

人们看到这个故事的时候往往会赞叹索尼公司的商业敏锐度，美国的制造厂商恐怕也是后悔莫及吧！他们没有试验也没有调查市场，便盲目地判定完全使用晶体管的条件并不具备，并固执地认为事情会按照自己想象的发展，这恐怕是由于对自己过于自信，认为条件不成熟自己做不了别人也做不了吧！

获得种种机遇是好事，但是机遇只是提供了成功的可能性。没有什么人能保证给了机遇就能毫无阻碍地取得成功。神父如果不是偏执地把"上帝会来救我"当作一个不变的宗旨，他也不会死亡。

对于年轻人来说，拼搏磨炼的经历是人生中最具价值的事物，但是我们也可以适时规避一些不必走的弯路。在努力学习工作的过程中，多检查检查自己现在是在坚持理想还是在固执己见。记得要经常审视自己，也要多征求别人的意见，抓住每一个机会，不要让它偷偷溜走。

不要因为害怕失败而放弃机遇

生活中没有什么可怕的东西，只有需要理解的东西。

——居里夫人

现代社会竞争激烈，每个人都想做出一番成绩，但不是每个人都可以达成梦想。残酷无情的竞争就像大浪淘沙一般，将一个又一个追逐梦想的人淘汰下来。如果通向成功的路上有许多的人与你竞争，又或者这条路坎坷不平困难重重，你会不会坚定信念一直走下去呢？

只有最勇敢的人才不会惧怕失败的阴影，一步一步坚定地走下去。很多时候，人们并非没有能力做到自己想要做的事情，而是渐渐地被失败打击得没有了信心，到最后不得不放弃了努力。机遇平等地赐予了每一个人，但是只有最最勇敢的人才坚持到了最后。

有一年，但维尔地方经济萧条，不少工厂和商场纷纷倒闭，被迫低价抛售自己堆积如山的存货，价钱低到1美元可以买到100双袜子。约翰·甘布士是一家织造厂的小技师，他把自己的积蓄用于收购低价货物，并租了一个很大的货场来贮存。

他的妻子劝他，不要再收购这些别人廉价抛售的东西，因为他们积攒下来的钱数量有限，而且这笔钱是准备用作子女教养费的，如果此项生意血本无归，那么后果将不堪设想。过了10多天，那些工厂找不到买主了，便只好把所有存货用车运走烧掉，以此稳定市场上的物价。

妻子看到别人已经在焚烧货物，不由得焦急万分，抱怨起甘布士。对妻子的抱怨，甘布士一言不发。两个月后，美国政府终于采取紧急行动，稳定了但维尔地方的物价，并且大力支持那里的厂商复业。但维尔地方因焚烧的货物过多，存货欠缺，物价一天天飞涨。

这时，甘布士马上把自己库存的大量货物抛售出去，一来赚了一大笔钱，二来使市场得以稳定，不致暴涨不断。当初他决定抛售货物时，妻子曾劝告他暂时不要把货物出售，因为物价还在一天天飞涨。但甘布士平静地说："是抛售的时候了，再拖延一段时间，就会后悔莫及。"果然，甘布士的存货刚刚售完，物价便跌了下来。他的妻子对他的远见钦佩不已。后来，甘布士用赚来的这笔钱开设了5家百货商店，生意非常红火。

在全美国都处于经济大萧条的悲观情况时，甘布士却抓住了最根本的问题：每个人终究都还是需要吃饭穿衣的，那么囤积物资终究会派上用场的。当别人在抛售货物时，他大胆地拿出所有积蓄来收购。当人心惶惶都在焚烧货物时，他却毫不慌张。当物价猛涨妻子劝他再等一段时间时，他却理智地马上抛出。甘布士毫不害怕自己会失败，充分抓住了环境变化带来的机遇，而正是由于他毫不畏惧失败，才能如此沉稳地处理事务，获得事业上的成功。

　　不害怕失败，多多尝试，多给自己一个冒险的机会，也许就能给自己一个翻身的机会。

　　在美国经济大萧条最严重的时候，在多伦多有位年轻的艺术家，全家靠救济过日子。那段时间，他急需用钱。他精于木炭画，画得虽好，但时局却太糟了，没有人愿意买他的画。

　　唯一可能的市场是在有钱人那里，但谁是有钱人呢？怎样才能接近他们呢？

　　他苦苦思索，最后来到多伦多《环球邮政》报社资料室，从那里借了一份画册，其中有加拿大的一家银行总裁的肖像。他回到家后为这位总裁画了一幅完美的肖像。为了能够将画卖给这位总裁，艺术家决定大着胆子去试一试，即使失败也比主动放弃强。他梳好头发，穿上最好的衣服，来到了总裁的办公室并要求与其面谈。当秘书拒绝后艺术家把画交给了秘书代为转交。过了一会，当秘书邀请艺术家进去时，总裁正在欣赏那幅画。"你画得棒极了！"结果，总裁以很高的价钱买下了这幅画。

　　很多人在尝试做一件事的时候总是希望得到一种保证，希望一次就能成功，其实这是不可能的。在条件还不成熟的情况下，失败肯定在所难免。所以，你一定要让自己振作起来，要敢于去尝试，不要想想就算了。一件事情的背后往往隐藏着很多机会，而这些机会不尝试是发现不了的。你所跨出的每一步，往往会给你下一步的人生带来改变。

人生的每一次尝试，每跨出一步都是一种改变，都是一种新感觉，都会有一种意外的收获和喜悦。害怕失败不去尝试，就永远没有机会。只要你始终保持不怕失败勇往直前的热情，那么，奇迹离你还会远吗？

看准时机，才能准确抓住机遇

一个明智的人总是抓住机遇，把它变成美好的未来。

——托·富勒

只要看准时机，每一次挑战都是一次机遇。

机遇可遇不可求，它来无踪去无影，在我们面前时，常常需要人仔细地分析明白。能够看准时机并且积极采取行动的人，往往可以占得先机。

生活在传统的商人家族，经受着特殊的家庭氛围与商业熏陶，摩根年轻时便敢想敢做，颇具商业冒险和投机精神。1857 年，摩根从哥廷根大学毕业，进入邓肯商行工作。

他去哈瓦那为商行采购鱼虾等海鲜归来，途经新奥尔良码头时，他下船在码头一带兜风，突然有一位陌生人从后面拍了拍他的肩膀："先生，想买咖啡吗？我可以出半价。""半价？什么咖啡？"摩根疑惑地盯着陌生人。陌生人马上自我介绍说："我是一艘巴西货船船长，为一位美国商人运来一船咖啡，可是货到了，那位美国商人却已破产了。先生，您如果买下，等于帮我一个大忙，我情愿半价出售。但有一条，必须现金交易。先生，我是看您像个生意人，才找您谈的。"

摩根跟着巴西船长一道看了看咖啡，成色还不错。想到价钱如此便宜，摩根便毫不犹豫地决定以邓肯商行的名义买下这船咖啡。然后，他兴致勃勃地给经理邓肯发出电报，可邓肯的回电是："不准擅用公司名义！立即撤销交易！"无奈之下，摩根只好求助于在伦敦的父亲。在父亲的帮助下，摩根买下了船上所有的咖啡。

正当人们为了摩根冒险的行为担心时，巴西出现了严寒天气，咖啡大为减产。这样，咖啡价格暴涨，摩根便顺风迎时地大赚了一笔。摩根的父亲由此认为儿子是个人才，便出资金为儿子办起了摩根商行。

世界上到处都有机遇，敢于冒险就会有收获。不是说抓住了机遇就会万无一失，做任何事都有失败的风险。有勇气的人懂得迎难而上，一旦看准了时机，就会立刻抓住机遇并挑战自己。

事实上，任何环境里边都孕育着机遇，而且这种机遇的潜能和力量都是十分巨大的。环境本身是无情的，但也是公正的，它对所有人都一视同仁。环境虽然不以人的意志为转移，但是人对于环境却有主观能动性。每个人都可以努力去改变环境，将普通的机会转化为有利于自己的机遇。

在电影《飘》中扮演女主角郝思嘉的费雯丽，在出演该片前只是一位名不见经传的小角色。她之所以能够因此而一举成名，就是因为她大胆地抓住了自我表现的良好机遇。当《飘》开拍时，女主角的人选还没有最后确定。毕业于英国皇家戏剧学院的费雯丽当即决定争取出演郝思嘉这一角色。"怎样才能让导演知道我就是郝思嘉的最佳人选呢？"这个问题困扰着她。

经过一番深思熟虑后，费雯丽决定毛遂自荐，自我表现。一天晚上，刚拍完《飘》的外景，制片人大卫又愁眉不展了。突然，他看见一男一女走上楼梯，男的他认识，那女的是谁呢？只见她一手扶着男主角的扮演者，一手摁住帽子，居然自己把自己扮演成了郝思嘉的形象，那双明亮的眼睛，那纤细的腰肢，都让人们惊艳。大卫正在纳闷时，突然听见男主角大喊一声："喂！请看郝思嘉！"大卫一下子惊住了："天呀！真是踏破铁鞋无觅处，得来全不费工夫。这不就是活脱脱的郝思嘉吗？！"于是，费雯丽被选中了。

机不可失，时不再来，这是每个人都知道的浅显而深刻的道理。抓住了机会，我们就可能乘风而起，登上成功的巅峰；如果错失了机会，我们就可能会让唾手可得的成功擦肩而过，因而懊悔不已。

一位成功人士曾不无感慨地说："在某些意义上，时机就是一种巨大的财富。"要在人生的事业中有所作为，仅靠盲目蛮干是不行的，也不会有太大成效。看准时机并把握它，将它变成现实的财富，才是聪明人的理智选择。

细心一点，让我们冷静地思考分析；勇敢一点，抓住机遇立刻实行。不犹豫不绝，也不轻易决定，一旦拿定了主意就果断行动，做好自己的事情，大胆地追求自己的目标。

第三章

要沿着一条正直的道路前进

正直是人生最珍贵的财产

走正直诚实的生活道路，必定会有一个问心无愧的归宿。

——高尔基

正直诚实，是人生的桂冠和荣耀，是一个人最高贵的财产。正直诚实的品格比财富更具威力，它能够为人带来尊敬和信任，使所有的荣誉都毫无偏见地得到保障。人品高尚、正直诚信的人能够得到别人的尊敬和信任。

一个人是否高贵，不是取决于他的出身、财富和地位，而是取决于灵魂的纯洁。一个品性纯良、正直诚实的人，就是一个高贵的人。一个高贵的人，无论什么时候都会用道德来衡量自己的行为，无论在什么情况下都不会违背自己的良知。而一个人越是行为正直诚实、保持高贵的品格，他那纯洁耀眼的光芒就会越加明亮。

1829 年，年方 20 岁的门德尔松开始了他第一次的旅行演出生涯。

在英国，他的演出轰动了整个伦敦，维多利亚女王热忱邀请门德尔松进宫。

演奏会上，当门德尔松刚刚演奏完《伊塔尔兹》一曲，维多利亚女王便不禁连声称赞这支曲子写得好，并说："单凭你能写出这样动人的曲子，就可以证明你是一个十分了不起的音乐天才！"听到这赞扬声，门德尔松不但没有高兴，脸反而一下子红到耳根，急忙说道："不，不，不，这支钢琴曲不是我写的。"所有在场的人都不相信，认为他这样说是太谦虚了。但是，门德尔松却认真地向女王和在场的人们解释道："这支曲子真的不是我写的，而是我妹妹芬妮亚的作品。"

原来，门德尔松的妹妹芬妮亚也是一位相当出色的作曲家，只不过家族不允许用女人的名字发表作品，所以借用了哥哥的名字。虽然别人并不知道这件事，可是正直诚实的门德尔松没有欺世盗名，而是在大庭广众面前公布了这支曲子的真正作者。

门德尔松的正直诚实使他赢得了维多利亚女王以及在场每个人的尊重。也正是这种诚实的品质，使他能够在天才的光环下仍然保持谦虚认真、勤奋不懈的创造态度，为后世留下了大量淳朴典雅、清新自然的音乐作品。

正直诚实是一种高尚的品格，它可以让一个人的心灵变得尊贵，品格变得高尚。好的品格能给生命带来幸福。正直诚实的品格，应该是浸透在生命之中浸透在血液之中的，不是虚假的伪饰，不是一时半刻的假装。

要练就高贵的品质，就要时时刻刻保持高贵的行为。正直和诚实并不应该是对别人做表演，而是衡量自己行为的标准。无时无刻不正直诚实，无论何地都正直诚实，有人看着时正直诚实，无人知晓的时候也要正直诚实。只有每时每刻都保持高贵的品性，才经得起种种诱惑考验。

一年一度的丰年祭祀即将来临，由于今年的收成特别好，因此村长决定要盛大举办，以祈求来年的丰收。为了使庆典更加隆重热闹，村民们纷纷献计献策。村长在空地上摆了一个大得可以容纳十几个人的酒缸，要求每一户人家贡献一壶自己酿制的小米酒，好让大家有喝不完的酒，可以把酒言欢，狂欢到天明。在庆典正式开始前，每一户人家都郑重其事地把自己带来的酒倒入大酒缸中，很快，大酒缸就被装满了。

庆典即将落幕的时候，村长带领所有人感谢神明，一人拿着一杯酒举杯祝天一饮而尽。没想到酒还没喝完，大伙的脸色就全变了，每个人皆面有愧色，面面相觑地良久说不出一句话来。原来，每户人家的酒壶里，装的都只是清水而已。因为，每个人都以为在这么一大缸酒之中，用区区一壶清水充数是不会被发现的，于是大酒缸里装满了水，却没有一滴酒，令原本欢乐无比的丰年祭尴尬地收场。

富兰克林说过："平凡人最大的缺点，是常常觉得自己比别人高明。"村民们都抱着投机取巧的心态，到最后聪明反被聪明误，每一个人丑陋的一面都被自己揭穿了。

正直诚实是最高贵的品行，如果我们希望自己能成为一个品行高尚的人，那么无论何时都请选择与诚实为伍。对别人正直诚实，同时也对自己正直诚实，你会发现这才是你最大的利益和财富！

保持一颗纯洁无私的心

心灵纯洁的人，生活充满甜蜜和喜悦。

——列夫·托尔斯泰

只要一个人坚持培养自己高尚的情操和仁慈的胸怀，并坚持去发展自己各种高尚的情趣，那么这个人就可以成为自己渴望中的样子。心灵纯洁无私，是我们保持自身高贵的唯一秘密。

即便是身处最恶劣的环境之中，也要像出淤泥而不染的莲花，开出最美丽纯洁的花朵。当我们快乐时与人分享快乐，当我们幸福时将幸福传递，接过他人的痛苦和伤悲，用纯洁无私的心去抚平他们心上的伤痛。诺贝尔和平奖得主特蕾莎修女就曾经说过："让爱带人们脱离苦难，人间就会成为天堂。"

1979 年，诺贝尔委员会将诺贝尔和平奖授予了特蕾莎修女，并对她的事业做出了高度评价："她的事业有一个重要的特点：尊重人的个性、尊重人的天赋价值。那些最孤独的人、处境最悲惨的人，得到了她真诚的关怀和照料，这种情操发自她对人的尊重，完全没有居高临下施舍的姿态。"

在金碧辉煌的诺贝尔奖颁奖大厅里，特蕾莎修女深怀感激地对全世界说："这项荣誉我个人不配领受。今天我来接受这个奖项，是代表世界上的穷人、病人和孤独的人。"她宣布，将把得到的这笔巨额奖金全部捐献给慈善机构，全部用来为穷人和受苦受难的人谋利益。颁奖仪式结束后，特蕾莎修女向诺贝尔委员会提出了真诚的请求：取消按照惯例举行的授奖盛宴，将省下的钱用于帮助穷人。因为这是一种极大的浪费，盛宴只能供 100 多位来宾享用，如果把这笔钱交给慈善机构，却可以让 1500 位穷人吃上一天的饱饭。

诺贝尔委员会很快就答应了这一请求，把 7100 美元统统赠予了她所领导的仁爱修会。她的请求也没有得罪任何嘉宾，反而深深地打动了他们。与此同时，瑞典全国掀起了向仁爱修会捐款的热潮。自此以后，她帮助穷人的事业，得到了全世界各国人民越来越广泛的支持。

博大的爱可以感动天地。无私的爱不仅可以给被爱的对象带来温暖和帮助，帮助其走出困境，更可以感染他人一起献出自己的爱。

特蕾莎修女用自己博大的爱和真诚感动了诺贝尔委员会，破例取消照惯例将举行的盛宴是最好的例证。

我们不一定要做出像特蕾莎修女那样伟大的事业，但是至少可以形成这样的习惯：在自己过得很好时，想想那些还在困境中的人们，尽自己的所能，伸出援助的手，让这个世界因为你的爱而多一分美好。

一个周末的晚上，一个寡妇正和她五个年幼的儿女围坐在火堆旁。大儿子离家去闯荡了，丈夫也因病去世，这一年来，她一个人用那双瘦弱的双手支撑着整个家庭。屋内的火堆上正烤着一条青鱼，这是全家唯一的一点食物。

她刚把这最后的食物放在桌上，就听到一阵敲门声。原来是一位旅人，他衣衫褴褛，旅人走进屋，请求留宿一夜，并想要一些吃的。寡妇十分同情他，她毫不犹豫地把最后一点食物分了一份给旅人，并微笑着告诉孩子们："我们绝不会因为这小小的善举而被遗弃，也绝不会因此陷入更深的困苦之中。"

旅人于是来到盘子旁，看了一眼，抬头惊奇地望着这一家人："你们慷慨地分给我这一点食物，这些可怜的孩子不就要挨饿吗？"

"是啊！"寡妇忽然泪流满面，"可我还有一个儿子，现在不知在世界的哪个角落。我如此待你，也祈祷别人能如此待他。我又怎能背叛上帝，不真诚地收留你呢？"

寡妇刚说完话，旅人便激动地跑过去抱住了她。"上帝果真使你儿子被一个善良的家庭所收留，并且赐予了他财富，使他能感谢真诚收留他的人：我的妈妈，哦，亲爱的妈妈！"原来，旅人正是寡妇多年未见的大儿子，他刚从印度归来。为了给家人一个惊喜，他掩藏了自己的身份。

爱是最美的智慧。纯洁无私的心是最珍贵的品质。无私地付出，总会浇灌出善的花朵，将恶引导为善，将悲观痛苦转换为快乐幸福。

纯洁而无私地活着，充满爱意地活着，不因为我们做了善事而奢求有什么回报，不因为世事变幻而改变善良纯洁的心。

不因为环境而抱怨，不因为不公平的待遇而失却对他人痛苦的同情怜悯。我们应该坚信上帝是仁慈的，在他眉头紧锁的严肃后面，是一张仁爱和微笑的脸庞。做一个善良的人，做一个纯洁无私的人，你会拥有快乐！

用平静的力量固守正直的本性

德行告诉人们：反抗诱惑吧，那样你才有更多的机会做出高尚的行为来。

——车尔尼雪夫斯基

生活与工作中，人们总是牵挂得太多，太在意得失，所以情绪起伏。得意也好，失意也罢，我们应该始终记得做一个高尚的人，做一个善良而又正直的人。而人世间纷纷扰扰，想要做一个善良而又正直的人，就必须以平静的心做平凡的事，不让世俗功利蒙蔽你的心灵，坦然地面对得失。

固守正直的本性，需要真正的心灵平静。心灵平静要到哪里去寻找呢？

有一个国王准备用一大笔赏金奖赏画出最能代表平静祥和意象的画的人。很多画家将自己的作品送到皇宫，有的画了黄昏的森林，有的画了宁静的河流，小孩在沙地上玩耍，彩虹高挂天上，还有沾了几滴露水的玫瑰花瓣。

国王亲自看过每件作品，最后只选出两件。

第一件作品画了一池清幽的湖水，周围的高山和蓝天倒映在湖面上，天空点缀了几抹白云。仔细看的话，还可以看到湖的左边角落有座小屋，打开一扇窗户，烟囱有炊烟袅袅升起，似乎有人在准备晚餐。

第二幅画也画了几座山，山形突兀嶙峋，山峰尖锐孤傲。天空漆黑一片，闪电从乌云中落下，降下了冰雹和暴雨。这幅画和其他作品格格不入，不过仔细一看，可以看到险峻的岩石堆中有个小缝，里面有个鸟窝。尽管身旁风狂雨暴，小鸟还是蹲在窝里，神情自在。

国王最后将赏金发给了画第二幅画的画家，他的解释是："宁静祥和，并不是只有在安静的时候才可以找到，只要内心祥和，即使身处喧闹，也能寻得自己的静谧。"

平静是一种心态，平和简单。不管外面多么风起云涌、惊涛骇浪，内心都像一池波澜不惊的湖水，简单安静。所以不必去强求什么，只要简单地保持本心便能做一个善良正直的人。

平静并不等于完全没有困难和辛劳，而是在那一切的纷乱中间，心中仍然宁静。所谓平静，即在于此。就像一汪平静的湖水，纵然风吹雨打过，但天晴后水面依然会恢复平静，没有半丝波纹。做一个正直的人，我们要经得起一切考验。

我们一定要平静地守住内心坚固的城堡，才能抵挡住外界的诱惑，才能不迷失本性，才能保持健康的心态，才能守住自己的原则。

在美国南北战争的一场战役中，北方军队的一个陆军上校接到命令，让他保护军用的棉花，他接到命令后对他的长官说："我不会让一袋棉花丢失的。"

不久，上校收到了妻子发来的电报，说儿子重病在床，家里已经快没钱付医疗费了。上校知道钱对于他来说就是儿子的生命，有了钱儿子就有救。但是当商人们来贿赂上校想要得到棉花时，上校很平静地说："我的儿子正在发烧，烧得耳朵听不见了，我很想收这笔钱。但是我的良心告诉我，我不能收这笔钱，不能为了我的儿子

53

害得十几万士兵在寒冷的冬天没有棉衣穿，没有被子盖。"

那些来贿赂他的人听了，十分敬佩上校的品格，他们很惭愧地离开了。后来，上校找到他的上司，对上司说："我知道我应该遵守诺言，可是我儿子的病很需要钱，我现在的职位又受到很多诱惑，我怕我有一天把持不住自己，收了别人的钱。所以我请求辞职，请您派一个不急需钱的人来做这项工作。"

他的上司非常赞赏他诚实正直的品性，最终批准了他的辞职申请，并且帮助他筹措了资金来支付医药费。

这位正直的上校面对国家的利益，面对千千万万需要棉被棉服的战士，他守住了正直的本性，将国家的利益放在了第一位。他是一个真正正直的军人，一个心灵平静不为人所动的人。

别人威逼利诱的时候，我们未必会低下高贵的头颅，但是关系到自己家人安危的时候呢？不是每个人都可以做到永远克制自己的欲望，不是每个人都能保证永远保持平静的内心。保持平静固守正直，这是一件光荣而又艰难的任务。

忠实地保持高尚的目的，就是一种高尚的事业。在人生道路上始终保持正直善良的品格，就是一件了不起的事情。尽管风雨不歇，尽管物欲横流，尽管别人的行为都发生了变化，但还是请保持住平静的心态吧！因为唯有内心平静，我们才能守住正直的本性，而唯有守住正直的本性，我们才能始终拥有高尚的灵魂。

勇敢向人性中的丑陋宣战

勇敢是人类美德的高峰。

——普希金

英国文豪莎士比亚曾经说："一个人知道了自己的短处，能够改过自新，就是有福的。"换句话说，我们可能会做错事情，但只要我们懂得真心忏悔改正了，就是一种福气；人性中会有丑陋的一面，但是只要我们去正视它去改正它，我们就会在道德上再进一步。

人只有回到原来的地方，才能重拾尊严。我们只有勇敢地面对昔日的伤疤，才能更好地昂首挺胸走过今后的日子。只有经过寒冬的人才感觉得到阳光的温暖，只有真心地想去除人性丑陋面的人，才会知道重新做一个正直善良的人是多么快乐！

每一个人都愿意接触阳光的温暖，每一个人都愿意做善意的事情，每一个还有良知的人都不愿意向更深的罪恶滑去。

有一个劫匪抢劫了一家银行并劫持了一个年轻的女孩。警察包围了他们并要求劫匪不要伤害人质，他疯狂地喊着："我知道我会死的，无所谓！"说着，他用刀子在女孩颈上划了一刀。

女孩流泪了。

"害怕了？"劫匪问她。

她摇头："我只是觉得对不起我哥，我父母双亡，是哥哥供我读书帮我找到工作，是我哥把我养大。"她和他讲着小时候的事，她一边说一边流眼泪。

劫匪静静地听着她讲哥哥的事情，看着身边讲述的女孩，他忽然感觉尘世是那么美好，但一切已经来不及了。他的身世也同样不幸，他也只有一个妹妹，他妹妹也是他供着上了大学。他不想让妹妹知道自己是杀人犯！

他拿出手机，递给她："来，给你哥打个电话吧。"

她平静地接过来，知道这是和哥哥最后一次通话了，所以，她几乎是笑着说："哥，在家呢？你先吃吧，我在工作，不回去了……"这样的生离死别竟然被她说得如此平常，他的妹妹也和他说过这样的话，劫匪哭了。

"你走吧。"他说，"快走，不要让我后悔！"

她刚走到安全地带，便听到一声枪响——劫匪饮弹自尽了。

女孩对哥哥的深情叙述，那个温馨的家常电话唤醒了劫匪心中最后仅存的善良，那仅有的一点善良救了女孩的命。人的本性是向往光明和温暖的，这个劫匪也曾经是一个善良温柔的哥哥，所以他不忍心去伤害另一个人的妹妹。

这个劫匪已经来不及改过了，但是我们还有时间来走向光明的一面，我们还有时间为曾经做过的事情忏悔，我们还有时间去改掉冷漠、嫉妒和虚伪等丑陋的一面。追求完美是我们的天性，向人性中的丑陋宣战，向光明温暖的一面靠拢，应该是我们完善人生的重要法则。

1970年12月7日，大雪过后最寒冷的一天，联邦德国前总理勃兰特来到了波兰犹太人死难者纪念碑前。

勃兰特总理向纪念碑献上花圈后，肃穆垂首，突然双腿下跪，并发出祈祷："上帝饶恕我们吧，愿苦难的灵魂得到安宁。"勃兰特以此举向"二战"中无辜被纳粹党杀害的犹太人表示沉痛哀悼，并虔诚地为纳粹时代的德国认罪、赎罪。当时的联邦德国总统赫利同时向全世界发表了著名的赎罪书。消息传来，世界各国爱好和平的人们无不拍手称赞。1971年12月20日，勃兰特获得了诺贝尔和平奖。

勃兰特在波兰犹太人纪念碑下跪赎罪，被誉为"欧洲约1000年来最强烈的谢罪表现"。德国还在首都柏林著名的勃兰登堡门附近建立由2700根方柱组成的纳粹大屠杀受害者纪念碑。

对于德国发动"二战"给全世界带来的灾难，多数德国人都有着强烈的忏悔意识，战后德国的表现赢得了世人的称道，令人感到这个民族经过浩劫之后更加成熟起来。

如果一个人曾经违背自己的良知，而想让自己的良心再次安稳下来，我们需要更多地向真善美靠拢。正直善良是我们所需要的美德，而勇敢却是人类美德的高峰。向良知敬礼，我们勇敢地向人性中的丑陋宣战，总有一天我们会获得心的宁静。

承受住对良知的考验

良心比天才更难得。良心是我们自己对自己的反映。

——巴尔扎克

每个人心中都有一份良知，它是约束我们行为的道德力量。一旦违背良知，必然会受到内心和外界的谴责；而恪守之人，终会受到道德的嘉奖，而这份奖励，有时候甚至远远超过你的期待。

当正直和诚实的阳光照耀着你的心灵时，阴霾就会远离你的世界。当一切都在别人的视线内时，我们就会牢记并保持端正的行为。正如法国作家马丹·杜·加尔所说："当你感到自己是一个人时，唯一的限制是良知。"世界上最大的痛苦不是来自于外界对你的否定，而是我们内心良知对自己的不断谴责。

因为家穷，卢梭小时候在一个伯爵家当佣人。他看到伯爵家一个侍女的小丝带很漂亮，就偷偷地拿过来玩，没想到这事被发现了。

伯爵大为恼火。卢梭紧张极了，最后竟撒谎说丝带是小厨娘玛丽偷给他的。善良老实的小玛丽一边流泪一边分辩说："不是我，绝对不是我！"可卢梭呢？却死死咬住了玛丽，并把事情的所谓"经过"编造得有鼻子有眼的。伯爵索性将卢梭和玛丽同时辞退了。当两人离开伯爵家时，一位长者意味深长地说："说谎的人一定会受到良知的惩罚！"

果然，这件事给卢梭带来了终生的痛苦。40年后，他在自传《忏悔录》中坦白说："……这件小小的事情促使我决心撰写这部忏录……这种残酷的回忆，常常使我苦恼，在我苦恼得睡不着的时候，便看到这个可怜姑娘前来谴责我的罪行……"

相对于欺诈、盗窃等罪行来说，卢梭将责任推到小姑娘的身上只不过是一件小事，然而，永不沉睡的良心却不断地鞭笞他。因说谎而产生的内疚，因伤害到别人而感到不安，卢梭一直将这件事放在了心上。

有太阳的地方，就会有影子；有风吹过的地方，就会起沙尘；有良知的地方，我们就会去追求高尚。越是靠近那高尚的光芒，曾经做错的事情就越加明显。因为有良知，我们自然也就会对自己做错的事情进行自我惩罚。

良知的惩罚是最痛苦的煎熬，是人生痛苦的根源之一。背负着良心的惩罚会让你苦恼得寝食不安。要做到坦荡荡，唯有让自己的心充满正直、诚实。从一点小事做起，接受住良知的考验，遵守规则，遵守法律，遵守内心良知的呼唤。

在奥普多湖的中心岛上，开禁钓鲈鱼的头天晚上，一个11岁的男孩和父亲很早就来到了湖边。在落日的余晖里，鱼钩激起阵阵多彩的涟漪。当渔竿被有力地牵动时，孩子明白水底下有个大东西上钩了。孩子小心翼翼，终于把一条精疲力竭的大鱼提出了水面。呵！这是他见到过的最大的一条鱼！是条鲈鱼。

父子俩兴奋异常地瞧着这尾大鱼，真是壮实啊！父亲划根火柴看看手表，整10点——离开禁时间还差两小时。父亲看看鲈鱼，又看看儿子，终于说："孩子，你必须把鱼放回湖里去。"

"爸爸！"儿子不禁叫了起来。"我们再也钓不到这么大的一条鱼了！"

与此同时，孩子举目环视，朗朗月光下见不着任何钓鱼人和捕鱼船，他又眼巴巴地盯住父亲。尽管此时此刻没有任何人看见他们，也不会有谁知道他是什么时候钓到这条鱼的，但是从父亲坚定的语调里孩子明白父亲的决定毫无通融的余地。他只好慢慢从大鲈鱼口中拔出鱼钩，将它放回到深深的湖里。

事情过去几十年后，那个孩子已成为纽约一位功成名就的建筑师。他没有说错，他再也没有钓到过那天晚上那么大的令人爱不释手的鱼。然而，在现实生活的为人处世中，每当遇到有悖于良心道德的事情时，他眼前总是会一次又一次地浮现出那条大鲈鱼。

放鱼归湖是父亲培养孩子正直性格的一件小事，即使是一件小事，这位父亲也想让孩子接受住考验。即使是别人看不见的时候，即使是诱惑强烈的时候，即使是觉得不做会很遗憾的时候，还是要以内心的良知为标准。

良知是面诚实的镜子，是纯洁高贵还是丑陋黑暗，夜深人静的时候我们都能看得清清楚楚。良知就是我们人格的试金石。面对良知的考验时，做一个正直的人吧，克制住自己不好的念头，用光明高贵的行为去迎接它的到来。

不要被权势压弯正直的心灵

要正直，因为在其中有雄辩和德行的秘诀，有道德的影响力。

——阿密埃尔

在优胜劣汰、不进则退的时代，每一个前途远大的人所面临的竞争都是严峻的。每一年，企业家都在招募年轻人。然而，他们实际上寻求的是什么呢？智慧、精力、热情还是实际能力？这一切都是企业家需要的，也都是促使我们成为优秀的人的必要条件。但一个为人需要的人、一个优秀的人还必须具备内在的令人信服的品格，这个品格，就是正直。

一个品格正直的人，意味着你可以相信他去执行正确的事而不是盲从你的命令；一个品格正直的人，意味着你可以信任他的意见而不用担心他只是在附和；一个品格正直的人，意味着他有勇气坚持自己的信念。正直的人不会因为权威而去屈从错误的事，不会因为权势所迫去做违背良知的事，他们有能力去坚持正确的东西，在需要的时候义无反顾，并能公开反对错误的东西。正直的人像一面镜子，照亮了自己也照亮了周围的人。

有一位护士刚毕业时，在一家医院做实习生，实习期一个月。在这一个月内，如果能让院方满意，她就可以正式获得这份工作。

一天，交通部门送来一位因车祸而生命垂危的人，实习护士被安排做外科手术专家——该院院长的助手。复杂艰苦的手术从清晨进行到黄昏。患者的伤口即将缝合时，这位实习护士突然严肃地盯看院长，说："院长先生，我们用的是12块纱布，可是您只取出了11块。"

"我已经全部取出来了。一切顺利，立即缝合。"院长头也不抬，不屑一顾地回答。"不，不行！"这位实习护士高声抗议道："我记得清清楚楚，手术中我们用了12块纱布！"

直到这时，院长冷漠的脸上才浮起一丝欣慰的笑容。他举起左手心里握着的第十二块纱布，向所有的人宣布："她是我最合格的助手。"这位实习护士理所当然地获得了这份工作。

虽然很需要这份工作，但这个年轻的护士把病人的安危放在了第一位。她正直地说出自己看到的事实真相，为了病人甚至敢对院长高声抗议。结果显而易见，院长更加欣赏敢于坚持真理、时刻将病人的安全放在第一位的人。

权势不能大于生命的安全，权势也不能大于真理。正直的人把真理放在第一位，他们时时刻刻用标尺来检查自己的行为，他们纯洁的行为思想也影响着其他人。正直是美德的基石，正直的美名与坚持真理紧密相连。在人的一生中，决定个人价值和前途的不是聪明的头脑和过人的才华，而是正直的品格。一颗正直的心，不会被权势压弯，一颗正直的心也不会盲从大多数，他们会坚持正确的想法。

小泽征尔是享誉世界的交响乐指挥家。在一次世界优秀指挥家大赛的决赛中，作为参赛者他要按照评委会给的乐谱指挥演奏。从一开始就很顺畅，小泽征尔沉醉在高水平的演奏中，突然在气势恢宏的音乐中，他那敏锐的耳朵却听见了不和谐的声音。

他以为是乐队演奏出了错误，就要求大家停下来重新演奏，但是还是发出了同样的怪音。尽管声音那么细微，不仔细听几乎听不出来，但是严肃认真的小泽征尔又一次要求乐队停下来。这一次，他觉得应该是乐谱有问题，并向在场的评委会专家提出了这个疑问。这么重要的比赛，对评委会专家提供的乐谱表示怀疑，这还是第一次。专家们有些生气，一致声称乐谱绝对不会有问题，面对专家的坚持，小泽征尔很慎重地又指挥乐队演奏了一次。

这一回，他再次相信了自己的耳朵。面对一大批音乐大师和权威人士，他斩钉截铁地大声说："不！一定是乐谱错了！"话音刚落，评委席上的评委们立即站起来，全体报以热烈的掌声，并祝贺他摘取了世界指挥家大赛的桂冠。

原来，这是评委们精心设计的一道试题，他们故意在乐谱中制造了一个小错误，以此来检验指挥家的音乐才能。

正直的人是神创造的最高尚的作品，他们永远不会被权威压弯脊梁。正直的人追求真理，并忠实于真理。小泽征尔并不迷信权威，而是忠实于音乐本身，相信自己的耳朵，相信白己多年的音乐修养。正直是优秀者必备的一个条件，因为他们的心灵无限地接近于真实而不是世俗的权势。

正直犹如好酒，储存得越久越是醇香绵厚。正直的品格散发着迷人的清香，让人忍不住去亲近，让人不得不敬仰。

遵守内心正直的道德底线

良心始终是不顾一切人为的法则而顺从自然的秩序。

——卢梭

没有规则，世间就没有清晰的秩序。人们用规则或者法律来为自己划定范围，使得每个人都明了什么可以做，什么不可以做。设定规则和法律的最初意义是为了保护人们的利益和安全，每个国家和地区都会根据当地的情况制定合适的法则。

既然是为了维护人们的利益和安全而设定的规则，涉及人道和良知时，就应该将良心和道德设为底线。判定一个人是否品格高尚，应该要看他的行为是否正直。判断一件事是否合理，我们除了遵循时间法则以外，还应该看看它是否符合人们的道德要求。

1991年9月，柏林法庭上，举世瞩目的柏林围墙守卫案将要开庭宣判。这次接受审判的是4个年轻人——柏林墙的东德守卫。

两年前的一个冬夜里，刚满20岁的克利斯和高定一起偷偷攀爬柏林墙企图逃向联邦德国。民主德国卫兵英格·亨里奇尽忠职守地扣动了扳机。一颗子弹由克利斯前胸穿入，高定的脚踝被另一颗子弹击中。克利斯很快就断了气，他是这堵墙下最后一个遇难者。

民主德国卫兵英格·亨里奇绝对没有想到，短短9个月之后，他每天守卫的围墙就被柏林人推倒了，自己竟然会因为杀人罪而站在法庭上接受审判。

柏林法庭最终的判决是：判处开枪射杀克利斯的卫兵英格·亨里奇三年半徒刑，不予假释。英格·亨里奇觉得十分冤枉，仅仅是执行命令的人，根本没有选择的权利。如果自己不听从命令，那么自己也会受到纪律惩罚，这件事罪不在己。法官当庭严厉地指出："民主德国的法律要你杀人，可是你明明知道这些逃亡的人是无辜的却杀害了他，就是有罪。作为警察，不执行上级命令是有罪的，但是打不准是无罪的。作为一个心智健全的人，此时此刻，你有把枪口抬高一厘米的主权，这是你应主动承担的良心义务。"

一边是上司的命令，一边是无辜的公民，确实让卫兵英格·亨里奇很为难。草木可以在来年春天继续生长，小伙子的生命却只有一次。只要稍稍抬高一厘米就可以救这个小伙子，即使要服从冰冷的命令也不应该忘记了做人的道德底线。

这个案例告诉每一个人，在这个世界上，良知是最高的准则。良知是不允许用任何借口来无视的：自然法永远高于社会法律。

法国启蒙思想家文学家孟德斯鸠说过："在一个人民的国家中还要有一种推动的枢纽，这就是美德。"仅仅拿法律说话，就是冷漠的表现。而实际上，最好的判决方式是看它符不符合人们的良知道德。当在我们身边发生了不符合良知、令人同情的事情时，我们不应该冷漠。遵照内心良知的要求去做，不仅关爱自己，也应该关爱他人。

1935 年的冬天，在纽约市一个贫民栖身区内的法庭上，一位老太太因盗窃面包房里的面包而接受审讯。老太太羞愧地承认："我是犯了盗窃罪。因为我需要面包来喂养我那 3 个饥饿的孙子。他们几天没吃东西了，我不能眼睁睁看着他们饿死。"

听了老太太的话，旁听席上响起一片议论。最后法官判决老太太 10 美元的罚金或者 10 天的拘役。老太太没有 10 美元只好选择拘役，她痛苦地对法官说："我愿意拘役 10 天，可我那 3 个小孙子谁来照应呢？"

这时，从旁听席上站起一个 40 多岁的男子，他向老太太鞠了一个躬，说道："请担当 10 美元的裁决。"说着，他回身面向旁听席上的其余人，取出 10 美元，反托着帽子，说："列位，我是现任纽约市市长拉瓜地亚，如今请诸位每人交 50 美分的罚金，这是为我们的冷漠付费，以处罚咱们生活在一个要老祖母去偷面包给孙子吃的城市。"法庭上顿时一片肃静。半晌，全部的旁听者都默默起立，每个人都拿出 50 美分，放到市长的帽子里，连法官也不例外。

一个崇尚道德的民族是一个伟大的民族，一个将良知作为最高法则的国家是一个伟大的国家。同为一个国家的人，面对别人的痛苦我们不应该冷漠。

世俗的规则我们可以把它看作促进社会进步、人类幸福的工具，而不应该把它用来破坏人们的幸福。始终遵守内心正直的道德底线的人，会有一种内在的平静。无论世界怎么变化，他会始终保持温情，始终记得良知是最高的法则。

危难中更要保持正直之心

百事坦直，卑鄙的人就远远走路。

——布雷克

具有正直品格的人，他们的道德力量像一壶越品越香的美酒，随着时光的流逝越发流光溢彩。正直是人们的精神信仰所在。

正直的人格，高尚的品德，是从实际生活锻炼出来的。正直的品格一旦形成就应该一直保持下去。在平平常常的日子里做正直的人，在危难的时刻里也做正直的人。

第二次世界大战后，遭到彻底破坏的德国在 1946 年底迎来 20 世纪最寒冷的冬天，数十万人因饥饿和寒冷死亡，甚至国家都陷入"毁灭"的境地。城乡居民面对的都是堆积如山、多达数亿立方米的瓦砾和废墟，劫后余生的人们面临的首要问题是生存。

1946 年 10 月，从北极和西伯利亚入侵的寒潮开始席卷德国，气温逐渐下降。德国人不仅没有足够的食物，而且几乎所有家庭都没有暖气，没有电，严寒的威胁越来越严重。

取暖的木柴或者煤根本就不够，到处是手脚肿胀、缺胳膊少腿、暴露着伤口的人群。郊外有大量的树林，但是没有一个人去砍伐成材的好树木。因为人们知道这些树木是国家的资源，是公共财产。如果这个冬天砍完了，明年的冬天就更难熬了。树木如果被破坏了，国家的秩序也就被破坏掉了，国民最后的一点自尊也就被砍掉了。

无数的人在几十度以下的寒冬里煎熬，但是没有人去砍伐成材的好树，人们很自觉地走到更远的地方去寻找燃料。即使只能靠体温取暖，即使在夜里冻得瑟瑟发抖，德国人民还是遵守了不砍伐这些好树木的约定。

冬天不要砍树，希望依然静静地存在着；冬天不要砍树，信念依然稳稳地屹立着；冬天不要砍树，生命依然顽强地挣扎着。无论眼前是怎样的环境，战后的德国人民都约束着自己不去做违背道德的事。这是一种多么值得敬佩的坚韧精神，而正是由于这种坚韧、正直的精神，让人们看到了德国振兴的希望。

一个在危难关头仍然可以保持正直之心的朋友，一定是我们可以终身信赖的朋友。有正直诚恳之心的朋友，一直是我们的榜样。

有一群观光客要出海游玩，大家说说笑笑地上了船，船长是一位性格坚毅经验丰富的老水手。

大家玩得非常开心，他们要求老船长一直开到了海中央。蔚蓝的天和海水交相辉映，悠悠白云和不时跃出水面的海豚更是让大家觉得美不胜收。突然，船熄火了，老船长告诉大家引擎坏了，船暂时回不去了。

大家都很惊慌，一片汪洋之中只有这一只船，求救的信号发出后也没有得到回信。老船长一直鼓励大家保持镇静，但问题很快出现了——缺水。游客们都没有带水，唯一的水源就是船长的水壶。大家看着时间，隔几个小时一人喝一口。两天之后，水更少了。

一个大胖子实在忍不住了，扑过去想要抢过水壶，没想到老船长掏出了手枪对准了他的脑袋。秩序恢复了。又过了一天，老船长由于脱水奄奄一息，对大胖子说："你来看水。"说完就闭上了眼睛。游客们看着老船长的尸体，都哭出了声。老船长死后，没有人再抢水，他们很自觉地喝一点再转给同伴，终于在第六天的时候全体得救了。

道德比法律更具有约束力，正直品格的感染力会比武力的威胁更有效。游客们之所以守秩序并不是因为那把手枪，而是因为正直善良的老船长用自己的人格力量赢得了大家的尊敬和绝对服从。

危难之际可以考验真情，危难之际更可以考验品格。始终做一个正直善良的人，永远维护正面的形象是一件很不容易的事。正是因为保持正直不容易，所以在危难之际保持正直之心就更令人敬佩了，而那危难之际所闪耀的正义之光，也会一直燃烧下去，照亮每一处需要光明的地方。

在心中架起正义的旗杆

哪里有正义，哪里就是圣地。

——培根

英国戏剧作家莎士比亚说过："同一的太阳照着他的宫殿，也不曾避过了我们的草屋：日光是一视同仁的。"人生而自由平等，每一个人都有权利去享受公平正义。正如太阳普照每一个地方，无论富贵贫贱，无论国家种族，我们都应该享有公平正义。

总有想要钻法律空子的人，但是每一个心中都有一面正义旗帜。正义的旗帜在风中猎猎招展，无论风朝哪个方向吹，它总保持与真理平行。每一个内心正直高尚的人心中，都有这样一面正义旗帜。

1836年，林肯通过考试当上了律师。林肯为人辩护有一个条件，就是当事人必须是正义的一方。许多穷人没有钱付酬劳，但是只要告诉林肯"我是正义的，请你帮我讨回公道"，林肯就会免费为他辩护。林肯的声望越来越高。

有一次，一个富人请林肯为他辩护。林肯听了那个客户的陈述，发现那个人是在诬陷好人，这是林肯无法容忍的行为。林肯起身礼貌地说："很抱歉，我不能替您辩护，因为您的行为是非正义的。"

富人没有放弃，接着说服林肯："林肯先生，我是慕名而来，知道您打的官司少有败诉的。您一向为正义的一方打官司，如果您帮我打这场官司胜诉了，我就能挽回名声。衷心地希望你能帮我，只要我胜诉，您要多少酬劳都可以。"

林肯严肃地说："只要使用一点点法庭辩护的技巧，您的案子很容易胜诉，但是案子本身是不公平的。假如我接了您的案子，当我站在法官面前讲话的时候，我会对自己说：'林肯，你在撒谎。'谎话只有在丢掉良心的时候，才能大声地说出口。我不能丢掉良心，也不可能讲出谎话。所以，请您另请高明，我没有能力为您效劳。"

那个人听了，什么也没说，默默地离开了林肯的办公室。

是正义的力量让这位富人沉默了，在林肯的影响下他的良心告诉了他应该怎么做。林肯能够由一个清贫的鞋匠家庭走向美国白宫，与他这种弘扬正义的人格力量是分不开的。正因为林肯有着高尚的品行，所以他才能够不受金钱诱惑，坚持维护公平正义，才能赢得人们的尊敬和仰慕。

公平和正义犹如阳光，可以照耀很多人。为了这明亮的光芒，许多内心正直的人都愿意去维护它，他们不仅关心自己的正当权益，还对他人的不幸表示同情，为了每一个人都得到公平正义去努力。

19世纪法国著名的作家左拉，是一个疾恶如仇、勇于坚持正义的人。1897年的一天，左拉通过朋友知道了一桩冤案——多雷弗斯事件。有一位叫多雷弗斯的法国军官被军方怀疑是德国的秘密间谍，因此遭到了逮捕并被判处终身监禁。后来，军方发现弄错了却没有释放多雷弗斯，理由是要维护军队威信。

左拉听说这件事之后，十分气愤："不该受处罚的人在经受折磨，该受处罚的人却逍遥法外，反映情况的人还遭到打击，军方到底在维护什么人的威信？任何一个有正义感的人都不会容忍这种事情发生！我一定要用行动来改变这种不正常的状况！"左拉当天夜里就挥笔写出了名为《我控诉》的公开信，并于次日在新闻媒体上发表出来。在这封信中，左拉对军方的做法提出了尖锐的批评，同时呼吁整个社会都行动起来，帮助多雷弗斯讨回原本属于自己的清白。在左拉和一些正义人士的奔走下，多雷弗斯终于在1906年7月12日被宣布无罪释放，并恢复了军职。

左拉的不懈努力最终取得了胜利，他用自己对正义的呼唤战胜了邪恶。

爱因斯坦曾说："我要做的只是以我微薄的绵力来为真理和正义服务，即使不为人喜欢也在所不惜。"法国作家左拉就是这样，他相信真理和正义高于一切。因而他不惧怕军队的权威，不惧怕遭到迫害，奋力地去解救这位无辜的陌生人。

正如我们需要阳光一样，我们需要公平和正义。良心会告诉我们什么是公平正义，最终人们都会知道世界上只有一个善，都会在心中架起正义的旗杆。

心正直了，腰杆才能挺得直

走正直诚实的生活道路，必定会有一个问心无愧的归宿。

——高尔基

正直意味着具有道德感并且遵从自己的良知，而我们对自身价值的肯定正是建立在对品格的坚守上。正直意味着对别人诚实，光明磊落，同时对自己也诚实，不会用虚假的谎言来自欺欺人。

罗曼·罗兰说过："能保有着高贵与正直，即使在财富地位上没有大收获，内心也是快乐和满足的。"保持正直的品格，不仅能让我们拥有快乐的心态，并且能让自己安心于自己的工作生活。保持了正直的品格，我们才会问心无愧地享受丰厚的劳动成果，才可以毫不胆怯地说出真实的话。

有一位母亲替附近一家农场的农场主洗衣服，每周末让最乖的小女儿布兰妮替她去领钱。

又到周末了，布兰妮顺利地拿到了钱。回家的路上，她发现农场主多给了她 10 美元。"这全是我的了。"她高兴地想，"我要买一件新的斗篷送给妈妈，妈妈就能把她那个旧的给姐姐了。说不定还可以给弟弟买双新鞋呢。"过了一阵子，她又认为这笔钱一定是农场主在给她时拿错了，她没有权利使用它。当她经过家门前那座小桥时，她想起了妈妈经常跟她说的一句话："不属于自己的东西不要拿。"

布兰妮猛地转过身，气喘吁吁地又跑回农场，把钱还给了农场主。"为何不早点把它送回来？"布兰妮脸红了，她低下头，没有回答。

"我猜你是想留下它自己用吧。"农场主说，"唉，幸好你妈妈比你诚实。"

"我妈妈完全不知道有这回事。"这时，泪珠顺着孩子的脸颊滚落下来，布兰妮有些难受地哭了。老人注视着眼前这个小女孩，从口袋里取出 1 美元递给了布兰妮。

"不，谢谢您，先生。"布兰妮抽泣着说，"我不能拿不属于我的东西。我唯一希望的是，您不要把我看成一个不诚实的人。"

正直诚恳的品格属于布兰妮。这个可爱的孩子更愿意让他人尊重她，并让人认为她是一个诚实的好孩子。小孩子都可以做到的事情，成年人就更应该做到了。如果一日三省时发现自己已经失去了这种正直纯真的心，该是一件多么遗憾的事情啊！

人要正直，因为在其中有雄辩和德行的秘诀，有道德的影响力。诚实正直让我们快乐，诚实正直让我们平静，让我们能够经受住挫折甚至是不公平的待遇。一个诚实正直的人不管经历什么，都会告诉自己要挺直了腰杆做人。

在一个小城镇里，有两个小男孩约翰和汉斯，他们因为偷羊被抓了起来。依照当地的风俗，必须在额头烙上英文字母"ST"（Sheep Thief, 偷羊贼的意思）以示惩罚，要让所有人都知道他们是小偷。

汉斯觉得这是莫大的羞辱，无法继续留在家乡，就想说服约翰一起到其他地方流浪。但约翰不同意，他觉得已经做错了事情，逃开并不是办法。汉斯认为自己一刻也不能留在这个耻辱的地方，就独自到远方流浪。但是，到了外面，他的日子并没有好过。总有人问他额头上的字是什么意思。他每天都生活在自我谴责当中，因为偷窃带来的耻辱缠绕着他。汉斯整天痛苦不堪，最后抑郁而终。

约翰则坚持留在当地，勇敢面对家乡父老。他努力改变自己，主动帮邻居和小镇的人看守羊群。他热心帮助每一个人，谁有困难他都会伸出援手。一年又一年过去了，小约翰变成了老约翰，他已经成了当地最受人尊敬的长者。一个过路的旅客好奇地问当地人，这人额头上的字母是什么意思？

"哦！我也不太清楚，那可能是圣徒（Saint）的缩写吧！"当地人骄傲地回答。

　　远离他乡并没有让汉斯解脱，偷羊贼的罪名一直刻在他的额头上也刻在他的心里。他一辈子都因为少年时代的一件错事而不能堂堂正正地做人。而约翰则选择了以为家乡父老做好事的方式来赎罪，用虔诚的心去改变。这就是向往着去做一个品格高尚令人尊敬的人，在做好事的过程中，他逐渐建立起了令人敬佩的人格魅力。

　　命运不由自己掌握，也许即使我们勇敢面对了，还是有可能遭受挫折，但是没有必要放大外界给予的痛苦，一次次地去放大问题或者回避问题。不管经历了什么，我们都应该朝着做一个正直善良的人这个目标去努力。我们应该挺直腰杆做人，只要我们为人端正，别人就不敢轻视。

第四章

做好自己最重要

找到自己，做好自己

认识自己，方能认识人生。

——苏格拉底

美国科学家、政治家富兰克林曾经说过："宝贝放错了地方便是废物。人生的诀窍就是找准人生定位，定位准确能发挥你的特长。经营自己的长处能使你的人生增值，而经营自己的短处会使你的人生贬值。"深刻准确地认识到自己是什么样子，有什么优点和缺点，是一个人能否成功的必要条件之一。

我们可以仔细地观察自己处在一个什么样的环境之中，给自己做一个准确的定位。一个适合搞文学创作的人去做销售是一种遗憾，而一个富有创新科研精神的人去做管理更是一种人才的浪费。只有坐在适合自己的位置上，我们才会得心应手。

1929 年，乔·吉拉德出生在美国一个贫困家庭。他从懂事起就开始擦皮鞋、做报童，然后又做过洗碗工、送货员、电炉装配工和住宅建筑承包商，等等。他有口吃，换了40多份工作都一事无成。35岁以前，他只能算是一个失败者。朋友都弃他而去。他还欠了一身的外债，连妻子、孩子的生活都成了问题。为了养家糊口，他开始卖汽车，步入推销员行列。

生活的压力让他不得不全力以赴，他反复对自己说："你认为自己行，你就一定行。"他以极大的专注和热情投入推销工作中。只要一碰到人，他就把名片递过去，不管是在街上还是在商店里。他抓住一切机会推销他的产品，同时也推销自己。3年以后，他成功了，甚至被称为"世界上最伟大的推销员"。他至今还保持着销售昂贵产品的空前纪录——平均每天卖6辆汽车！他一直被欧美商界称为"能向任何人推销出任何商品"的传奇人物。

乔·吉拉德从贫困的家庭起步，一共做了40多份工作，但是屡遭失败一事无成。可是当他把自己定位在做一名销售员上，巨大的潜力爆发了，他以绝对的专注和热情投入这份工作，最终这份工作也回报了他。乔·吉拉德最合适的定位就是销售员，合适的位置让他焕发了生机。

有许多年轻人，他们聪明睿智，创意十足，也愿意长时间卖力地工作，他们都是很优秀的人才。但是如果无法在创造过程中给自己准确定位，不知道自己的方向在哪里，一切都会徒劳无功。准确的定位可以改变人生，你给自己定位成什么样的人，你就能成为什么样的人。这定位的高低也将决定你人生的格局。

德国剧作家歌德说过："光有愿望是不够的，还应当行动。"换句话说，仅仅有了清晰的定位还不够，所有的想法都是靠具体行动去实现的。如果我们的生命是一颗宝石，那么要想让它熠熠生辉就要靠自己一刀一刀地去雕琢。我们的定位和价值也只有靠自己辛勤努力取得的成绩才能够证明。

有一天，法国作家大仲马得知自己的儿子小仲马寄出的稿子总是碰壁，就告诉小仲马说："你可以在寄稿时，写信告诉编辑你是大仲马的儿子。"小仲马断然拒绝了父亲的建议，他说："不，我不想坐在你的肩头上摘苹果，那样摘来的苹果没有味道。"

小仲马给自己取了十几个其他姓氏的笔名，以避免那些编辑把他和大名鼎鼎的父亲联系起来。面对那些冷酷无情的退稿笺，小仲马没有沮丧，仍然坚持创作自己的作品。他的长篇小说《茶花女》寄出后，终于以其绝妙的构思和精彩的文笔震撼了一位资深编辑。这位知名编辑看到寄稿人的地址同大作家大仲马的丝毫不差，便迫不及待地乘车造访大仲马。

令他大吃一惊的是，《茶花女》这部伟大的作品，作者竟是年轻的小仲马。"您为何不在稿子上署上您的真实姓名呢？"老编辑疑惑地问小仲马。小仲马说："我只想拥有真实的高度。"

自己的路要靠自己走出来才更加精彩。小仲马正是认识到这一点才拒绝利用父亲的盛名来成就自己。没有用其他姓氏来投稿，便不知道自己的作品是不是真的很优秀，而被无数退稿笺打击过后，小仲马仍然坚持创作，这样，不断修改打磨出来的《茶花女》才会有那样震撼人心的力量。

没有什么比通过辛勤的汗水来实现梦想更快乐，全心全力付出的过程往往是最幸福的回忆。认识了自己，才能认识人生。找到了自己，才找到了努力的方向。找到了方向之后，我们仅仅是做好自己而已。

做最好的自己，不要害怕挫折，不要害怕长久的等待。只要我们坚持拼搏，美好的未来总会降临。

宽容自己的不完美

既然太阳上也有黑点，人世间的事情就更不可能没有缺陷。

——车尔尼雪夫斯基

每一个人在心中都有一种追求完美的愿望，这种强烈的追求会使人充满理想。一旦这种追求破灭，人的内心世界就会充满绝望。

遗憾的是，这个世界上没有任何一种事物是十全十美的，或多或少总有瑕疵，我们只能尽最大努力使它更完美一些。拿一个完整的桶和一个有缺漏的桶挑水，完整的桶固然可以装满了水回家，而有缺漏的却也可以灌溉沿途的花花草草。也许就是因为一点点不完美，才会使我们与众不同。每个人都有自己的特点，只要做事认真付出了，就不必过于苛求完美。

智者告诉我们，凡事切勿苛求，如果采取一种务实的态度，你会活得更快乐！

有一位父亲在病床前对两个儿子说：在群山深处有绝世美玉，你们都成年了，应该去探险，去寻求那绝世之宝。

两兄弟次日就离家出发去山中寻找美玉。大哥是一个注重实际，不好高骛远的人。有时候，即使发现的是一块有残缺的玉，或者是一块成色一般的玉甚至只是长得有些奇异的石头，他都统统装进了行囊。过了几年，到了他和弟弟约定会合回家的时间，此时他的行囊已经满满的，尽管没有父亲所说的绝世完美之玉，但造型各异、成色不等的众多玉石，在他看来也足以令父亲满意了。

弟弟则两手空空，一无所得。弟弟说："你这些东西都不过是一般的珍宝，不是父亲要我们找的绝世珍品。我要继续去更远更险的山中探寻，我一定要找到绝世美玉。"

哥哥的玉石稍一加工，都是稀世之品，那些奇石也是一笔巨大的财富。短短几年，他的玉石馆已经享誉八方，哥哥因此也成了巨富。

很多年以后，哥哥对父亲说要派人去寻找弟弟。父亲说："不要去找了，经过了这么长的时间和挫折他都不能顿悟，这样的人即便回来又能做成什么事情呢？世间没有纯美的玉，没有完美的人，没有绝对的事物，为追求这种东西而耗费生命的人，何其愚蠢啊！"

世界并不完美，人生中也会有遗憾。对于每个人来讲，不完美是客观存在的，无须怨天尤人，也不必偏执地追求。哥哥懂得珍惜和创造现在，而弟弟却是一个不合格的探险者。

完美主义者表面上很自负，内心深处其实很自卑，因为他很少看到优点，总是关注缺点。追求完美者，他的标准总是比现实高一截。由于最终还是不完美，他们很少肯定自己，自己就很少有机会获得信心。不知足就不快乐，痛苦就常常跟随着他，周围的人也会不快乐。学会欣赏别人和欣赏自己是很重要的，这是使人更进一步实现下一个目标的基石。如果能够放弃某些固执的欲望，就能解脱种种有形或无形的羁绊，轻装前进。人生有所失才会有所得，不盲目地追求完美，我们才会得到另一些真正有益于人生的东西。

有一位来自远方的老人，他背着一个破旧不堪的包袱，脸上布满了风霜，他的鞋子因为长期的行走已经破了好几个洞。老人的外表虽然狼狈，但有着一双炯炯有神的眼睛，不论是行走或躺卧，他总是仔细而专注地观察着来来往往的人。

老人的外貌与双眼组合成了一个极不统一的画面，吸引了所有人的目光。人们窃窃私语：这不是普通的旅人，他一定是一个特殊的寻找者。但是，老人到底在寻找什么呢？一些好奇的年轻人忍不住问他："您究竟在寻找什么呢？"

老人说："我像你们这个年纪的时候，就发誓要寻找到一个完美的女人，娶她为妻。于是我从自己的家乡开始寻找，60多年了，一个城市又一个城市，一个村落又一个村落，但一直到现在都没有找到一个完美的女人。"

"在30年前的一个清晨，我真的遇到了一个最完美的女人，她的身上散发出非凡的光彩，如仙女下凡一般。她温柔而善解人意，她细腻而体贴，她善良而纯净，她天真而庄严，她……"老人边说，边陷进深深的回忆里。老人忧伤地流下眼泪："我立刻就向她求婚了，但是她不肯嫁给我。"

"为什么？"

"因为她也在寻找这个世界上最完美的男人！"

在这个世界上，追求完美是最美好的，知道自己有所不足的人会因为自知而更加努力，以使自己更接近完美。在这个世界上，完美也是最可怕的，如果你每做一件事都要求务必完美无缺，便会因心理负担的增加而平添诸多不快乐。

对自己的不完美宽容一些，不是说不要努力，而是要以务实的态度尽可能更好地做事。事实上，人生的各种不幸皆由追求完美而导致。完美是一座心中的宝塔，你可以在心中向往它、塑造它、赞美它，但切不可把它当作一种现实存在，否则就会让我们陷入无穷无尽的苦恼之中。宽容自己的不完美，赞美自己的努力，日子会变得很快乐。

学会为平凡的自我喝彩

地位越高，自我评价就越高，自信心多强，能力就有多强。我们总能表现出与环境的和谐平等。

——赫兹里特

平凡的人过好自己的一天就是一种很平静的快乐。不是每个人都可以成为超凡脱俗的佼佼者，大多数还是在熟悉的生活圈子里过平凡的生活，做平凡的人。但是平凡不等于平庸，平凡是生命的常态，一切不平凡都源自平凡。每一个成功者都是由平凡走向卓越的，这是因为他们能在平凡的学习和工作中做出不平凡的业绩。

有一个医科大学毕业的年轻人，他对未来充满了困惑，他每时每刻都在苦恼：像自己这样学医学专业的人，全国有成千上万，而且现在的竞争如此残酷，究竟自己的立足之地在哪里呢？

这个年轻人没有如愿以偿地被当地著名的医院录用，他到了一家效益不怎么好的医院。可是真正成为一名医生后，他才明白，最重要的是他是一名医生，而不是在一家什么样的医院。因为医生在哪里都是救死扶伤。从那时起，他就下定决心一定要做出成绩，医院可以不出色，自己的工作也可以平凡，但他一定要全力以赴做到最好，创造出更多的价值。

就是这种态度，让他踏踏实实地在平凡的岗位一干就是几十年。经过长期的积累，他的医术越来越高明，后来他成为业内十分著名的医生，还创立了世界驰名的约翰·霍普金斯医学院。他就是威廉·奥斯拉。

在被牛津大学聘为医学教授时，他说："其实我很平凡，但我总是脚踏实地在干。从一个小医生开始，我就把医学当成了我毕生的事业。哪怕我现在还是一名小医生，我也为我的职业感到自豪。"

威廉·奥斯拉在并不优越的环境里，做着和其他人一样的工作。他有着一种信念：将平凡的工作做好，让平凡的自己做出不平凡的成绩。他踏踏实实地做了几十年才成为著名的医生，平凡的工作中注入了坚定的信念，因而这几十年都是快乐而充实的。

我们可以有平凡的家庭、平凡的工作，却不可以有浑浑噩噩虚度光阴的想法。抱怨自己没有得到更好的待遇而不专心工作，对现实情况的改善毫无益处。罗马不是一日造就的，想要得到众人的瞩目，就得在平凡的工作生活中脚踏实地地做出成绩来。

　　所有人从事的事业相对于世界来说都是十分渺小的，却也是不可缺少的，这就是人的平凡和伟大之所在。平凡的自己是很重要的部分，如果我们认识到了这一点，就会敬重、热爱自己的工作，并且能够用心把工作做得异常出色。

　　史密斯先生去巴黎参加研讨会，看了地图也不知道如何前往会场。于是他走到大厅的服务台，请教当班的服务人员。这位身穿燕尾服、头戴高帽的服务人员，是位五六十岁的老先生，脸上有着法国人少见的灿烂笑容，他仪态优雅地摊开地图，详细地写下路径指示，并带着史密斯到门口，再对着马路比画旅馆的方向。他的热忱及笑容让人如沐春风。

　　在致谢道别之际，老先生微笑有礼地回应："不客气，祝你很顺利地找到会场。"接着他补充了一句："我相信你一定会很满意那家饭店的服务，因为那儿的服务员是我的徒弟！""太棒了！没想到你还有徒弟！"老先生脸上的笑容更灿烂了："是啊，我在这个工作岗位上已经做了25年，我敢保证我的每一个徒弟都是最优秀的服务员。"他的言语中流露出发自内心的骄傲。

　　老先生说："你想想看，每年有那么多外地旅客来巴黎观光，如果我的服务能让他们觉得亲切，并因此有个很愉快的假期的话，这不是很令人开心吗？我的工作是如此的重要，许多外国观光客就因为我而对巴黎有了好感。"

　　无论你的工作多么琐碎，岗位多么平凡，如果你能够像文中这位法国老先生一样热爱自己的岗位，满怀热情地投入到自己的工作中去，那么你一定能在自己的工作中获得极大的快乐和满足。没有什么能比这种健康积极的心态更让人快乐了。

　　对于平凡的我们来说，能看到享受平凡的幸福就是一种莫大的快乐，这样才会更加懂得珍惜自己所拥有的一切，这样生活就自然会美妙起来，你也就会不经意地获得更多的幸福。为平凡的自己喝彩，因为我们知道自己的价值所在，因为我们知道自己的付出有什么意义。肯定自己的工作和生活，为平凡的自己找到其意义所在，我们可以很快乐地过每一天。

小心在攀比中迷失了本性

内心的欢乐是一个人过着健全的、正常的、和谐的生活所感到的喜悦。

——罗曼·罗兰

不少人爱与别人比较，比较穿着是否名牌，比较住宅是否宽大，比较儿女是否聪明……一旦发现自己不如别人，便陷入巨大的痛苦和焦躁之中。似乎只有想方设法再把别人比下去，出够了风头他才觉得开心。

很显然，喜欢盲目攀比的人并没有拥有真正的快乐和幸福。因为他们是在追求自己所没有的，那种欲望日复一日地膨胀着，不知道什么时候会停止。真正幸福快乐的人，他们不会因为拥有什么了不起的事物而骄傲，而是满足于现在已经拥有的简单生活。

把欲望放小一些，让理智重新归来。自己的人生究竟是黑白还是彩色，纯粹是由自己的心态决定。当我们无法与别人比较的时候，我们可以低头多看看自己所拥有的值得感恩的事情。少一点攀比，多一份知足感恩，我们会过得很快乐。

黄美廉是一位残疾人，但是她通过努力获得了加州大学艺术博士学位，后来她也成了很有名的画家兼演讲家。在一次讲座上，有一个学生问她："请问博士，你从小就长成这个样子，你怎么看你自己？你都没有怨恨吗？"大家都怕这个尖锐而苛刻的问题会让她觉得难堪。但是，黄美廉只是微微一笑，转过身来，用粉笔在黑板上写道："我怎么看自己？"之后，黄美廉给出了这样的答案："我好可爱！

我的腿很长、很美！爸爸妈妈这么爱我！上帝这么爱我！我会画画！我会写稿！我有只可爱的猫！……"

她一下子写出了几十条让她认为自己可爱的理由。看着黑板上写下的理由，整个讲座现场鸦雀无声，大家都感动得热泪盈眶，再也没有人多说话了！黄美廉转过身来看了大家一眼，再次转过身去，在黑板上重重写下了她的那句名言：我只看我所有的，不看我所没有的。台下瞬时传来雷鸣般的掌声……

在这个坚强勇敢的女士脸上有一种永远不会被击败的骄傲。她懂得感恩，懂得珍惜已经拥有的，而不是去与别人做比较。她不嫉妒别人拥有了多少，她只在乎自己有没有好好利用已有的，有没有在有限的人生里做有意义的事。人生的快乐不在于得到了多少，而在于是否懂得享受自己所拥有的一切。

的确，人生短短几十年，快乐开心才最重要，又何必有太多的欲望呢？无谓地与别人攀比，因为羡慕和嫉妒又去忙忙碌碌，可是这样忙碌辛苦最后又能得到什么呢？

要想真正获得幸福，就要学会淡定，学会知足。平静地接受生活中的缺憾，只是尽自己所能地去改善它，不抱怨、不懒惰、不懈怠，很快你就可以达成心愿。反之，因为与别人攀比而产生的自卑感会一直折磨你，时时刻刻刺激你的感觉。

乔和安娜是一起长大的邻居，他们一起上学，一起玩耍，长大后很自然地成了情人。

参加工作以后，他们结婚了，他们一直是朋友们公认的恩爱夫妻。日子一天天过去，他们一直都彼此爱着对方，觉得世界上没有比他们更幸福的人了。乔是一个很温柔的丈夫，当学生的时候他总是等着安娜一起回家，现在工作了，乔还是会在下班之前来接安娜。

一直很准时的安娜突然老是推迟下班时间，乔等得很着急，便批评了安娜。安娜迟疑着提出要求："亲爱的乔，你下次来接我的时候把车停在下一个路口吧，我会准时下班的。"乔不能理解妻子为什么要多此一举。

安娜脸红了，解释道："我们几位同事的丈夫都买了很棒的车。她们每天在办公室讨论自己丈夫的收入，讨论给她们又买了什么衣服。最让人难堪的是，她们会在丈夫来接的时候互相比较开的是什么车。所以我不想让大家看到我们的车，实在是太尴尬了。"乔听完安娜的解释，沉默了。

世界上最幸福的是什么人呢？是那些能被爱而且正爱着别人的人，就像这对小夫妻一样。然而他们又是不幸的，即使他们恩爱和睦，但仍然会受到攀比之风的伤害。比车比房比存款，这样盲目地攀比下去，就会迷失了本性，而且永远没有停止的时候。

不要因为与别人攀比而把自己弄得很累，不要迷失本性成为欲望的奴隶。被欲望压着的人，是没有幸福和平静可言的。再怎么羡慕，再怎么攀比，别人的也变不成自己的，自己的也变不成别人的。停止毫无意义的攀比，多计算一下自己已经拥有的，我们每个人都将是富人。

不要做无谓的比较

由于将自己看得太低而痛苦就是自卑。

——斯宾诺莎

人们常感到痛苦的原因之一就是爱与别人比较。有的时候，人们的快乐会戛然而止，因为他们突然看到了比自己更快乐的人，嫉妒心理作怪，使得他们觉得不平衡，并因此不痛快。

他们不是因为觉得自己不富有而痛苦，而是因为正当觉得自己富有的时候却发现了更富有的人；他们不是因为觉得自己不聪明而痛苦，而是因为发现了更睿智更有见解的人出现了；他们不是因为自己不美丽而痛苦，而是因为关注自己的目光投向了更迷人的朋友。也许平常的时候他们看起来很自信，但这种时不时提醒自己不够优秀的痛苦又让他们觉得很自卑。与别人盲目比较的行为，其实就是一种自卑。而这种心态如果持续下去，往往会让人迷失了本性，失去了纯真之美。

上帝在天庭里闲得无聊，突然想到了一个好玩的主意："如果让世界上的动物再选择一次，它们想要做什么呢？"于是，他让天使去办这件事情，而天使最后带回来的答案让上帝大吃一惊。

猫说假如让它再活一次，它要做一只鼠。它认为自己偷吃主人一条鱼，会被主人打个半死，而老鼠可以在厨房翻箱倒柜，大吃大喝。

老鼠说假如让它再活一次，它要做一只猫，从生到死由主人供养，不用担惊受怕。

猪说假如让它再活一次，它要当一头牛，生活虽然苦点儿，但名声好，而猪却是傻瓜和懒惰的象征。

牛说假如让它再活一次，它愿做一头猪。它认为自己吃的是草，挤的是奶，干的是力气活，但是没有人同情它。做猪却可以吃完了睡，睡完了接着吃，多快活！

鹰说假如让它再活一次，它愿做一只鸡，渴了有水，饿了有米，还受主人保护。而它一年四季漂泊在外，风吹雨淋，还要时刻提防打猎的人，活得太累！

鸡说假如让它再活一次，它愿做一只鹰，可以翱翔天空，任意捕兔捉鸡。而它们除了生蛋、打鸣外，每天还要胆战心惊，怕被捉被宰，惶惶不可终日。

上帝看完，大失所望："这些家伙只知道盲目攀比，太不知足了！"

现实生活中，许多人都习惯于把自己和别人相比：与邻居比，与朋友比，与亲戚比，甚至与兄弟、姐妹、爱人比。越比越不平衡，越不平衡越生气。不平衡的心态就会让他们对生活不满意，为什么待遇却不一样呢，为什么别人已经飞黄腾达而自己还在平凡的岗位上呢？

多肯定自己我们才会快乐，多看看自己的长处我们才会更有信心地走下去。现实生活中，许多人都习惯于把自己和别人相比，殊不知在你拿自己的短处与别人的长处相比时，别人也在羡慕你的长处。有人总是认为别人比自己过得好，殊不知那个人正在对你的生活艳羡不已。其实，人应该学会知足，知足才是幸福和快乐的源泉。

有一天，国王独自到花园里散步，使他万分诧异的是，花园里所有的花草树木都枯萎了，园中一片荒凉。

后来国王了解到，橡树由于没有松树那么高大挺拔，因此轻生厌世死了；松树又因自己不能像葡萄那样结许多果子，也死了；葡萄哀叹自己终日匍匐在架上，不能直立，不能像桃树那样开出美丽可爱的花朵，于是也死了；牵牛花也病倒了，因为它叹息自己没有紫丁香那样芬芳；其余的植物也都垂头丧气，无精打采，只有很细小的心安草在茂盛地生长。

"小小的心安草啊，别的植物全都枯萎了，为什么你这小草这么勇敢乐观，毫不沮丧呢？"国王问道。

"国王啊，我一点也不灰心失望。因为我知道，如果国王您想要一棵橡树，或者一棵松树、一丛葡萄、一株桃树、一株牵牛花、一棵紫丁香，您就会叫园丁把它们种上，而您寄希望于我的就是要我安心做小小的心安草。"小草回答说。

心安草说得很对，我们之所以成为自己就是因为上帝要我们做自己。也许上帝就是要求你做一位平凡的老师，也许上帝就是要求你做一名平凡的工人，也许上帝就是要求你做一名平凡的小商人。每个人都有自己的位置，如果我们能够心平气和地去接受，不是很好吗？

学一学心安草，不与别人做无谓的比较，不拿自己的短处与他人的长处比较。因为人总是有理由来否定自己的，不如别人漂亮、不如别人聪明、不如别人富有，等等。可是为什么不看到自己的优点呢，我不漂亮但是我善良优雅，我不聪明但我很勤奋努力，我不富有但是我会创造富有……

少有人的优点是与生俱来的，别人的成就也是一步一步努力得来的，所以不要盲目地去比较或者感到不平衡。最好的办法就是把时间用来学习和工作，持之以恒地去改善自己的缺点，也许在你不经意的时候你就会发现自己也成了别人羡慕的对象了。

收住品评他人的口

礼貌出自内心，其根源是内在的，然而，如果礼貌的形式被取消，它的精神与实质亦随之消失。

——约翰·霍尔

智者即使再优秀也有缺点，愚者再愚蠢也有优点。当我们看到生活中不完美的地方时，会忍不住在心里做出评价。但是，出于最基本的礼貌和尊重，我们应该保持缄默，不应大肆品评甚至四处张扬。

语言是很奇妙的东西，真诚的赞美能让人如沐春风，但是苛刻的品评或者恶意的评价也会给人造成很深的伤害。在生活中对己宽、对人严，总是在批评别人的缺点的人必遭别人唾弃。要想获得一段长久的友谊，我们就应该做一个善解人意的朋友，做一个忠诚可靠的朋友。不要随意去品评他人，要记得维护人们的自尊。

有一位叫约翰的少年在姐姐进入大学音乐系之后，对音乐也产生了兴趣。他对家人说自己要练小提琴。约翰兴致勃勃地开始了自己的伟大计划，可是即使是在姐姐的指导之下，他的进步也并不是很快。

约翰勤学苦练，除了吃饭和学习以外，他所有空闲时间都用来练习小提琴了。那枯燥单调的声音令家人烦不胜烦，邻居们也忍受不了了。人们推开窗户大声喊："约翰，别再折磨我们的耳朵了，你不是在练小提琴，是在锯木头吧！"约翰很不好意思。到最后，就连家人也开口了，姐姐说："约翰，也许你在这方面并没有天赋吧！"

约翰伤心地跑出去了，他来到河边的小树林，泄愤似的拉了一首又一首。当他冷静下来时，却突然发现有一位老奶奶正在微笑着看着他。约翰脸红了："您肯定觉得很难听，打扰了！""我什么也听不见，不过我能感觉到你一定拉得充满情感。"小约翰羞涩地笑了，为老奶奶认真地拉起乐曲。此后，他每天都过来为老奶奶拉琴，一天又一天，在老奶奶赞赏感激的目光中，他的琴拉得越来越动听了。

很久以后，当约翰也成为音乐系的学生的时候，才发现自称耳聋的老奶奶竟然是他们音乐系的老师。惊讶的约翰，含着眼泪拥抱了他慈爱的老师。

有一位哲人说："善意的谎言，上帝也会假装没听见的。"保护他人的自尊，善意地去包容他们的缺点，是一件多么美好的事情。约翰如果一直被家人和邻居打击下去，很可能就放弃了小提琴，而他们对他的否定也会在心灵里留下伤害。音乐系的老师假装耳聋，给了少年一个宽容的环境，给了他一直练下去的勇气。由此可以想到，对他人的品评应该是一件慎重的事。

与他人相处时，我们要记得维护对方的自尊心，不要肆意地品评。做一个和善的人，不对他人正在说的话或者正要做的事做出消极品评，这是一个有修养的人必备的品质。

一名文学系学生苦心撰写了一篇小说，请作家批评。读到最后一个字，学生停顿下来。作家问道："结束了吗？"似乎意犹未尽。这一追问，激起学生的热情，立刻灵感迸发，马上道："没有啊，下部分更精彩。"他以自己都难以置信的构思叙述下去。到达一个段落，作家又似乎难以割舍地问："结束了吗？"

小说一定很精彩，叫人欲罢不能！学生更兴奋，更激昂，更富于创作激情。他不可遏制地一而再、再而三地接续、接续……直到最后，电话铃声响起，有急事需要作家马上去处理。作家出门前学生问："没念完的小说怎么办？""其实你的小说早该收笔，在我第一次询问你是否结束的时候，就应该结束。何必画蛇添足？该停则止，看来，你还没把握情节脉络，尤其是缺少决断。决断是当作家的根本，否则拖泥带水，如何打动读者？"

学生追悔莫及，觉得自己太容易受外界影响，难以把握作品，肯定当不了作家。很久以后，这名年轻人遇到另一位作家，羞愧地谈及往事，谁知作家惊呼："你的反应如此迅捷，思维如此敏锐，编造故事的能力如此强，这些正是成为作家的天赋呀！假如能够加以正确运用，你的作品一定会脱颖而出。"

第一位作家无情的评价大大地打击了年轻人的写作激情。当我们对他人的品评会带来一定影响的时候，我们应该表示慎重。给予别人认可和鼓励而不是尖酸刻薄的品评，这是让别人幸福快乐也让自己幸福快乐的正确做法。

不要随意地去品评别人，因为这不仅是一种散漫的不尊重朋友的行为，而且很有可能我们的无心之谈会给别人带来很大的影响。只要我们停止品评他人，尊重朋友的隐私，我们会成为朋友眼中可亲可敬的人。

坚守自己的尊严

人受到震动有种种不同：有的是在脊椎骨上，有的是在神经上，有的是在道德感受上，而最强烈的、最持久的则是在个人尊严上。

——高尔斯华馁

法国的思想家卢梭曾说："每一个正直的人都应该维护自己的尊

严。"实际上，尊严是每一个人展现在外人面前的盔甲，有尊严他便能堂堂正正地行走在阳光下。

尊严不是别人赐予的，尊严是由自己创造并捍卫的。有了自我尊重，就有了自己的严格要求，有了道德荣誉感。想要获得尊严的想法会一直作为一种力求完善的动力，成为我们伟大事业的源泉。

我们可以把我们的财物转借给朋友，以满足他们的需求。但是，一旦触及个人尊严、个人荣誉的时候，却是坚绝不能后退的。尊严是一个人之所以为人的精神支撑，只要是为了捍卫个人尊严，我们就不能软弱。

1955年12月1日，在实行种族隔离制的公交上，当白人驾驶员命令黑人乘客罗莎·帕克斯为白人乘客让座时，罗莎·帕克斯太太依然坐着，纹丝不动。

罗莎·帕克斯说："我坐在种族隔离的公交车上，并不是为了被逮捕，只是为了回家。"为了作为一个人应有的尊严，罗莎·帕克斯无所畏惧地向不公正的法令发起了挑战。很快，她就被逮捕了，理由是蔑视蒙哥马利市关于公共汽车上实行种族隔离的法令。此事传播开来，激怒了所有黑人和一部分白人，他们从拒乘公共汽车开始，掀起了一场波澜壮阔的民主运动。他们扶老携幼、互帮互助，或乘小车或步行，甚至宁肯跑步也不乘公共汽车。

在拒乘公共汽车381天之后，美国最高法院被迫做出关于蒙哥马利市在公共汽车上实行种族隔离的法令是"违宪"的裁定。罗莎·帕克斯胜利了，黑人又回到了久违的公共汽车上。美国黑人领袖马丁·路德·金对此说道："她坐在那里没有站起来，因为压在她身上的是多少日子积累下来的耻辱和还未出生的后代的期望。"为了正义和尊严，为了子孙后代的幸福，罗莎·帕克斯没有屈服。

面对不公平的法律和被逮捕的危险，一个平凡的黑人妇女坚定地维护了自己的尊严。每个人都希望得到尊重，得到平等的权利，当尊严被冒犯时，会从身体里面爆发出巨大的力量，而那不可思议的力量都是为了维护最后一点的尊严底线。

受伤的时候会痛，被侮辱时我们会伤心。个人的尊严是要靠自己去捍卫的，就像罗莎·帕克斯冒着被逮捕的危险都要捍卫尊严一样。当尊严面临威胁时，你会怎么做呢？也许拳击王阿里的故事会给我们一点启发。

1960 年，阿里代表美国出赛，在奥林匹克运动会上获得了轻重量级金质奖章。

20 世纪五六十年代的美国，黑人受到的歧视非常严重，阿里自以为为美国争得了荣誉，黑人地位能有所提高。但是，偶然的一件事改变了他的想法。奥运会奖章为美国赢得了荣誉，阿里本人更是十分珍惜，连睡觉都挂在脖子上。一天，阿里和一位朋友到一家食品店买东西，里面正好坐着几个白人流氓，其中一人喊道："黑鬼，滚出去！"阿里的朋友激动地说："他是奥运会冠军！"并把金牌高高举起来……

阿里忍住了，退了出来。不过，这几个流氓并不善罢甘休，他们骑着摩托车把两人拦在一座桥上并要求阿里交出金牌。阿里再也不能忍受了，他和朋友把这伙流氓打得抱头鼠窜。事后，阿里默默地把金牌摘下来，低头看了看它，然后把它抛进了河里。他的朋友急了："那是你用血汗换来的啊！"阿里沉重地说："它不是金的，是假的……"

从此以后，阿里的拳击生涯中多了一份动力：为提高黑人地位而战，打败那些不可一世的白人选手！

能否获得尊严，不仅仅由自己的想法决定，还要努力去征服周围的环境，让大家都承认你的尊严。阿里选择为了提高黑人地位而战，当我们的尊严被冒犯的时候，我们也应该选择为了尊严而战。

为尊严而战，要求我们比别人更加优秀。当别人工作出色的时候，我们就应该付出几倍的努力做得更加完美。努力去做有价值的事，努力去做一个工作优秀、行为正直的人，就一定可以坚守住自己的尊严。

守住人格的底线

应当把荣誉当作你最高的人格标志。

——牛顿

伟大的哲学家黑格尔曾经说过："人应尊敬他自己，并应自视能配得上最高尚的东西。"就是说，我们每个人都应该把自己看作一个优秀的值得尊敬的人，一个不应该被冒犯的具有高尚人格的人。我们不仅要自尊自爱，而且还要努力获得别人的尊重和爱戴。

为此，我们应当看守住自己的尊严，捍卫住自己的人格底线。当面对挫折的时候，我们要为了自己的人格尊严努力拼搏；当面对他人侮辱威胁的时候，我们不应该低下高贵的头颅。人格的底线就在于能不能用自己的行动捍卫自己的权益，捍卫自己应该得到的尊重。

强森7岁那年他的母亲去世了，11岁的时候，他有了一位继母。强森对这位继母有着强烈的抵抗情绪，大概有两年的时间都没有开口叫她"妈妈"。

一天中午，强森偷摘别人院子里的葡萄时被主人给逮住了。主人的外号叫"大胡子"，强森平时就特别畏惧他，犯错被抓住就更是吓得浑身直哆嗦。大胡子便大吼一声："给我跪下！"虽然心里很不情愿，但迫于对方的威慑，强森战战兢兢地跪了下来。

这一幕，恰巧被他的继母给撞见了。她冲上前，一把将强森提起来，然后，对大胡子大叫道："你太过分了！"继母平时是一个性格内向之人，突然如此震怒，让大胡子这样的人也不知所措。

回家后，继母狠狠地抽打了强森的屁股，边打边说："你偷摘葡萄我不会打你，哪有小孩不淘气的？但是，别人让你跪下，你就真的跪下？你不觉得这样有失人格吗？不顾自己的人格尊严，将来怎么成人？怎么成事？"继母说到这里，突然抽泣起来。强森尽管只有13岁，但继母的话在他的心中还是引起了震撼。他猛地抱住了继母的臂膀，哭喊道："妈，我以后不这样了。"

继母教会了强森人生中的重要一课——人活着要有尊严。因为懂得这一点，所以继母没有勉强孩子叫她妈妈，同样因为这一点她坚决不许别人来侮辱强森。

我们要把自己看作世上独一无二的宝贵的人，这个宝贵的人他应该拥有最好的道德，拥有最优雅的行为，拥有最令人敬佩的人格。没有人格尊严，就不能够堂堂正正地作为一个完整的人存在。因为你会随时向别人屈服求饶，没有强烈的树立尊严的欲望，也不会有什么进取心。

无论我们是穷是富，是健康还是疾病，是弱小还是强大，都应该牢牢地记住要守住自己的人格底线。不要因为一时的困厄就出卖了自己的灵魂，也不要因为害怕和恐惧就将自己的人格尊严放在一边，因为人的良心会知道对错，会审判是非。

寒冷的冬天到了，有一个穷人住在冰冷的屋子里。他没有钱买木柴，于是他就试着去向一个富人借钱。富人爽快地答应借给他几十美元，很大方地说："拿去花吧，不用还了！"穷人犹豫了一下，还是接过钱，小心翼翼地包好，就匆匆往家赶。富人冲他的背影又喊了一遍："不用还了！"

第二天大清早，富人打开院门，发现门口的积雪已被人扫过了。他在村里打听后，得知这事是借钱的穷人干的。富人想了想，终于明白了：自己昨天的举动只能将一个有尊严的穷人变成了一个需要别人施舍的乞丐。这位穷人虽然现在遇到了难关，但是不等于他丧失了希望，丧失了人格尊严。虽然富人自己只是秉着帮助人的好心肠说了不用还的话，但是穷人却不想既欠了金钱和人情又失去了人格尊严。

于是后来富人让穷人写了一张借条，约定以扫雪来偿还借款。春天来了，穷人又开始工作，他在经过富人家的时候，经常与富人亲切地交谈。富人也觉得自己做了一件明智的事情。

当我们陷入困境的时候，有人伸出热情之手给予无私的帮助是值得感恩的。但应当谨记的是，不能因为别人无私的施舍而磨厚了自己的脸皮，丢弃了自己的人格尊严。

作为一个有独立人格的人，我们应该有自强自立的精神。在感谢别人的帮助的同时，还要奋发图强地改变自己的现状。把自己当成一个令人尊敬的人，努力地去工作，努力地去学习，这样才能超越自己并确保守住人格的底线。

第五章

坚守自我的同时懂得灵活变通

变通是一种不可缺少的智慧

人生如一出戏：重要的不是长度，而是表演得出色。

——赛涅卡

一条路走不通时，不妨换一个思路。懂得变通，多方位思考往往能让事情变得简单，这是生活中不可缺少的智慧。这种智慧的一个特征就是，它会让人在面对困难的时候，想出很多奇妙的方法，而不做莽撞蛮干的事。

有这样一道智力题：如何用三刀将蛋糕切成八块？大多数人只是想到从蛋糕上面切下去，可是怎么切也达不到八块。答案其实很简单，就是从上面交叉切两刀，再从侧面横切一刀，这样就可以切出八块蛋糕了。这就是一种变通思维。

懂得变通的人，是有智慧懂得思考的人。遇事多思考，就能找到解决问题的方法。任何事物的发展都不是一条直线的，聪明人能够不失时机地把握事物迂回发展的规律，通过迂回应变，达到既定的目标。

有三个年轻人搞恶作剧,每天下午踢社区里的垃圾桶,十分吵闹。

有位老人实在受不了,他出去跟他们谈判:"我年轻的时候也常常做这样的事情,觉得很开心。如果你们能帮忙每天来踢这些垃圾桶,我每天给你们每人一元钱。"这三个年轻人很快就同意了,于是,他们使劲地踢所有的垃圾桶。

过了几天,这位老人愁容满面地去找他们。"通货膨胀减少了我的收入,我只能给你们每个人五毛钱了。"这三个年轻人有点不满意,但还是接受了,每天下午继续踢垃圾桶,可是,却没有以前那么卖力了。几天后,老人又来找他们:"我最近没有收到养老金支票,所以每天只能给你们两角五分了,成吗?"老人又一次开口了:"只有两角五分!"一个年轻人大叫道,"你以为我们会为了区区两角五分钱浪费时间,在这里踢垃圾桶?不行,我们不干了!"

从此以后,附近的居民过上了安静的日子。

三个年轻人的乱踢垃圾桶,只是恶作剧,为了一种破坏东西的快感。年轻人向来是我行我素,不愿意听从别人的劝告或者威胁的,所以邻居们想尽了办法却没有用。但是充满智慧的老人却懂得变通,把年轻人的恶作剧变成了为金钱做事。年轻人恶作剧的动机变了,他们开始用金钱来衡量这件事到底值不值得。很显然,不断下降的待遇让他们不满,最后终于觉得不值而选择了放弃。

懂得变通的人会选择最适合的方法来解决问题,他们会思考并且不局限于设定的范围。变通一点,换个方向思考,我们让自己少很多烦恼。此路不通,那肯定还有别的岔道。

迈克是一家大公司的高级主管,他面临一个两难的境地。一方面,他非常喜欢自己的工作,这份工作带给他丰厚的薪水。但另一方面,他非常讨厌他的老板并且到了忍无可忍的地步。他决定去猎头公司重新谋一个高级主管的职位。

回到家中，迈克把这一切告诉了妻子。他的妻子是一个教师，那天刚刚在教学生如何变通地看待问题。她把上课的内容讲给了迈克听，这给了迈克启发，一个大胆的创意在他脑海中浮现。

第二天，他来到猎头公司，但是他是请猎头公司替他的老板找工作。不久，他的老板就接到了猎头公司打来的电话。正好这位老板对于自己现在的工作也厌倦了，没多久他就接受了这份新工作。

老板接受了新的工作，结果他的位置就空出来了。迈克申请了这个位置，于是他就坐上了以前他老板的位置。

迈克因为讨厌上司，而产生了离开公司到别处就职的想法。妻子的话给了他启发：其实我只是讨厌上司，不想和他在一起。那么不在一起有两个方法，一是我离开；二是他离开。虽然让老板离开是很大胆的想法，但也并不是不可能。变通的想法帮助迈克轻松地解决了问题，并带来了美妙的结果。

变通就是一种不可缺少的智慧，它考验了一个人的创新能力，有变通能力，就有了轻松解决问题的智慧。

恶劣的环境难不倒懂得变通的人

卓越的人的一大优点是：在不利和艰难的遭遇里百折不挠。

——贝多芬

一只苍蝇放在一个器皿里，为了逃出去，它往往会在玻璃壁上撞了又撞，直到筋疲力尽。这就是不懂变通。

当人们遭遇低谷的时候，糟糕的环境就像是一个器皿一样把人死死困住。有的人抬头看看，看见四面都封住了，自觉毫无希望于是就放弃了；有的人死守到底，不惜撞得头破血流以求得出路，虽然他们为实现自己的目标做出了很大的努力，但是到最后还是功亏一篑。但有的人就会懂得上下左右东西南北都试一试，他们不正面面对最大的困难，而是变通思想，从别的方向切入，最终重获希望。

美国著名企业家李·艾柯卡在担任克莱斯勒汽车公司总裁时，公司欠债几亿。没有一个银行愿意提供贷款，政府部门也向他们施加压力。

李·艾柯卡是一个顽强不屈的人，不想让自己的公司破产倒闭，他想到了一个大胆的主意——向政府争取10亿美元的国家贷款解救公司。他很快提出了可以打动政府的方案：一方面，他向政府提出了一个现实的问题，即如果克莱斯勒公司破产，将有60万左右的人失业，第一年政府就要为这些人支出27亿美元的失业保险金和社会福利开销。另一方面，对那些可能投反对票的国会议员们，艾柯卡吩咐手下为每个议员开列一份清单，清单上列出该议员所在选区所有同克莱斯勒有经济往来的代销商、供应商的名字，并附有一份万一克莱斯勒公司倒闭，将在其选区造成的经济后果的分析报告。

这一招果然很灵，一些原先强烈反对给克莱斯勒公司提供贷款的议员闭了嘴。最后，国会通过了由政府支持克莱斯勒公司15亿美元的提案，比克莱斯勒公司原来要求的多了5亿美元。

想要保住公司的强烈愿望，让李·艾柯卡想方设法去战胜恶劣的环境。他变通思想转换思维，并没有被庞大的债务吓住，而把公司欠债破产的压力由自己转移到了政府头上，促使政府部门转变想法。这一招，征服了所有人。

聪明的懂得变通的人，不仅拥有智慧，而且还算得上是很有勇气和沉着性格的人。因为有勇气，所以即使面对很恶劣的环境，他们还想着怎么变通思想找出解决方法。他们也很沉着，知道抱怨和退缩解决不了问题，必须要多思考、多想办法。

　　再坏的事情也有办法去解决，关键看我们有没有去找。上帝在你面前关上了一扇门，就必然会为你打开一扇窗。我们为了自己的理想，曾经付出了很多的汗水和精力，所有的希望都寄托在这上面。既然曾经付出了那么多，那么面对恶劣环境时我们就不应该被吓倒，而应坚持信念、战斗到底。

　　美国总统罗斯福在推行新政的时候，曾遭受到许多政治评论家的攻击和批评，其中以亨利·门肯的批评最为严厉。总统府里的人员都十分头痛，如果不能将这些攻击驳回，那么新政就不可能实行。

　　在华盛顿里迪罗俱乐部的一次大会上，政治人物云集，新闻记者忙个不停。轮到罗斯福演讲时，他对着亨利·门肯笑了笑。刚说完开场白，罗斯福突然变了脸，指责新闻界的记者都十分无知、没有常识，并且骄傲自大。在场的记者觉得莫名其妙，这样无缘无故措辞是为什么呢？但再听下去就渐渐明白来了。

　　原来罗斯福所讲的内容都是亨利·门肯写的文章——《美国新闻界》里的内容，他一字不差地说了下来。这时候全场所有的焦点都对准了满脸通红的亨利。本来要根据亨利抨击的重点向罗斯福提问的记者，这时候都对亨利的评论内容产生了怀疑。亨利对新闻界的评论如此离谱，那么对罗斯福的政策抨击又怎么能相信呢？

　　一般的解决方法应该是拿出有力的证据来证明新政是有利于国民的，但这样，罗斯福不免要陷入新闻界层出不穷的质疑攻击。与其这样被动，不如变通思维将劣势换为优势。他把重点转移到亨利·门肯说的话到底可不可信这一点上，一旦新闻界的朋友听了那些荒谬的批评就不再信任亨利·门肯，也就谈不上根据他的评论来攻击罗斯福的新政了。

　　懂得变通的人会利用自己的智慧来解决问题。即使困难重重环境恶劣，也只不过是对他们的另一种挑战而已。

坚持不一定要到底

人的智慧如果滋生为一个新点子时，它就永远超越了它原来的样子，不会恢复本来面目。

——奥列佛·温特·怀斯

从小到大，我们被灌输了太多"坚持到底，永不放弃"的信念。一件事如果没有持之以恒地做好，人们就会评价你没有毅力和恒心，成不了大事。"勇往直前，坚持不懈"的理念深深地印入了我们的内心，大多数人会在看不到希望的时候依然要求自己坚持到底。

在这样的强烈要求下，人们不看到结果绝不回头，即使失败了也会告诉自己我很勇敢。

我们是要达到目标完成自己的计划，而不是弘扬坚持到底的精神。如果这个方向并不能到达终点，又何必坚持到底呢？实际上，"永不放弃"这种自欺欺人的说法就是自己不善于变通、不肯寻找另外一条道路的借口和托辞。

有两只蚂蚁想翻越一段墙，寻找墙那头的食物。一只蚂蚁来到墙脚就毫不犹豫地向上爬去，可是每当它爬到大半时，就会由于劳累和疲倦而跌落下来。可是它不气馁，一次次跌下来，又迅速地调整一下自己，重新开始向上爬去。

而另一只蚂蚁则是先观察了一下周围环境，然后从不远处的地方绕过墙去。很快地，这只蚂蚁绕过墙来到食物前，开始享受起来，而另外一只还在不停地跌落下去又重新开始。

第一只蚂蚁按照一条路线行进，不会"绕道而行"，最后只能搞得筋疲力尽、劳累不堪，就像具有"坚持到底"信念的那种人。首先他们坚信付出就一定会有回报，只要自己坚持去做了，不管方法方向如何总会有好的结果。其次，无论失败多少次，都要勇敢面对挫折，不折不挠继续前进。如果不坚持到底，那么就对不起心中的信念，也是失败的象征。他们的执着和勇敢令人钦佩。但是当事实屡次证明这样做会失败时，他们居然都不懂换个方法，换个方向。仅仅凭借当初最简单的判断就开始行动，没有思考也没有正确而清晰的计划，那么这种坚持到底又是什么？这样的坚持到底能够达到目标吗？肯定不能。

没有磨难，何来荣耀；没有挫折，何来辉煌。我们并不否认为了梦想而坚持不懈战胜困难挫折的行为。但做事情坚持到底，其前提条件应该是我们找到了最正确的方式方法，并正在坚持有价值有意义的事。

1945 年，威尔逊研制出了新型的干式复印机，干式复印机在三四秒钟内就能复印出清晰的文稿来。威尔逊就此申请了专利，并成立了塞罗克斯公司进行批量生产。

威尔逊想将自己的干式复印机用于出租和提供复印服务，但这在当时是没有先例的，威尔逊担心获准会很困难。威尔逊是一位颇能深谋远虑、变通思想的企业家，才采用了以退为进的方法。威尔逊的复印机成本只需 2400 美元，他故意将价格定为了 29500 元，超过了法律规定最高 11 倍的价格，结果被禁止出售。这样，经营租赁和提供复印方面的服务便很快得到批准并完全合法化。

由于他的新式复印机在当时是最先进的，复印效果也最好，他开展租赁业务和提供复印服务所获得的利润，超过了他将复印机出售所可能获得利润的几十倍。到了 20 世纪 60 年代初，干式复印机终于以威尔逊所定的高价格在各地畅销。

威尔逊具有敏锐的商业眼光，他抓住了信息时代飞速发展的机会，先一步制造了更先进的复印机。他更是一个懂得变通思想，巧妙迂回地达到自己目标的商人。威尔逊深深地知道，无论是勇往直前，还是以退为进，只要能帮他达到利益最大化就是好的方法。如果他秉持着"坚持不懈"的信念去执着地向美国政府申请，那么经营租赁和提供复印服务便需要很久的时间才能得到批准。如果这样，那么知识日新月异的社会说不定又会推出比他的复印机更先进的东西，他曾经所付出的就得不到有效回报。

工作中，我们应该以智慧为轴心，巧用变通思维，多给自己一些选择机会。现在是知识的时代，信息科技的时代，坚持到底的精神固然值得钦佩，但是能找到最妙的办法来达到目标则更值得肯定。在以后生活中出现不可回避的挫折时，我们应该学着变化，坚持不一定要到底，适当变通，重新调整，可能你就会有不一样的收获！

此路不通，还能走另外一条路

生活就应该有很多选择，你可以这样选，也可以那样选。如果这条路走不通，那么就走另外一条。

——诺斯

生活有很多选择，其结果如何完全取决于我们自己。我们可以选择按照传统的思维，沿着固定的方向走下去，如果一帆风顺那也没什么不好。我们也可以创新思维，突破旧的格局，用新的方法，新的思想带来更好的结果。

成功其实就是一个量变到质变的问题。勇敢地冒险者克服了一个又一个困难，解决了一个又一个问题，才到达了终点。前进路上总会遇到各种问题，是问题就会有解决的方法。这条路不能解决问题，就一定会有其他的路可以走，关键就在你能否适时变通。

懂得变通的人，会节省很多时间和精力；懂得变通的人，会选择最具效率的办事方式而不仅仅是拘泥于固有的形式。有时候，换一个思维方向，换一种做事的形式，就会有很好的结果。

有一家大公司的董事长即将退休，他要物色一位才智过人的接班人，他选中了两位候选人——约翰和吉米。

董事长邀请两位候选人到他的农场做客。当他们到来时，董事长牵着两匹同样好的马走了出来，说："我要你们比赛骑马，胜利者将成为我的接班人。"二人接过马后，不约而同地打量着马的素质并在心中衡量自己的骑术。

董事长开口说："这次比赛规则是比'慢'而不是比'快'。"俩人听愣了，半天没有反应过来。一会儿，约翰突然灵机一动，迅速跳上了吉米的黑马，然后快马加鞭地向前急驰而去，他自己的马却留在了原地。吉米感到约翰的举动很奇怪，当他终于想通了是怎么一回事时，已经太晚了。结果，吉米的马先到达终点，他输了。

董事长高兴地对约翰说："你可以想出有效的创新办法，懂得变通，这证明你有足够的才智来接替我的位置。我宣布，你就是下一任董事长了！"

如果是比慢，那么很可能两个人会一直停留在原地不动。一个"慢"字束缚了他们的思想，停留在了怎么保持"慢"而且达到最慢的范围上。而聪明机灵的约翰却懂得变换思维方式：慢的另一个方向就是快，别人的马比我的马快那就是慢了，所以他立即跳上了别人的马快马加鞭跑向终点。

变通，就是找对方法做对事。无论我们曾经怎么做或者做过什么，其宗旨都是为了解决问题达到目标。而达到目标解决问题，并不是两点之间直线最短这样绝对的问题。我们可以有很多方法，而寻找巧妙方法将困难化解于无形，是每一个成功者的通用法则。变通，就是创造性完成任务。打破传统思维，我们才能有所突破。

面对问题，不变通就要被困住。多思考多突破，我们才能成功地将不可能变成可能，将一盘死棋变得生机盎然。

有一个小镇上的居民十分虔诚，他们非常渴望修建一座砖砌的教堂。镇长买好了地，备好了建筑图纸，万事俱备，只差砖还没有着落。

这是一个致命的障碍，由于它，整个工程计划将化为泡影：从城里用火车运砖，每磅要 2.5 美元。这个昂贵的价格将断送掉一切：不会有足够的砖，也不会有教堂了。居民们十分沮丧。

小镇里的一位商人想出了一个近乎愚蠢的主意——邮寄砖！大家算了一下，惊喜地发现包裹每磅 1.05 美元，比用火车运送便宜了一半的价钱。事实上，邮寄过来的砖和用火车货运过来的砖是同一班列车运送！他们既节省了钱又没有耽误时间。居民马上行动起来。几周之内，邮寄的包裹像洪水般涌入小镇。每个包裹 7 块砖，刚好可以不超重。

这样，小镇居民很骄傲地拥有了他们的第一家教堂。这家教堂是用邮寄过来的砖盖起来的。

小镇居民用一个看起来十分愚蠢的方法解决了砖的问题，只要找对方法，任何不可能的事情似乎都变得简单了。

卓别林说过，历史上所有伟大的成就，都是由于战胜了看来是不可能的事情而取得的。他们在看起来无路可走的地方，另辟蹊径解决了问题。此路不通，难道还不允许我们另外再找一条吗？

有了困难并不可怕，可怕的是思维僵化顽固到底。方法行不通并不可怕，可怕的是行不通了还不去想别的方法。只要试一试，也许本来没有希望的事情，就有可能成功。所以，此路不通时，不要放弃，再试试别的路吧！

果断放弃，也是一种变通

在人生的大风浪中，我们常常学船长的样子，在狂风暴雨之下把笨重的货物扔掉，以减轻船的重量。

——巴尔扎克

懂得放弃是一种理性的表现，也是一种豁达的美，一种懂得变通的智慧。在生活中，我们会面临各种各样的问题，需要我们去选择去放弃。果断放弃，并不是怯懦退缩，而是为了更好地得到，在放弃中重新调整策略进行新一轮的争取。在事情陷入胶着状态，进退两难的时候，变通思想果断放弃，才能有更美好的未来。

人生总要有舍有得，不是每件事都要做得十全十美。真正勇敢的人不是无论什么情况都会回答"是"的人，而是有自己的判断力，能直截了当说"不"的人。我们要懂得拒绝对自己毫无益处的事情，也要懂得放弃会浪费我们时间和精力的事。只有懂得放弃，才会拥有一份成熟，生活才会更容易；只有懂得放弃，才能给自己多一个重新开始的机会。

适时地放弃，才能让你拥有一份成熟，生活才会更容易成功。陷入绝境的时候，人们应以壮士断腕的勇气来果断放弃。变通思想，为大局着想，放弃相对而言不是那么重要的东西，即使付出很大代价，只要能为将来再起步保留根本，那么就是值得的。

1976 年，英国退役军官迈克·莱恩随英国探险队成功登上珠穆朗玛峰。而在下山的路上，却遇上了狂风大雪，一般这样的大雪十天半个月都不会停。如果扎营，他们将没有足够的食物坚持到最后；如果继续前行，路标会慢慢被掩埋了，他们会走很多弯路，沉重的氧气设备和行李会让他们因为疲劳而倒下。

在整个探险队陷入迷茫的时候，迈克·莱恩率先丢弃所有的随身装备，只留下不多的食品，轻装前行。迈克·莱恩很坚定地告诉队友："我们必须而且只能这样做，这样的天气不会停的。只要我们轻装而行，就可以加快行走速度，这样我们也许还有生的希望！"最终队员们采纳了他的意见，一路上不分昼夜地前行，结果只用了 8 天时间，就到达了安全地带。而恶劣的天气，正像他所预料的那样，一直持续了十几天。

若干年后，伦敦英国国家军事博物馆的工作人员，找到迈克·莱恩，请求他赠送任何一件与英国探险队当年登上珠穆朗玛峰有关的物品，不料收到的却是莱恩因冻坏而被截下的 10 个脚趾。

当年一次正确的放弃，挽救了所有队员的生命。也是由于这个选择，博物馆只收到了冻坏的脚趾而不是其他纪念品，这是最珍贵的赠品。生命宝贵，不可能重来一次，所以面对危险，这些探险队员只能果断放弃，选择最有利于保存性命的做法。放弃也是一种选择，一种智慧的选择，一种富有勇气的选择。

虽然我们没有登上雪山珠穆朗玛峰面临死亡的威胁，但是我们的人生也是要经历不断的选择，或者继续前进或者果断放弃。人生有无数的可能性，就是因为这样的可能性，我们才不必将自己束缚在一个选择上。

每个人都具有与众不同的才能，当我们一直努力的方向上看不到光明的前景时，也许应该变通一点，果断地放弃。放弃以往坚持的，找到真正适合自己的事业，这是一种幸运。

康多莉扎·赖斯 2005 年成为美国国务卿，当地媒体称其为"华盛顿最有权力的女人"。美国《福布斯》杂志评出世界 100 位最大影响力的女性，赖斯名列榜首。

人们不知道赖斯曾经立志成为职业钢琴家。她在音乐方面具有令人惊讶的天赋，4 岁时就开了第一场独奏音乐会。16 岁时，赖斯进入丹佛大学音乐学院学习钢琴。但是在著名的阿斯本音乐节上，她受到了打击。"我碰到了一些 11 岁的孩子，他们只看一眼就能演奏那些我要练一年才能弹好的曲子，"她说，"我想我不可能有在卡内基大厅演奏的那一天了。"

赖斯果断地放弃了成为钢琴家的梦想，她开始重新设计自己的未来，并发现了新的目标——国际政治。她从此转而学习政治学和俄语，并找到了自己一生追求的事业。

执着地追求了十余年的钢琴梦想要亲手去埋葬是多么令人心痛啊！别人越是觉得不可思议，就越发显示了赖斯难得的变通思想和清醒的头脑。如果赖斯执着于成为职业钢琴家，也许最后只能成为一位平凡的钢琴师而不是"华盛顿最有权力的女人"。果断而理智的放弃，让她重新寻找到了人生的支点。

放弃不是消极地退缩，而是积极地突围，是为了选择最适合自己的。面对阻碍自己前进的事物，果断地放弃，也是一种变通。

不要被已知的经验拴住前进的脚步

正确的道路是这样：吸取你的前辈所做的一切，然后再往前走。

——托尔斯泰

经验并不是真理，已知的经验方法不能机械地套在新的事务上。世界日新月异地发展着，我们曾经百试百灵的好方法一不小心就落后了。每一天我们都应该在学习的路上，每一次成功的例子我们应该总结经验，而最重要的是，每一次面对未知的新事物，我们都要多思考，运用变通思维。

当牛顿没有提出万有引力之前，谁也不知道苹果为什么会落地；当哥白尼没有提出日心说时，谁也没有想到地球是在绕着太阳转的；当哥伦布没有开始航行时，谁也不知道在海的另一边还有一片神奇的土地。万事万物都在变化发展，我们又怎么敢停下脚步静止不前呢？无论我们曾经学得了多少，对于广袤而又神秘的宇宙来说都是不够的。

社会要求我们要进步，要求我们要敢于打破常规，只有这样我们才能应对变化着的事物。一个有智慧的人，应该是一个懂得变通，懂得求进步，不被已知经验束缚的人。

儿子要坐火车去伦敦。临行前，父亲郑重地告诉他一些旅行的经验。

"火车开动以后，会有两个穿制服的走来问你要车票，小心他们是骗子。有年轻人敬你烟，就说不会，那烟卷是上了麻药的。如果有漂亮的年轻女子故意和你撞个满怀，别和她说话，那是个坏女人。还有一件，晚上睡觉时，把钱从口袋里取出来放在鞋筒里，再把鞋放在枕头底下。"

儿子坐上了火车。他遇见两个穿制服的人不是骗子，带麻药烟卷的青年没有出现，漂亮女子没碰上，第一晚儿子把钱放在鞋筒里，把鞋放在枕头下，一夜未合眼。第二天，他自己请一个年轻人吸烟。在餐车里，他故意坐在一位年轻女子的对面。火车离伦敦还很远，儿子已认识车上的许多旅客了，而旅客也都认识他了。

那次旅行对儿子来说是够快乐的了。

从伦敦安全回来后，父亲高兴地问儿子："依我的话做了没有？"

儿子回答说："是的，父亲！"

父亲得意地说道："我很高兴有人因我的经验而得益！"

很显然，父亲的经验并不适合儿子的情况。正是因为认识到了已知经验的局限性，儿子敞开了心怀，用自己的方法度过了一段愉快的旅途。对于已知的经验，我们应该珍惜，但是，有分别地借鉴而不仅仅是模仿，这才是不断进步的动力所在。

事物不断在向前发展变化，智慧也需要时刻更新。一个头脑灵活懂得变通的人，不会去过分迷信前人的经验。因为如果过分依赖别人的经验就会形成固定的思维模式，让人失去了想象力和判断力。

经验是成功的总结，但有的经验也许只是某些表面现象的总结。有的看似十分有道理，实际上却有些片面。有的经验只是适用于某一个时期某一个范围。总的说来，每一条经验都不是颠扑不破的真理，要想获得成功，我们就要付出努力，不断地学习进步。

　　拿破仑善于出奇制胜，赢得了无数次大大小小的胜利，获得了无数宝贵的战争经验。他渐渐变得骄傲自大，在后来的战争也用旧的经验来对付。可是事实证明，经验并不足以应付纷繁复杂的新情况。

　　当法军入侵俄国时，俄国大将库图佐图设计了一个焦土战术。每当看到法军，俄军便向后撤，并把所有他们认为可能落入法军手中的房屋和补给品统统烧掉。这是拿破仑以前从未碰到过的，他按照以前的经验，敌退我进，一直率军追到了莫斯科。俄军烧光了一切，法军找不到任何粮食和驻扎的房屋，从法国运送的补给品也遥遥无期。拿破仑此时才发觉形势不妙，匆匆下令撤军。可是为时已晚，俄军反退为进，转守为攻，追击法军。在仓皇撤退的路途中，饥寒难耐、士气低落的法军终于在滑铁卢战败投降。

　　拿破仑遭受的惨败，完全是因为盲目照搬自己以前成功经验的缘故。可以说，拿破仑不是败在敌军的手上，而是败在自己的手上，是成功的经验给他带来了失败的结果。

　　所以说，人要求进步、求真理、求变通，不能一味地躺在前人的经验上睡大觉还觉得高枕无忧。对于经验，必须辩证地看待，灵活地运用。人既不能完全否认好的经验对我们的帮助，也不能迷信经验而丧失自主创造性。多思考多创新多变通，我们便能吸收已知经验的营养并开拓出新的经验。

灵活变通的人更容易获得成功

在纯粹光明中就像在纯粹黑暗中一样，看不清什么东西。

——黑格尔

　　说一个人灵活变通，其实就是在说这个人懂得思考，懂得想办法，不拘泥于旧的经验模式。思考是人类最大的乐趣，它不仅给人带来了精神的愉悦，而且人们还能通过它掌握更容易解决问题的方法。懂得灵活变通的人就是懂得品味思考乐趣的人，他们总是能够将自己的聪明才智运用到实际问题当中。正是因为他们肯多动点脑筋，就显得比别人更能抓住事物的本质，做出最有利的决定。灵活变通为他们获得了更多的机会，使他们更容易成功。

灵活机动的人不会按照前人的经验一直固定地走下去，他们会想想向前可以那么向后又如何呢？如果付出十分的精力和金钱可以获得这样的成果，那么有没有办法只用七八分精力呢？这看起来似乎十分现实主义，但这正是他们快速获得成功的方法。

一个犹太人走进纽约的一家银行，来到了贷款部。"请问先生有什么事情吗？"贷款部经理问。

"我想借1美元。""好啊，但是你必须有财产担保。"犹太人说着，从豪华的皮包里取出一堆股票、国债，等等，放在经理的写字台上。"总共50万美元，够了吧？""当然！年息为6%。只要你付出6%的利息，一年后我们就可以把这些东西还给你。"银行人员礼貌地递给了犹太人1美元。"谢谢。"犹太人说完，就准备离开银行。

一直在旁边观看的分行长，怎么也弄不明白，拥有50万美元的人，怎么会来银行借1美元？他追上前去，对犹太人说："您拥有50万美元，为什么只借1美元呢？要是你想借更多的话，我们也会很乐意的……""请不必为我操心。只是我来贵行之前，问过了几家金库，他们保险箱的租金都很昂贵。所以，我就准备在贵行寄存这些东西，一年只需花6美分。"

人们都说成功的机会只给有准备的人，其实不然。机会往往会让灵活变通的人捕捉到，因为有的人听信了"机会只给有准备的人"这句话，就只记得勤奋工作，在这个过程中他们只是被动的在等待机会的垂青。而灵活变通的人不同，一方面他们相信做好准备对获得成功的机会非常有用，另一个方面他们懂得多给自己创造机会。

一个人成功与否，能不能灵活变通起着关键的作用。多思考，让思维发散，就会有很多灵感出现。按常理不能解决问题时，灵活变通的思考方式会有很大帮助。

一家出版公司有一大批滞销书久久不能出手，他们只好求助于一位"王牌"推销员。推销员想出了一个主意，给总统送去一本书，并三番五次去征求意见。忙于政务的总统不愿意与他纠缠，便回了一句："这本书不错。"推销员便大做广告："现有总统喜欢的书出售。"于是这些书被一抢而空。

不久，这个推销员又送给总统另一本滞销书。总统上过一回当，想奚落他，就说："这本书糟糕透了。"推销员听后脑子一转，又做广告："现有总统觉得糟糕透了的书出售。"有不少人出于好奇，争相抢购，书又售尽。

第三次，推销员将新书送给总统，总统接受了前两次教训，便不作出任何答复。推销员却大做广告："现有令总统难以下结论的书，欲购从速。"书居然又被一抢而空。总统哭笑不得。

正与反是一片叶子的两面，它们是对立的却又是相辅相成的。推销员三次卖书的成功就是因为看到了事物的两面性。他看待问题时不是墨守成规，而是灵活变通地从不同角度去挖掘推销卖点。这位推销员就是一位灵活变通的人，懂得主动寻找机会，化被动为主动。他的灵活变通为自己赢得了巨大的成功。

变通思想不是标新立异，故意显示与众不同，而是为了更好实现目标。得到更高的效益、更好的结果。善于变通，善于突破，善于用更少成本来解决工作中的问题，这是灵活变通的人获胜的根本。

灵活变通的人总是比别人先走一步，他们不仅占尽先机，还悄悄地想出更省时间金钱的方法。灵活变通的人告诉自己，通往成功的道路并不只有一条，他们总是寻找机会来达到自己的目标。做一个灵活变通的人，你会更容易获得成功。

不要被你自己的条件所局限

> 我不能成为第一流的科学家，却能够成为第一流的科普作家。
>
> ——阿西莫夫

　　一个人出生背景如何，所处的大环境如何，靠个人力量是无法改变的，但是如何适应环境确是自己可以控制的。人的一生当中难免会碰到许多问题，我们会受很多条件限制，但是怨天尤人解决不了任何问题。

　　一些立志成功的人，遇到这样的问题时不会被困难击倒，他们会沉静下来好好观察。他们观察世界观察自己，看看自己能做些什么。

　　艾森豪威尔是美国第34任总统，他出身贫寒。困苦的环境并没有让他屈服，而是让他从中学会了如何适应外在的环境，为自己的成功做准备。

　　艾森豪威尔年轻时喜欢和家人一起玩纸牌游戏。有一次运气特别不好，每次拿到的都是很差的牌，他抱怨不休，甚至发起了脾气。

　　一旁的母亲看不下去了，正色道：“既然要打牌，你就必须用手中的牌打下去，不管牌是好是坏。好运气是不可能都让你碰上的！”

　　母亲又说：“人生就和打牌一样，发牌的是上帝。不管你的牌是好是坏，必须拿着，你都必须面对。你能做的，就是让浮躁的心情平静下来，然后认真对待，把自己的牌打好，力争达到最好的效果。这样打牌、这样对待人生才有意义！”

　　艾森豪威尔听到母亲的这些话后平息了怒气，此后一直牢记母亲的话，激励自己积极向上。在后来的人生中，他遇到困难从不气馁，总是勇敢面对、迎难而上。最终他成了美国总统。

　　艾森豪威尔不过是一个家境贫寒的穷小子，但是他却有没有甘心仅仅困在这样的环境中，他知道抱怨发脾气改变不了现状。他积极向上，勇敢地面对所有困难。正是这样永远不服输，任何情况下都争取做到最好的性格，让他一路顺利地走过了风风雨雨。

印度前总统尼赫鲁曾经说过这样的话："生活就像是玩扑克，发到的那手牌是定了的，但你的打法取决于自己的意志。"

当然，每个人都希望获得一副好牌。但是，当上帝赐给我们不是很好的牌时，也不应该抱怨或者放弃。我们能够并且应该做的，就是优化组合，尽量打好。没有什么优势的情况下还可以把事情做好，这是一种勇气和智慧。

所有的条件都是可以转化的，我们可以全面地去认识自己的优势劣势。扬长避短是快速获得成功的一个好方法。我们的条件有好有坏，除了尽力做出最好的成绩以外，还应该理智地看出自己应该在那个方面坚持。不再为自己不好的条件烦恼，只专注于发展自己的优势，同样可以得到很棒的结果。

莫扎特 7 岁时在法兰克福市举行音乐会，一个 14 岁的男孩去了他那儿。

少年十分钦佩莫扎特他的才能，羡慕地说："你演奏得那么出色！我无论如何也不可能学得这样好！"

莫扎特认真地说："为什么？要知道你完全可以，你试一试，如果不能成功，你再开始谱曲。"

少年犹豫了一下，说道："但是，我想写诗……"

莫扎特手一挥，兴奋地告诉少年："要知道，这是很有意思的，写好诗想必比写好音乐困难些。"

少年着急了，说："不是的，很轻松，你试一试……"

这位和莫扎特说话的是少年的歌德。后来，两人都找到了自己的"音符"：一位是大音乐家，一位是大诗人。

莫扎特喜爱音乐，所以他能热情而专注于演奏作曲；歌德敏感多情，所以他能写出很好的诗歌和小说。其实没有必要因为别人的成功而感到自卑，个人有个人的优势，没有必要拿自己的短处和别人的长处比较。

每个人的兴趣、才能、素质也是不同的。我们要了解自己，了解自己在哪方面有天赋有潜力。如果我们能挖掘自己，设计自己从事最擅长的工作，我们就会获得成功。

聪明人会懂得将自己的特长发挥到极致。他们知道任何人的欠缺都比才干多，大部分欠缺都是没法弥补的，没有必要浪费时间。聪明人会根据自己的特长来设计自己并量力而行。

变通一下，看到的就会大不一样

把时间用在思考上是最能节省时间的事情。

——卡曾斯

思想改变自己，思想也能改变世界。很多时候，只要我们稍微变通一下，我们看到的就会大不一样。多思考变通，我们就不会局限于别人的经验。变通一下，我们就能发现更多可能性，就会从一个小圈子里跳出来。

世界是神秘的，它的神秘就在于你不知道下一刻会发生什么。并不是一味地付出，夜以继日地工作，就能获得最大的效果。如果我们能抓住诀窍，抓住最简便的方法，那么往往就能抓住机会。机会往往需要我们换一个角度去寻找，关键就在于我们肯不肯去变通思想。

章鱼每到生殖季节，会钻入空螺壳里并在里头下卵。章鱼有八根足爪，每根爪都有上百个吸附性很强的小吸盘，能牢牢地攫住空壳。土著人巴拉克运用章鱼这一习性，把一只只系着索线的破坛烂罐放入海里，总能"钓"到不少章鱼。

一位陌生人来到这里，他观看了巴拉克"钓"鱼的过程。陌生人跟巴拉克做了一个交易：用一美元一只的价格收购巴拉克的章鱼。陌生人把从巴拉克手上买过来的章鱼，系上钓线后，又重新放回大海中……每一天，巴拉克往海里放破罐子，陌生人往海里放章鱼。

终于有一天，陌生人的章鱼"钓"上了一只沾满淤泥的瓷器。陌生人看了看后，便急匆匆地离去了。一个月后，他带来了一支庞大的专业打捞船队。原来，他就是闻名遐迩的古董商迪默先生。迪默指挥打捞队，以章鱼"钓"上的瓷器地点为轴心，展开地毯式搜索，打捞海底沉物。迪默共获得了价值一亿美元的宝物和古董。

章鱼的习性是巴拉克发现的，这样的"钓"法也是他发明的。但是巴拉克钓上来的一美元，古董商钓上来的却是一亿美元。巴拉克也算是别出心裁，变通了思维方式，他比其他土著人聪明多了。但是见识更广，经验更丰富的商人迪默却更胜一筹。迪默来到这里显然是因为早就知道这里有沉没的财宝，但是如果组织人来勘探一方面影响太大，另一方面花费也太大。当看到巴拉克的特别方法时，他想到了利用章鱼来打探财宝位置的方法。

给自己一点时间来进行思考，想出更巧妙地方法，而不是延续旧有的经验方式。稍微变通一下，我们就会节省很多时间和金钱。懂得变通，不仅能让我们节省时间和金钱，而且可以让我们看到不同的世界。懂得变通的人，当别人只看到事物发展的一个方面时，他们能看到更多的可能性。懂得变通的人，他们会在别人觉得没有任何价值的事物上，发现难得的机会并且由此创造财富。

一对父子在休斯敦做铜器生意，孩子叫斯塔克。一天，父亲问儿子一磅铜的价格是多少。儿子答："35美分。"父亲说："对，每磅铜的价格是35美分，但作为犹太人的儿子，应该说3.5美元。你试着把一磅铜做成门把手看看。"

1974 年，美国政府给自由女神像翻新后留下一堆垃圾没法处理，不得已向社会招标。几个月过去了，一直没有人投标。斯塔克听到招标消息后，马上飞往纽约，未提任何条件，就在标书上签了字。他的这个举动遭到了很多人的嘲笑。因为处理垃圾很麻烦，一不小心就会遭到环境部门的投诉。就在大家等着看犹太人的笑话时，他却开始了工作。他让工人把垃圾进行分类，然后将其中的铜熔化，铸成自由女神像模型，把垃圾中的木头加工成自由女神像模型的底座，废铅和废铝等做成纽约广场的纪念钥匙。这堆垃圾经他这么一折腾，最后赚了 350 万美元。

正是由于父亲的教育，斯达克从小就懂得做事情不要局限于一种结果，要变通地看问题。一磅铜可以卖一美元，也可以作为艺术品卖到几千美元。一切事物都充满了变数，只要我们去挖掘开发，就会有很多的惊喜。别人看来毫无用处的垃圾，斯塔克却看到了其中蕴藏的财富。

时时刻刻记得发挥变通思想，去寻找事物的最大价值，这是成就了斯塔克的关键所在。懂得变通的人在积累智慧的同时，也会积累下雄厚的财富。可见，如果我们学会了变通，也许生活会有很好的变化。当下次遇到问题时，不妨提醒自己变通一下，看看有没有不一样的结果。

第六章

在心中播下爱的种子

善行将温暖你的一生

不知道善意不一定不能为善。善不是一种学问，而是一种行动。

——罗曼·罗兰

善良的心灵同钻石一样珍贵，一样耀眼。善行遍布在人间，为现实社会增添些许情感的滋养，温暖了无数颗心。善良的感情和情感的修养是人道精神的中心，而点点滴滴的善行就是它的外在表现。

人生短暂，让短暂的人生更有价值的最简单方法就是多做善事。怀着一颗宽广博爱的心，尽心尽力帮助需要帮助的人。我们的善行不仅会温暖他人的一生，还会让自己幸福快乐地过一生。

1921 年，路易斯·劳斯出任星星监狱的典狱长，星星监狱是当时最难管理的监狱。20 年后劳斯退休时，该监狱却成为一所提倡人道主义的机构。劳斯说这都应该归功于他的妻子凯瑟琳。

劳斯成为典狱长时，每个人都警告凯瑟琳千万不可踏进监狱，但她却没被吓倒。第一次举办监狱篮球赛时，她带着三个可爱的孩子走进体育馆，与服刑人员坐在一起。

她的态度是："我要与丈夫一道关照这些人，我相信他们也会关照我们，我不必担心什么！"她教一个眼盲的犯人学"点字阅读法"，为了和一个聋哑犯人沟通特地去学手语。她经常造访星星监狱，许多人说她是耶稣的化身。

后来，她在一桩交通事故中丧生。

葬礼当天，所有囚犯自动齐集在监狱大门口，他们脸上挂着眼泪。代理典狱长知道这些人极爱凯瑟琳，他打开监狱大门，让一大队囚犯走出去，在没有守卫的情形之下，走路去送凯瑟琳最后一程。结果，当晚每一位囚犯都回来报到。

爱是可相互感应的，凯瑟琳坚信这一点。她无私地去关爱这群犯人，给他们带去了欢乐和光明。她善良的行为改变了犯人，也改变了整个监狱。犯人脸上的眼泪就是对她的最高评价，他们自动去参加她的葬礼又自动地回到监狱，都充分说明了凯瑟琳的种种善行有多么伟大的力量。

不要因为某些善事看起来微不足道就不愿意去做，要知道这也许就能温暖一颗心；不要因为某些善事看起来不可思议或者有些愚蠢就不再伸出援助的手。一个人的善行就像一根蜡烛，烛光虽弱，却能照亮整个屋子。黑夜里，它能让人们获得温暖安定的感觉。

一个人的善行能影响到他帮助的人或者看到他做善事的人，爱正是这样一点点累积下来，冰冷的世界也正是因此温暖起来的。我们的善行既能温暖自己，也能慢慢将整个世界变得温暖。

拜伦斯太太是小镇上的一位蔬菜商。在经济大萧条时期，食品和钱都极度紧缺，物物交换就被广泛采用了。

在镇上，有三个家里很穷的孩子，他们经常去拜伦斯太太的小店。他们很想带点蔬菜回家，可是他们没有钱，也没有值钱的东西。拜伦斯太太微笑着对他们说："你们可以用赢来的玻璃球交换。"为了帮助他们，又显得自然，拜伦斯太太就这样假装和他们为一个玻璃球讨价还价。小孩子有一个蓝色的玻璃球，拜伦斯太太就给他们一些蔬菜，并拜托他下次带来红色的；下一次，拜伦斯太太又会让他再换个绿的或橘黄色的来。当然，每次都会让他捎上一袋上好的蔬菜回家。

很多年过去了，拜伦斯太太因病去世。镇上所有的人都去跟她的遗体告别。这些人里面，有三个衣着体面的小伙子，他们就是当年经常用玻璃球之类的小玩意儿和拜伦斯太太交换蔬菜、食品的穷孩子。

拜伦斯太太在孩子们最穷困的时候，用最温柔、最保护他们自尊心的方式帮助了他们。她自然而又温和地实施着自己的善行，她用令人愉悦的爱轻柔地抚在孩子们的心头。

时间的流逝不会改变一个人存在的价值，那些善良温馨的事情永远成为人们留在心底的美好回忆。时间决定了爱心永远处在价值的中心位置，善行的价值永远不会被金钱取代。

真心换真心，善行培养善行。善行就是爱的交流，它让每一个角落都变得温暖而有生机。不图回报的善行，能让我们短暂的生命变得更有价值。实际上，一个人善良的人做善事的时候从来也不是希望对方可以回报什么，因为他的善行已然温暖了自己一生，这本身就是最大的回报。

心存仁爱，就会离真理更近

仁爱先从自己开始，公正先从别人开始。

——狄更斯

做一个善良的人，多做善事，我们就会离真理更近一些。心存仁爱，我们可以改变自己从而改变别人。只要拥有一颗仁爱之心，就会发现自己离真理又近了一步。

寒冷的街头，一个衣着破烂的丹麦小女孩站在一家蛋糕店的门前，看着橱窗里的大蛋糕，眼睛都直了。她已经在寒风里站了很久。

天快黑了，一个漂亮的女店员走了出来。她问小女孩："小妹妹，你是在这里等人吗？""不，我是在向上帝祷告，请他赐给我一块又漂亮又美味的大蛋糕。"小女孩认真地抬起头问，"姐姐，你说上帝能够听见我的请求吗？"

"会的！"女职员认真地点点头，接着，她把小女孩带进了蛋糕店。一会儿，女职员端来了一盆热水，拿了一条毛巾。她把小女孩带到一边，开始给小女孩洗手洗脸。随后，女职员用碟子端来一块大蛋糕，上面放着许多果仁。小女孩迟疑地接过了大蛋糕，看了看女职员，眼眶里蓄满了泪水。女职员对着小女孩笑了笑，说："小妹妹，还有什么需要吗？""我可以吻你一下吗？"小女孩亲了一下女职员，俯在她的耳边轻轻地问了一句："姐姐，你是上帝的妻子吗？"

美丽的女职员心存仁爱，用一颗善良的心满足了小女孩的需要。上帝并不是一个实体，它是无数善良的人的化身。正是因为有那么多的人愿意去帮助别人，愿意去满足别人的小小的愿望，世界才变得温暖。

有时，一个小小的善举，可能就会让你成为拯救他人于苦难之中的上帝。真正的上帝是人们的爱心，只要我们保存一颗仁爱之心，那万千颗爱心汇合起来就不可阻挡,任何困难都可以度过。心存仁爱，让人与人之间有了自然的和谐。

小阿里问妈妈："世界上真的有那种愿意为了别人牺牲自己的人吗？""当然，孩子，让妈妈给你讲一个故事吧。"

马丁和科尔是一对好朋友，他们都是建筑工人。一个秋天的下午，他们正在尚未竣工的大楼里干活。突然，他们站立的木板断裂了。一刹那，两个人同时从几十米的高空落下。一个防护杆拯救了他们，脆弱的防护杆只能承受一个人的重量，他们中间必须有一个人放开手。时间在一点点过去，防护杆吱吱地作响，眼看马上就要断了。这个时候，结了婚的科尔含着眼泪对马丁说："马丁，我还有孩子！"没有结婚的马丁只是静静地说："那好吧！"然后就松开了手，像一片树叶飘向了水泥地面。

"阿里，那个得救的人就是你的爸爸，而他所说的孩子就是你。"阿里望着妈妈，颤抖地说："马丁叔叔一定是那个秋天风中最美丽的树叶，是吗？妈妈。""是的，那片美丽的树叶现在一定飘到了天堂，上帝也会为他的美丽而感动的。"妈妈双眼含着泪水说道。

仁爱就像一盏灯，时时刻刻照耀着我们，照亮我们脚下的路。在感动与被感动中，我们渐渐感悟到什么是幸福完满的人生。我们的良知驱使着我们去关爱别人，关爱这个世界。我们的爱，造就了这个世界，我们的善行将黑夜变成光明，将绝望变成希望，将一颗颗善的种子植入人们的心间。

给别人以真诚的赞美

人性深处，无不渴望被赞赏。

——威廉·詹

每个人的内心深处都渴求被表扬、被赞美。真诚地赞美别人，别人的心里就会增添一份快乐和自信。你的赞美就是在肯定别人的优点，就是在肯定他的价值。赞美能够拉近人与人之间的距离，能够消融人与人之间的误会。

赞美有如此大的魅力，因此，除了关注自己的成就，请多多将欣赏的目光投向别人。渴望赞美和欣赏是我们每一个人的心理需求，我们的赞美对被赞美的人是十分重要的。

美国作家马克·吐温说："只凭一句赞美的话，我就可以充实地活上两个月。"当我们被真诚地赞美的时候，我们会觉得世界上的一切都变得可爱起来。每一个肯定的眼神都会让我们心花怒放，每一次真心赞美都是温暖人心的，赞美是人人都乐意领受的礼物。

伍德公司承接了一座办公大厦，就快竣工时，供应铜器装饰用材的供货商突然停止供货了。伍德公司决定派卡伍到勃洛克林市，与铜商当面交涉。

卡伍走进了铜商的办公室，一进门就兴奋地说："你知道吗？我翻看电话号码簿时意外地发现，在整个勃洛克林市，只有你一个人叫这个名字。看来你是一个独一无二的人啊！"铜商听后心里乐滋滋的："我还从来没注意过呢。"

他们聊得非常棒，铜商带着卡伍很愉快地来到了工厂。卡伍非常热情地赞美了工厂里的机器设备，并对其优秀的管理做出了评价。卡伍由衷地说："我们公司能遇上像你这样既能干又智慧超群的合作者，真是我们的幸运啊！"铜商执意要请卡伍吃午餐，卡伍也不推辞。餐后，铜商自己先笑了起来，他说："我原以为我们之间一定会爆发一场口舌之战，我也早已做好了应战的准备。没想到见面后竟然谈得如此愉快。好了，你先回去吧，我保证你们的订货准时送到，尽管有人等着出更高的价格要货呢。"

一位心理学家说："赞赏是对一个人价值的肯定，而得到你肯定评价的人，往往也会怀着一种潜在的快乐心情来满足你对他的期待。"聪明的卡伍没有指责铜商违反了约定，而是一见面就指出他的姓氏独一无二，不间断地对其工厂设备和管理的赞美则是侧面地肯定了这位商人的工作价值，肯定了他的能力。最后，心知肚明的铜商爽快地履行了约定。

当我们的朋友有了错处，你想提出自己的意见或者给予评判的时候，不妨先试一试赞赏。现在赞美他，可以消除他的抵触心理，可以在愉快地氛围中解决问题而不是互相指责。

给予别人真诚的赞美，不仅仅是沟通的法宝，更是促进友谊的桥梁。

用你的眼睛给别人一片光明

赞美是照耀我们心灵的阳光，没有它，我们的心灵就无法成长。

——莎士比亚

英国首相丘吉尔曾说："你希望别人具备怎样的优点，你就怎样去赞美他。"人们都希望有人肯定他，你提出了希望，他便会努力去做到，用维护自尊和形象的渴望去努力工作。从本质上讲，人们不喜欢接受过多的斥责、挑剔、唠叨、批评。在人性深处，人们渴望的是欣赏、赞美和鼓励。所以，用我们的眼睛去欣赏他人的优点，始终从正面的角度去看待我们的朋友，这是与人真诚相处的办法。

迈克小的时候又调皮又可爱，很让妈妈头疼，幸而后来他并没有成为一个坏孩子。迈克成人后参加了军队，在战场上壮烈牺牲，成为一位烈士。

人们在检查他的遗物时，发现内衣口袋里有一张沾着鲜血的纸片，这是一张记满了迈克各种优点的纸片。原来，小学时小迈克特别调皮，但班主任并没有对他放弃不管。她知道要真正使一个调皮的孩子发生变化，重要的不是寻找他的问题，那样会适得其反，而能发现他的优点。于是她发动全班同学，请每个人说出迈克的优点和长处，然后由小迈克自己一一记在纸上。

没想到这样一张纸片，他一直珍视，他总也记得有那么多的同学曾经夸过自己。他一直将其珍藏在自己的衬衣口袋内，直到生命的最后一刻，让鲜血将它染红。

教育是奇妙的，一个好老师可以成就很多学生。用写出优点的方式来激励迈克改掉坏毛病，果然十分有成效。迈克摆脱了过去调皮捣蛋的毛病，将自己定格在被全班同学赞美的那一天，定格在一个具有优点和长处的好孩子的时刻。强烈的自尊心，和想要维护这一种的美好的愿望，让他慢慢地向这个形象靠拢。他珍视这种赞美和欣赏的目光，直到生命的最后一刻，也还是将小纸片放在身边。

由这个例子，我们可以发现用欣赏的目光去发现别人的长处，真诚地赞赏和鼓励每一个人，将会产生怎样的奇迹。

你有没有发现朋友今天特别漂亮？你有没有看到某个人正在改正他不好的行为？你有没有看到那个人最近一直在努力进步？这些细微的事情，我们都应该观察到。我们应该用温柔的眼睛来肯定对方，而不是漠视对方。我们需要给予他人时间和友善，等待他们成为我们所期待的人。

有个女孩在与朋友聊天中，谈到彼此的情谊是如何维持的：

"我不会忘记，当我回国时，到处碰壁，只有遇上你，才让我重新拾回信心。"

"我帮助过你什么吗？"

"你总是在我背后赞美我，叙说我的优点。这件事我记得很清楚。"

对此，她的朋友已经不记得了，但是从她口中，她了解她们的友谊能够长久稳固的原因。

正是由于朋友的不断赞美和肯定，这个女孩儿才坚定不移地相信自己的能力。她将朋友眼中的自己作为一个目标，不断地为之奋斗。正是朋友温暖的目光给了她信心和勇气。

如果你把自己的妻子看作王后，那么你就是国王；如果你把你的妻子看作侍女，那么你就是仆人。我们将正面的目光投向我们的朋友，我们也将收获这样的朋友。我们用冷冰冰的目光，厌恶的目光去看待自己的朋友，那么迟早也会受到同样的对待。

赞美和欣赏就像弹力球一样，首先会给予朋友快乐和肯定。但是，不久它又会弹回我们身边，甚至那欣赏和赞美会变得更加炽热。给别人一片光明，那光明就自然会照在别人身上，同时也能照在我们自己的身上。

善良能给予人们莫大的收获

对于心地善良的人来说，付出代价必须得到报酬这种想法本身就是一种侮辱。美德不是装饰品，而是美好心灵的表现形式。

——纪德

在一切道德品质之中，善良在世界上是最需要的。善良的本性，是慷慨热情、仁慈正直等一切美好品质的根源。想要做得更好，善待自己和他人的愿望使得我们不断地去追求更高的道德品质。善良是使得一个人心灵纯净，善良的人愿意呵护每一个渴望得到关怀的心灵。善良的人愿意去给世界带来更美好的感受。

善良让自己快乐，让自己觉得宁静幸福。善良的人能让别人也得到快乐，它将温暖传递，将爱的力量一点点培养起来。他们愿意爱护世间一切生物，这种博爱仁慈的精神，都会得到同等的回报。

在"二战"期间，德军包围了彼得格勒，企图用轰炸机摧毁其军事目标和其他防御设施。当时，一位名叫施万维奇的昆虫学家被困在彼得格勒城中。

一天，施万维奇小心翼翼地将一支受伤的蝴蝶带回军营，他给蝴蝶受伤的翅膀上了药，两天后蝴蝶渐渐地康复了，施万维奇依依不舍地将它放回了大自然。

　　第二天一早，奇迹出现了，施万维奇和他的战友们发现，一夜之间，门前停满了蝴蝶，花花绿绿的，在阳光下扑闪着美丽的翅膀，分外耀眼。施万维奇很激动，研究昆虫多年，他还没有见过如此壮观的场面。施万维奇突然灵机一动，如果用这些蝴蝶将军事基地伪装起来，那么德军的飞机不就发现不了吗？

　　施万维奇想出了用黄、红、绿三种颜色涂在军事基地上的方法，将军事基地装扮成了一件大大的迷彩服。这样一来，尽管德军费尽心机，彼得格勒的军事基地仍安然无恙，为赢得最后的胜利奠定了坚实的基础。

　　对于成千上万只蝴蝶来到军事基地的最美好解释是：那只蝴蝶为了报恩，便号召同伴利用自己天生伪装的特长来为施万维奇所在的军事基地作掩护。小小的蝴蝶知道感恩，是因为施万维奇善良地帮助了它。善的行为本身就是可以互相感染的，无论是人与人之间还是人与动物之间。

　　上帝会眷顾善良的人，善良的表现会给我们带来不可思议的回报。善良的行为有一种好处，就是使人的灵魂变得高尚，并且使人可以做出更美丽的行为。善良的举动不仅会带给他人内心感动和震撼，而且那善良的行为回报自己的会更加厚重。

　　一个提着菜篮的老头敲开了珍妮家的门："夫人，我今天刚搬到这里，就住在对街。您需要一些菜吗？"老人的目光落到珍妮缀着补丁的围裙上，神情有些黯然。"要啊！"珍妮微笑着递过几个便士，"胡萝卜很新鲜呢。"关上门，珍妮轻轻地对丈夫约翰说："当年我爸爸也是这样挣钱养家的。"

　　以后的每天，每当门外响起卖菜老人的敲门声时，珍妮就会捧着一碗热汤从厨房里迎出来。他们很快成了好邻居。圣诞节快来时，珍妮与约翰从开支中省出一部分给老人置了一件棉衣。珍妮还带回一枝玫瑰，趁着老人出门购菜，都放到了他家门口。两小时后，约翰家的木门响起了熟悉的声音，珍妮一边说着圣诞快乐一边快乐地打开门，然而，这回老人没有提着菜篮子。

"嗨，珍妮。"老人兴奋地微微摇晃着身子，"圣诞快乐！这件棉衣送给约翰，"老人略带羞涩地把一枝玫瑰递到珍妮面前，"这个给你，它美得像你一样。"

一颗善良的心体会到了一位老人独自在冬天里挣钱养家的困难，他们夫妇两个把这位老人当作朋友来对待，用语言和行动给予他温暖。在善良的人无私付出的时候，一点一滴的善行，其实都记在了被帮助的人的心里。所以，当老人看到那棉衣和玫瑰时，便自然将它们送给了帮助自己的年轻夫妇。

善良是人美好心灵的表现形式，人们因为自己善良而愿意做出帮助别人的善行，但并没有期待着会有什么回报。但往往善与善相互感应，那金子般的心会互相吸引。一旦有机会，曾经接受过帮助的人就会真诚地来表达自己的谢意，这个世界就是这样一点点被善良和爱填充得美好起来。

善良是最高贵的品格，它是滋养了各种美好的摇篮。善良的人是上帝雇佣的农夫，他们在春天播下种子，在秋天的就会有丰富的收获。

给予就是一种关爱

爱使伟大的灵魂更加伟大。

——席勒

爱，应该是人与人之间最浓郁的情感。爱需要表达，可以是用最真诚的语言表达你对亲人朋友的珍视，也可以是用实际的行动表达你到底有多么关爱他。爱一个人就应该去保护他，去关心他，去为他付出。

　　以爱的名义去付出、去给予是幸福的，这就像为了让孩子们获得更好的生活而努力工作的父母是快乐的一样：他们天天早出晚归辛勤工作，但是每当看到孩子们的笑容，那疲劳的感觉就会消失。春去秋来，几十年如一日在讲坛上耕耘的老师也是幸福的，他们用青春培养了一批又一批人才。为了帮助需要帮助的人，无数志愿者自愿到最贫困的地方，帮助当地人走出贫困和愚昧，他们也是幸福的。能给予者，即是富有者。有的人富有在于金钱，有的人富有在于关爱。能以一颗善良的心去关爱别人，能有人让自己关爱都是件幸福的事。

　　一个小男孩在贝特闪亮的新车旁走来走去，满脸美慕的神情。

　　小男孩抬起头问道："先生，这是你的车吗？"贝特说，"是啊，这是我哥哥给我的圣诞节礼物。"

　　小男孩说："哇！我希望自己也能当这样的哥哥。"

　　贝特很感动，邀请男孩坐着他的新车去兜风。小男孩惊喜万分地答应了，对贝特说："先生，能不能麻烦你把车开到我家前面？"贝特微微一笑，坐一辆大而漂亮的车子回家，在小朋友的面前是很神气的事。

　　"麻烦你停在前面的台阶那里，等我一下好吗？"小男孩跳下车，快步跑进屋内。他把患小儿麻痹症的弟弟抱了出来。他指着贝特的车子说："看见了吗？就像我在楼上跟你说的一样，很漂亮对不对？这是他哥哥送给他的圣诞礼物，他不用花一分钱！将来有一天我也要送给你一辆一模一样的车子。"

　　贝特的眼睛湿润了，他将小弟弟和他的哥哥都抱上车子，三人开始了一次令人难忘的假日之旅。

　　给予真的比接受更令人快乐。这个小哥哥把照顾比自己弱小的弟弟，当作一份快乐，一份责任。他对弟弟的关爱发自肺腑，他将照顾弟弟、让弟弟快乐当成以后的使命。成年人在现实的社会中历练久了，就慢慢会遗忘童年时期的美好故事。其实活得快乐的秘诀不是得到什么车子房子，而是有心愿有能力去为自己所关爱的人付出。

既然关爱一个人，为什么不表达出来呢？人生苦短，没有多少可以浪费。总觉得我们关爱的人会在那里一直等我们，这种想法会造成多少遗憾啊！如果我们爱自己的亲人朋友，就采取实际行动去关爱他们吧。通过我们炽热的语言，通过我们无微不至的行动，让他们真真切切地感受到这种强烈的爱意。在付出实际行动的过程中，在我们不断以爱的名义给予的过程中，我们会收获快乐和幸福。

从前有个国王，有一个让他钟爱到极点的儿子。无论这位年轻的王子有什么欲望或者要求，国王都会一一满足他。可是父王的钟爱与权力，虽然能使他得到一切向往的东西，他仍常常皱紧了眉头，从他脸上看不到一丝快乐。

有一天，一个大魔术师走进王宫，对国王说，他有办法使王子快乐。国王很高兴地说："假使能办到这件事，我可以答应你要求的任何赏赐。"

魔术师将王子领入一间私室中，用白色的东西在一张纸上涂了些笔画。他把那张纸交给王子，让王子走入一间暗室，然后燃起蜡烛，注视纸上呈现些什么。说完魔术师就走了。这位年轻的王子遵命而行。在烛光的映照下，他看见那些白色的字迹化作美丽的绿色，最后变成几个字："每天为别人付出一点爱心！"王子遵照了魔术师的劝告，并很快就成了王国里最快乐的少年。

国王满足了儿子所有欲望，却没有告诉他快乐的真谛。人人都在追求快乐，却不知道快乐原来就在自己身边。"每天为别人付出一点爱心"。当王子懂得关心爱护周围的人时，快乐就开始在他的心里生长。

向你身边的每个人献出你真诚的爱吧，你会发现自己成了播种爱、收获爱的天使。我们的付出给予，会让身边的每一个人觉得快乐。关爱别人的能力不分大小，只在乎心的真诚。

爱是打开人们心扉的钥匙，给予就是一种关爱，只有爱才会让人得到快乐。快乐和幸福时相互的，付出了关爱，我们会收获更多。

放开胸怀播撒爱的种子

爱与被爱是生活中最大的幸福。

———西德尼·史密斯

光明对于每一个人来说都是平等的。同样,真正的爱也是平等的、博大的,既然是关爱需要帮助的人,就应该执行彻底,而不应该被一些世俗限制住自己播撒爱的种子的脚步。

爱的种子应该恩赐给每一个人需要关爱的人。作为有血有肉的人,我们在面对一件难以处理的事情时首先想到的应该是更符合道德良心的做法。世界上有诸多的戒律,这些戒律往往也会阻碍人的进步发展。当站在这些戒律面前时,善良的人更应该放开胸怀,以关爱别人为出发点,播撒爱的种子。

1848 年,美国南部一个小镇上,一个年轻人被发现死在了自己的卧室。他被怀疑是自杀,因为他喜欢的姑娘前一天嫁给了另外一个男人。

这是可怕的,因为这是一个保守的基督教徒的城镇。对于基督教徒来说,自杀是不可饶恕的。风气保守的居民,会视他们全家为异教徒。

警长突然打破沉默开了口:"这是一起谋杀。如果你们谁都没看到死者的银挂表,那就一定是凶手拿走了,这是典型的谋财害命。"死者的亲人们号啕大哭起来,耻辱的十字架突然化成了亲情的悲痛,原来冷眼旁观的邻居们也开始走近他们,表达慰问和吊唁。

回到警察局后,警长从口袋里掏出了一块银表。年轻警察禁不住叫出声来："难道是？他肯定是自杀，你为什么硬要说是谋杀呢？"

"这样说了，他的亲人们就不用担心他灵魂的去向，他们可以像任何一个基督徒一样清清白白地生活。人的一生，比摩西十诫重要百倍，而一句因为仁慈而说出的谎言，只怕上帝也会装着没有听见。"

世界上最简单的一条哲理就是要善待他人。规矩是用来束缚不良行为的，而绝不应成为增添痛苦的枷锁。警长一句话就拯救了一个家庭，变通地去做有利于别人幸福生活的事，是一种心存仁爱的行为。

生活中的小小善行，对我们来说或许是举手之劳，却能给他人带来幸福和快乐，给自己留下良知的安宁，这是两全其美的事情。面对这样那样的限制，放开胸怀播撒爱的种子其实是一件简单的事情。其标准就是，我们是否在用真诚善良的心在善待他人，是否在为别人付出，是否在为别人创造幸福。

有一位守墓人一连好几年在每星期都收到一个不相识的妇人的来信，信里附着钞票，要他每周给她儿子的墓地放一束鲜花。有一天，他们见面了。

原来是一位上了年纪的妇人，她坐在车上，怀抱着一大束鲜花。医生说她快死了，所以她来亲手放一束鲜花。守墓人苦笑了一下，决定讲几句："夫人，这几年你常寄钱来买花，我总觉得可惜。鲜花搁在那儿，几天就干了。没人闻，没人看，太可惜了！我自己常去医院、孤儿院，那儿的人可喜欢花了。他们爱看花，爱闻花香。"

老夫人没有作声，她默默地祷告了一阵便走了。几个月后，这位老妇人又忽然来访，把守墓人惊得目瞪口呆，她这回是自己开车来的。"我把花都给那儿的人们了。"她友好地向守墓人微笑着说，"他们看到花可高兴了，这真叫我快活！我的病也好转了，医生不明白是怎么回事，可是我自己明白，我觉得自己活着还有些用处。我找到了活着的真正意义，并重新唤起了我对生命的热爱！"

　　一直因为儿子的逝去而悲伤的老妇人，她的心里只有一片阴暗和悲观。她沉浸在自己的悲伤之中，再也看不到别的任何存在。而实际上，能让她延长生命的方法，就是去为活着的人创造快乐，解除别人的痛苦，去为他人而付出。

　　我们生活在同一个美丽的世界，人与人之间总是相互联系的。在这个世界上，每一个需要帮助的人，都应该得到同情和怜悯。只要我们认定的是善的，是可以传播爱的事情，我们就可以去做。只有放开胸怀，把爱播撒，真诚地为他人着想，我们这个世界才会美好，才更值得留恋。

用真诚滋养爱的秧苗

　　一两重的真诚，相当于一吨重的聪明。

——大仲马

　　每个人都应该在心中播种善良的种子，因为这样才会有更多的人把善良的德行传承下去。每一个人都应该用真诚来滋养爱的秧苗，让希望得到爱的人感受到我们的真诚，让希望付出爱的人知道怎么去表达爱。

　　就像农作物需要灌溉施肥一样，爱的能力也需要滋养。每个人内心里都有关爱别人做善事的想法，但如果要让它付诸行动就需要有人来引导。爱的秧苗需要用真诚来灌溉，爱的秧苗需要人来扶植。

　　苏珊是个可爱的小女孩，可是她患了肿瘤，化疗让她失去了她美丽的长发。虽然她很爱学习很喜欢和同学相处，但是每天顶着一颗光秃秃的脑袋到学校去上课，对于一个六七岁的小女孩来说，无疑是非常残酷的事情。

　　老师非常理解苏珊的痛苦。在苏珊返校上课前，她热情而郑重地在班上宣布："从下星期一开始，我们要学习认识各种各样的帽子。所有的同学都要戴着自己最喜欢的帽子到学校来，越新奇越好！"星期一到了，苏珊第一次回到她所熟悉的教室，但是，她站在教室门口却迟迟没有进去，因为她戴了一顶帽子。

可是一进教室她就惊讶地发现，每一个同学都戴着帽子，和他们的五花八门的帽子比起来，她的那顶帽子显得那样普普通通，几乎没有引起任何人的注意。一下子，她觉得自己和别人没有什么两样了，没有什么东西可以妨碍她与伙伴们快乐地见面了。她轻松地笑了，笑得那样甜，笑得那样美。

老师不仅自己同情苏珊，还引导孩子们来关心自己的同学。这位老师懂得善与真诚都需要培养引导，她将关爱同学的教育自然地融入孩子们的生活中。小小的举动便让苏珊重新回到了和睦的教室，笑容重新出现在她的脸上。

只要播下了善良和爱的种子，日后必将绽放出绚烂的花朵。用真诚滋养爱的秧苗，去关爱我们的朋友，而不是仅仅停留在内心的想法上。一个真诚的赞美，便能把人从绝望中拉出来；一个甜美温暖的微笑，就能让悲观厌世的人们想起过去的美好；一个关怀的举动，甚至可以救人一命。用真诚善良的心去关爱他人，仅仅一个关爱的真实刹那，就足以改变一切。

1911 年诺贝尔和平奖的获得者阿尔弗雷德·弗里德是奥地利著名记者。少年时代因为家里比较贫穷，阿尔弗雷德决心摆一个小书摊为家里减轻负担。

有一天傍晚，正当阿尔弗雷德准备收拾东西回家吃晚饭的时候，四个孩子围了过来。他们掀翻了他的书摊并让他把钱交出来。幸好对面跑过来一个警察，年纪最小的那个孩子被抓住了。但阿尔弗雷德却并没有告状。

警察走后，那个孩子迷惑不解地问阿尔弗雷德："你为什么不报告警察？"阿尔弗雷德回答说："因为我看到你们的衣服很破旧，所以我知道你们抢钱肯定也是迫不得已。我也是穷人家的孩子，所以我才没有报告警察。"阿尔弗雷德诚恳地说。

阿尔弗雷德带着那个孩子吃了饭，又让他带着几张饼回去给他的朋友。阿尔弗雷德邀请他们第二天免费来看书。阿尔弗雷德总是尽力地帮助他们，后来他们成了很好的朋友。

善良是人的天性。阿尔弗雷德并没有因为其他孩子的恶意冒犯而失掉自己的爱心；相反，他用自己的真诚的善意感化了几个迷途的孩子。他用自己纯净正直的行为培养了四个正直的人，他的善良扩大了、生长了。

祝贺朋友的成功，真诚鼓励失意的朋友，安慰孤独悲伤的朋友，这些看似微不足道的举动，却能给别人带去力量。爱的秧苗需要慢慢滋养，只有真诚善良的心能做到这一点。

我们可以有意识地去传播爱的行为，去引导爱的行为，去呵护爱的行为。每一个人心中都有善念，如果都能激发出来，世界将发生巨大的变化。用善心去待人，用真诚去滋养关爱的秧苗，我们能给自己给别人带来快乐。

爱是成就完满人生的资本

拥有高贵和善良的灵魂，应该是幸福的。

——亨里克·显克微支

什么是完满的人生呢？也许有人会回答拥有车子房子钞票，锦衣玉食地度过一生，无灾无难就比较完满了。但是如果物质丰裕，精神上并不幸福，能算是完满的一生吗？也许会有人回答，家人健康，爱家人爱朋友就很完满了。但我们总归还是要回到现实中的，不能忽略生活在世间的物质成本。

其实答案很简单。我们的人生应该过得有意义，不仅应该追求事业成功为家人创造生活条件，而且应该追求精神的自由，良心的安宁。在物质的基础上，还能拥有高贵而善良的灵魂，这样才是完满的一生。善意能让冷冰冰的物质看起来比较有人情味。而爱，则是成就完满人生的必要资本之一。

一个晴朗的夏日午后，罗杰一边慢慢地向前走，一边认真地看着手里的书。今天，他用自己全部的积蓄买了这本渴望已久的书，他感到十分快乐。不一会儿，罗杰便走上了公路。公路边上一个盲人向罗杰请求："给我一些钱让我填填肚子吧。"但是罗杰一文钱也没给他。因为他已花光了所有的积蓄，罗杰因此感到十分难过。

很快，他看见一辆豪华的马车飞驰过来，上面坐着哈里和他母亲。盲人仍然站在路边，向来往的行人举着帽子。"我们给他一点钱吧！"哈里请求母亲。哈里拿过钱，使出吃奶的劲，把钱扔进了路边的树丛中。那个盲人可找不到这些钱。罗杰转身羡慕地看马车时，也看见了哈里扔钱的一幕。他正因不能帮助这个盲人而难过呢，于是赶忙跑过去，帮助盲人一分一分地把钱全部找到。这耽搁了罗杰很长时间，使他几乎错过了晚饭。

这段故事里，哈里和罗杰都有善良的心意去帮助这个盲人，可以说他们的出发点都是好的。然而哈里居高临下，使劲把钱扔到了树林中，这说明他的善并不是最纯粹的，也许带着一些怜悯，也许带着一些傲慢。而罗杰则用最朴实的行为演绎了什么叫作真正的仁慈和关爱。

牙齿比舌头坚硬，但当人年老后，往往牙齿掉光了舌头还在。石头比水坚硬，但水能慢慢将它的棱角磨平。物质像是坚硬的固体，爱和善意就像柔软的液体。对他人的关爱和善意，慢慢地在我们的心田满溢，有了真正的善良和高贵，我们才会拥有心灵的平静幸福。

我们将物质作为基础，以爱为指南针，寻找通向最完满人生的方向。

犹太人认为，提供帮助是"富人的责任"，获得帮助是"穷人的权利"。在长期流亡的艰苦岁月中，犹太富人往往自觉地替穷人掏腰包，接济贫穷在犹太人中成为一种社会习惯。哪怕是家无三餐的穷苦犹太人，也都保存着一个攒钱的小盒子，准备施舍给比他们更穷的人家。《塔木德》中这样记载："有钱是好事，但是知道如何使用更好。"

金钱和物质不能让人觉得生命圆满，在此基础上的心灵修为才更重要。善良的人们关心着需要帮助的人，而提供帮助也不仅仅是富人的责任。无论你是贫还是富，只要你能够帮助到别人，就不应该吝啬自己的爱心。

人的一生，十分短暂，值得纪念的事情并不多。但总要有一件事令人觉得此生无憾，那就是付出爱。因为有爱，所以幸福，因为有爱，所以觉得人生完满。

第七章

把学习当作一种习惯

知识是不会贬值的财富

在知识经济的新时代，知识就是财富，就是潜在的生产力。

——索罗斯

"你想成为什么，你便会成为什么。"这是法国存在主义哲学家萨特的一句名言，也是对许多人命运的注解。有人想成为有学识的人，他就会去学习深造，专心做研究；有人想做拥有财富的人，他就会去学金融学投资，在商场上披荆斩棘。人的想法决定了他的行动和心态，所以有些人让事情发生，有些人看着事情发生，有些人连发生了什么事情都不知道。

无论如何，想要掌握自己的命运，就要学习对自己有用的知识。学习知识能扩展我们的视野，知识是我们向现实挑战的武器。我们可以物质贫困，但精神上一定要富裕，要有强烈的学习知识的欲望。当我们所拥有的一切都消失的时候，只要头脑中的知识还在，我们就可以重新振作。财富越赚越多，知识也是越学习就越深厚，但有的时候财富会缩水会贬值，知识却永远存在，有知识的人就不会害怕也不会向现实屈服。

诺贝尔物理学奖获得者亨利·布拉格小时候家庭十分贫困，但他学习刻苦，凭借优秀的成绩被保送到威廉皇家学院读书。

布拉格穿得非常寒酸，脚上穿着爸爸的一双破皮鞋。在这里读书的都是富家子弟，同学们都非常讨厌他的穷酸相，甚至有坏孩子诬陷他偷了别人的东西，校长因此把他叫到了办公室。

校长非常严厉地问道："布拉格，你是不是拿了别人的东西？"布拉格心里明白是怎么回事，强忍着委屈把一封信交给了校长。校长打开信，只见上面写道："亲爱的儿子，很抱歉，让你穿着爸爸的鞋子去上学，我知道你会受到嘲笑。你是一个自强不息的好孩子，不要感到耻辱。等到你有了成就的那一天，你就会为曾穿过这样一双鞋子而感到骄傲和自豪的……"校长读完这封信，不由得深受感动并向他道了歉。

布拉格依旧穿着爸爸那双旧皮鞋，但是他学习比以前更加努力了，后来被保送到剑桥大学，在24岁时就当上了大学教授并成了举世闻名的物理学家。

相比于富贵子弟的时髦穿着，布拉格的衣着和破鞋子确实很寒酸，但在这寒酸的外表下，有着一颗自强不息的心。即使穿着破皮鞋被人鄙视，布拉格仍然努力学习，因为他知道只要有了知识就会有成就，一切也都会好起来。衣服鞋子有标价，但是布拉格所掌握的知识却是无价的。

有些人常常为自己贫寒的家境而自卑，但贫穷不是卑贱的理由，真正的高贵源于自强不息的灵魂。当我们无法改变家庭环境的时候，我们就可以通过自强不息的学习来改变自己的命运。

知识是一种财富，这在每一个行业都行得通。有许多人做生意积聚了庞大的财富，而这个累积财富的过程，不能简单理解为尔虞我诈，也不仅仅是金钱的加减法，更是一种学习知识运用智慧的过程。

越战期间，在好莱坞的募捐晚会上，拍卖师卡塞尔将一位美丽女士的吻拍卖了一美元，当好莱坞把这一美元寄往越南前线的时候，美国的各大报纸都进行了报道。

1972年，卡塞尔开发了美容啤酒和浴用啤酒，使奥格斯堡啤酒厂一夜之间成为全世界销量最大的啤酒厂。1990年，卡塞尔以德国政府顾问的身份主持拆除柏林墙。他使柏林墙的每一块砖都以收藏品的形式进入世界上200多万个家庭和公司，创造了城墙砖售价的世界之最。1998年，卡塞尔返回美国。他下飞机的时候，拉斯维加斯正上演一出拳击喜剧：泰森咬掉了霍利菲尔德的半只耳朵。出人意料的是，第二天，欧洲和美国的许多超市竟然出现了"霍氏耳朵"巧克力。这一次，卡塞尔天才的商业洞察力给他赢来年薪3000万美元的身价。

卡塞尔在休斯敦大学作演讲时，将自己的创业精髓用一句话做了概括：生意场上，无论买卖大小，卖的都是智慧。

做生意考验着一个人的眼光和胆魄，无论买卖大小，关键在于你的智慧，这才是长盛之本。这种智慧就是个人已拥有的知识能力。做生意的本钱可以有大小，但是始终不变的是运用其中的知识和智慧。

成功的方式由你自己把握。如果一个人非常有头脑，善于运用自己的各种知识，那么即使他起步的时候两手空空，他也可以发家致富。如果一个人有永远不变的学习力，那么他迟早也会出人头地。无论做什么都需要有丰富的知识做后盾，知识和智慧是一个人永不会贬值的财富。靠着知识和智慧，人们可以改变自己的命运，最终也将获得财富。

学习没有早晚的限制

学习这件事不在于有没有人教你，最重要的是在于你自己有没有觉悟和恒心。

——法布尔

学习是一辈子的事情，什么时候开始都不晚。热爱学习的人凭借着对知识的热爱，拼命找机会学习。他们废寝忘食地沉浸在学海中享受思考的乐趣。只要是他们感兴趣的，他们就会去学习。

学习只看个人态度，不看年龄的大小或者时间早晚。有的人很小就培养了阅读思考的习惯，通过自己勤奋的学习，可以超出同龄人很多。他们学习的热情谁也阻挡不了，只有他们自己才可以决定他们能学多少，这样的热情往往会造就出色的人才。

车尔尼雪夫斯基是俄国杰出的革命民主主义者，伟大的无产阶级革命作家，一生为真理而奔走呼号的战斗者。他除了写有著名长篇小说《怎么办？》以外，还著有许多有关社会、自然和文艺理论的论文。

7岁时的车尔尼雪夫斯基，对读书简直入了迷，他经常一面吃饭，一面看书。车尔尼雪夫斯基最喜欢俄国大诗人普希金和莱蒙托夫的诗，喜欢英国作家狄更斯和法国女作家乔治·桑的小说，还读了许多社会科学方面的书籍。由于他坚持不懈的努力，10岁时，就已赶上了15岁中学生的水平。

16岁时，车尔尼雪夫斯基已精通7种外国语，大量阅读了俄国民主主义者别林斯基和赫尔岑的文章。第二年，他中学毕业后，又考入彼得堡大学文史系。在大学读书的几年中，车尔尼雪夫斯基更加勤奋，读书常常是通宵达旦，被老师和同学戏谑地称为"伏尔加河边的读书迷"。这也正是他最终能成为著名文学家的根本原因。

书籍可以把我们引入一个神奇、美妙的世界，使我们的生活更加丰富多彩、乐趣无穷。爱学习的人必然是爱读书的人，他们在阅读的过程中接受了书中的知识，接受了书中的情感思维。车尔尼雪夫斯基的故事就充分地证明，只要有心就可以做到，学习没有什么早晚的限制。

学习是自己的事情，能学得如何其实最主要看自己有没有认真努力，有没有投入精力。如果是自己需要的、喜爱的东西，我们肯定会尽自己所能去获得这样物品。同样，如果是你想真心学习的知识，无论多么困难，你也会想办法去学习。环境的好坏不是决定你能否学习的主要因素，时间的早晚也决定不了，只要有心，我们就能做到。

卡尔·马克思出生于德国，德语是他的母语。青年时代，马克思由于政治原因被迫离开了祖国。他在比利时住过几年，然后他去法国。不久，他不得不再次迁移。1849年，他去到英国，并把伦敦作为他从事革命工作的基地。

马克思上学时曾经学习过一些法语和英语。他在中学时学过拉丁语。上大学后又根据语法书自学英语和意大利语。到了英国以后，他发现自己的英语极为有限。于是他开始努力学习，以提高英语水平。他进步很快，不久就开始用英语给美国一家报纸撰稿。

在这之后的岁月里，马克思继续学习英语、使用英语。当撰写巨著《法兰西内战》时，他已经能够熟练掌握英语了。

在19世纪70年代，马克思已经五十几岁了，他觉得研究俄国形势很重要，便开始学习俄语。一年以后，他就能够很好地阅读普希金、果戈理、谢德林等俄国作家的作品，能够阅读俄国官方的报告资料了。

卡尔·马克思学习目的明确，终生坚持不懈，因而他能学习很多外语，并能做到用外语写文章出书的地步。马克思这样努力学习，一方面是由于不断受到政治迫害而流亡他国，所以需要学习别人的语言；另一方面是由于对知识的热爱，他有着旺盛的求知欲，是内心的渴望促使他不断学习进步。

很多人都说：我已经是成年人了，工作很繁忙，实在没有时间学习。有人说，现在学习了也没什么用，学什么都晚了，还是教育下一代好好学习吧。实际上，想学习的人，不会管自己现在是什么样的环境或者有多大的年龄，他们知道只要去学肯定会有学成的那一天。

学习让我们快乐，学习是我们自己的事，是一辈子的事。为什么不让这种快乐一直保持下去呢？快乐地学习吧，不要管时间的早晚，更不要错过任何学习的好时机！

学习要讲方法

真正有才能的人会摸索出自己的道路。

——歌德

智慧是永恒的财富，它引导人们走向成功，而且永远也不会枯竭。聪明的人善于动脑筋，他们做事不盲目，总是想出最省力最有效的办法来。有的人看到问题，只会用自己习惯的方式去做，却从来不加以改善。实际上，只要认真去找，就一定能找到好办法。

学习要踏踏实实勤勤恳恳，这是说要保持认真的学习态度，但并不是说一定要用费劲的办法。如果能够深入思考问题，找出规律和方法，我们就可以学得更好更快。如果能找出正确的学习方法，我们也可以少做无用功。

从前有个小村庄，村里除了雨水没有任何水源。村里的人决定对外签订一份送水合同，有两个人接受了这份工作，一个叫艾德，一个叫比尔。

艾德立刻行动了起来。每日奔波于一里外的湖泊和村庄之间，用水桶运水回来倒在蓄水池中。他起早贪黑地工作，虽然工作艰苦，但是艾德很高兴，因为能够不断挣到钱。令他特别高兴的是比尔消失了，根本没有人和他竞争。

比尔干什么去了？他做了一份详细的商业计划书，找到了4位投资者，一起开了一家公司。6个月后，比尔带着一个施工队和一笔投资回到了村庄。花了整整一年的时间，比尔的施工队修建了一条从村庄通往湖泊的大容量的不锈钢管道。之后，比尔开始向全国的村庄推销快速、大容量、低成本并且卫生的送水系统，每送出一桶水他只赚1便士，但是每天他能送几十万桶水。

多年来，比尔和艾德的故事一直指引着人们。当人们学习或者工作的时候，都会问一下自己："我是在修管道还是在运水？""我是在拼命地工作还是在聪明地工作。"

聪明工作的人，想问题更长远。他们思维缜密，行动迅速，能从小的问题中看到大的机遇，善于掌握全局而不是细枝末节。

做人做事都要讲究方式方法，同样是工作，有些人只懂勤勤恳恳，循规蹈矩，终其一生成就不大；而有些人则懂得去努力寻找一种最佳的方法，在有限的条件中发挥聪明才智，将事情做到最完美。要想更快速地掌握知识且融会贯通，最终超越别人，就需要我们养成思考的习惯，并且学会根据思考掌握到办事的最佳方法。

18世纪末，英国人占领了澳洲，并决定将罪犯发配到澳洲开垦土地。私人船主承担了运送犯人的工作，政府以上船的人数为依据付给船主费用。

船主为了牟取暴利，尽可能多装犯人，一旦船离了岸，船主按人数拿到了钱，就对这些犯人的死活不闻不问了。船上犯人的死亡率高达 12%。

英国政府开始想办法改善这种状况。他们在每艘船上派一名官员监督，再派一名医生负责医疗，并对犯人的生活标准做了硬性规定，但情况没有多大改善。

一位英国议员想到了根本问题——以澳洲上岸的人数为准计算报酬。政府采纳了他的建议。难题迎刃而解，船主们积极聘请医生跟船，在船上准备药品，改善生活，尽可能让每一个犯人都健康地抵达澳洲。因为在船上死掉一个人就意味着减少一份收入。一段时间以后，英国政府又做了一个调查：自从实行以上岸计数的办法后，犯人的死亡率降到了 1% 以下。

解决问题的方法，总会有很多种，哪一种最为有效呢？最好的方法往往是最简单的方法。配置医生和监督官不仅浪费人力和物力，也让政府和船主成为对立面，而巨大的利益往往可以驱使人们做任何事，政府在阻碍船主们的利益，因此船主们明里暗里都在抵抗，犯人的死亡率并没有下降多少。找到切入点，船主们运犯人是为了钱，苛待犯人也是为了钱，那么如果善待犯人可以得到钱呢？以在澳洲上岸人数来付酬劳，就是抓住了船主受利益驱使的本质。

成功者之所以成功，是因为他们找到了最好的方法。将好的方法作为我们学习的工具，我们可以用最少的时间记忆最多的知识，以最轻松的方式达到最佳的学习效果。

学习没有捷径可以走

幸福只在辛勤的劳动和晶莹的汗水中。

——罗素

有的人看起来才华横溢，他们既拥有令人艳羡的人格魅力，也拥有令人钦慕不已的智慧，但最终却并没有成功。如果仔细审视这些人，会发现他们之所以无法成功，是因为一个共同的原因——虽天赋过人却缺乏勤奋的精神。与之相反，那些当初看起来平凡又没有特色的人，却能通过踏实勤奋来弥补自己先天的不足，坚持不懈地一点点进步，最终成就了辉煌的人生。

没有天赋、没有灵巧的脑子并不可怕，可怕的是缺少勤奋的精神，总觉得学习有捷径可以走。唯有勤劳才是永不枯竭的源泉，勤奋能让普通的人慢慢绽放出光华。

达·芬奇从小就表现出了绘画天赋。父亲将达·芬奇送往佛罗伦萨，师从著名的艺术家佛罗基奥，开始系统地学习绘画。

可在达·芬奇刚刚来到画坊的时候，老师佛罗基奥就只拿来一个鸡蛋让他天天画。达·芬奇问老师："老师，您天天让我画鸡蛋，这不是太简单了吗？"老师严肃地说："你以为画鸡蛋很容易，这就错了。要知道，在一千个鸡蛋中，没有形状完全相同的，每个鸡蛋从不同的角度去看，形状也不一样。我让你画鸡蛋，就是要训练你的眼力和耐心，使你能看得准确，画得熟练。"

达·芬奇听从了老师的话，开始用心画鸡蛋。他发现，即使是同一个蛋，由于观察角度不同、光线不同，它的形状也不一样。达·芬奇恍然大悟，原来老师是为了培养他观察事物和把握形象的能力。他画了一张又一张的鸡蛋素描，练就了绘画的基本功，并发现了明暗渐进画法。他废寝忘食地训练，夜以继日地工作，学习各类艺术与科学知识，为他以后在绘画和其他方面取得巨大成就打下了坚实的基础。

文艺复兴时期的巨人达·芬奇是才华横溢的天才，他不仅是画家还是科学家，他用自己的刻苦努力和勤奋工作书写了一个伟人的传奇。《蒙娜丽莎》的微笑，让他的英名不朽史册；《最后的晚餐》的烛光，照耀着他的辉煌成就。可如果没有刻苦的练习，又怎么会有日后的巧夺天工呢？无论一个人的资质有多么优秀，要想获得成功，他都必须付出努力。

即使是一只简单的鸡蛋，也需要不断地观察练习。正是这样勤奋刻苦，才练就了达·芬奇高超的画笔。我们的学习也是一样，没有付出就没有收获。学习没有捷径可以走，我们不能抱着侥幸的心理去做自以为省力的事。把每一个阶段都建筑得结结实实的，才能放心大胆地进行下一步学习。

美国作家海明威每天早晨6点半便聚精会神地站着写作，一直写到中午12点半，偶尔延长两小时。

他写作态度极其严肃，十分重视作品的修改。他每天开始写作时，先把前一天写的读一遍，写到哪里就改到哪里。全书写完后又从头到尾改一遍；草稿请人家打字誊清后又改一遍；最后清样出来再改一遍。他认为这样三次大修改是写好一本书的必要条件。他的长篇小说《永别了，武器》初稿写了6个月，修改又花了5个月，清样出来后还在改，最后一页一共改了39次才满意。《丧钟为谁而鸣》的创作花了17个月，脱稿后天天都在修改，清样出来后，他连续修改了96个小时。

海明威精益求精、严谨认真的做事风格非常值得我们学习。

即使是成名的作家，也不会对自己的作品轻忽。他们废寝忘食地写，殚精竭虑地修改，不到最完美绝对不停笔。他们勤奋刻苦的工作态度，从他们精彩的作品就可以反映出来。

与作家写作一样，学习也应该是一件需要持之以恒、不断付出努力的事情。没有什么是可以轻易得到的，知识的获得需要我们付出时间和精力。我们需要不断地去阅读思考，需要将理论付诸实践，需要毅力和恒心，一旦开始学习就不能半途而废。要时刻谨记，学习需要汗水来浇灌培育，它没有任何捷径可以走。

自学是一种生存技能

因为要得到知识，就必须不断地自修。

——加里宁

当我们走出校门后，再想获得知识就必须依靠自学了。仅仅凭借在学校里学得的知识并不足以应付社会的需求。在这个弱肉强食、优胜劣汰的时代，我们必须不断地使自己变强大，变得更有知识更有能力，而这一切只能通过自学完成。

懂得自学的人，是能够完全掌握自己命运的人。他们知道自己怎么做才不会被淘汰，他们知道自己需要什么，并会不断地改进自己的不足。他们不断地强迫自己大量吸收知识信息，每天都在储备自身能力资源。这样的人，时刻准备着接受挑战，而他们不断增强的能力也可以超越挑战。

纽约的一家公司被一家法国公司兼并了，公司新的总裁宣布："这个月底我们将进行一次法语考试，考试不及格者将被开除。"散会后，几乎所有人都拥向了图书馆。

只有一位员工直接回家了，同事们都认为他已经准备放弃这份工作了。然而令人意想不到的是，月底考试这个人是最高分。

原来这位员工看到公司的法国客户有很多，但自己不会法语，每次与客户的往来邮件与合同文本都要公司的翻译帮忙，十分阻碍工作进展。因此，他早早就开始自学法语了。同时，为了能把公司产品的技术特点介绍得更详细，他还向技术部和产品开发部的同事们学习相关的技术知识。

这些准备都是需要时间的，他是如何解决学习与工作之间的矛盾的呢？就像他自己所说的一样："只要每天记住10个法语单词，一年下来我就会 3600 多个单词了。同样，我只要每天学会一个技术方面的小问题，用不了多长时间，我就能掌握大量的技术了。"

自学不仅是补充自己的知识能力，更是给自己增加生存技能，多学一点便多了一点保障。机遇总是青睐有准备的人，这样勤奋努力的年轻人自然应该得到奖赏。

自学也能让我们的生命变得更加充实。很多人在完成固定的学习工作任务之后，便想着休息娱乐，长久过着安逸的日子难免会觉得生活缺少意义。聪明的人，会找到自己需要学习的一门知识，将闲暇时间利用起来做能让自己有收获的事。当我们自学的时候，我们会因为没有虚度光阴而感到快乐，快乐的学习不仅让我们收获知识，也会让我们得到意想不到的回报。

一个女孩因为医疗事故导致胸部以下失去知觉，瘫痪了。她想，这一生就算完了，于是就整天看些"闲书"来打发时光。

一天，来为她做针灸的大夫在离开时对她说："你既然能看这些闲书，那干吗不去自学落下的功课呢？这个世界没有没用的人，只有不努力的人。"她猛然警醒过来，非常后悔。

从此，她开始了病床上的自学之路。她用 5 年的时间自学完成了初中、高中的全部课程，又参加了英语自考辅导班。4 年后，她又在没有初中和高中毕业证的情况下，获得了一个全国的英语专科自考毕业证。再后来，她又先后获得了自考的本科学历证和在职硕士进修班的毕业证。令所有人都感到惊讶的是，她竟然还拿到了第四个学位证——博士证。现在，她凭借自己丰富的专业知识和惊人的毅力，已经在工作岗位上取得了非凡的成绩。她终于实现了自己的梦想，通过自学成为一个有用的人，甚至是一个成功的人。

生命的长度有限，厚度却不可测量。当这个女孩觉得自己这一辈子就完了的时候，她只能用闲书来打发过多的时间。而当她一旦找到自己生命的意义的时候，立即开始了自学的旅程。不间断的自学对于一个残疾人来说是很困难的，但是通过自学获得了与他人同等的知识这件事，却让女孩快乐无比。通过自学，她找到了自己生命的意义。

世上没有什么事是不可能的，关键看你敢不敢想并坚持做下去。我们每个人身上都有无限的潜能，只是看我们愿不愿意将这些潜能挖掘出来。

想要成为什么样的人，就努力去塑造自己，不断地学习进步就是塑造自己的过程。我们的生命属于自己，不断自学不断进步，我们就能成为自己命运的决定者。不断地自学，不断地充实自己，也必将成为我们生存的一种技能，帮助我们迎接环境改变带来的挑战。

要学会提出问题

问题是接生婆，它能帮助新思想诞生。

——苏格拉底

能够发现问题并提出问题，我们才会有进步的可能性。对未知的事物有强烈好奇心的人，会经常问为什么、是什么、怎么样？正是这样的好奇心，促使他们去学习知识，探究秘密甚至动手做实验论证。这种喜欢提问题的学习精神，能让人不断地拓展视野、增长知识。

喜欢提问题的人，是不满足于标准答案的人。如果得到的答案并不能让他满意，他就一定要弄个明明白白不可。这样的人不仅能够促进自身的进步，还会带动整个环境的进步。

一个阳光明媚的春天，达尔文来到花园里，看着黄色和白色的报春花，问爸爸："爸爸，报春花只有黄色和白色两种吗？"

"是的。"爸爸的回答十分肯定。

"要是红的、黄的、蓝的、白的都有，该多好啊！"

"孩子，那是不可能的。花的颜色是大自然赐予的，我们不能想让它是什么颜色就是什么颜色。"

达尔文心想：我一定要想办法改变花的颜色，我要变出一朵红色的报春花让爸爸瞧瞧。过了几天，达尔文手里拿着一束红色的报春花气喘吁吁地跑去找爸爸。

爸爸很吃惊，要知道，就是整个英国也找不出红色报春花啊！他问达尔文是怎么得到的。"这很简单，昨天下午我去花园里折了一束白色的报春花，插在红墨水瓶里，今天早上它就变成红色的了。"

达尔文自信地说："爸爸，这不是大自然赐予的，是我让它改变颜色的。"

爸爸自豪地说："我的花园里又多了一种新的报春花，我们英国又多了一种红色的报春花！儿子，你真伟大！"

小达尔文没有因为得到了父亲的答案就止步不前，而是亲手去验证，进行创新研究。达尔文小的时候就相信只要改变条件，便可以创造出新的品种。善于提出问题并想办法解决问题的这种精神，让达尔文成为一个严谨好学的人，后来在生物学上做出了巨大的成绩。

提出问题就是在进行思考，能够灵活地进行思考对一个人的成功是很有帮助的。能够提出一个问题比只按已知方法解决问题更重要。保持这种思想，就会对学习保持新鲜感，保持强烈的好奇心。这样才能不断地提出问题，并在解决这些问题的同时逐渐迈向人生的高峰。

人要想有所成就，就必须尽可能多地学习各方面的知识。在广泛猎获知识的基础上，我们要进行梳理归纳，形成合理体系。这就需要我们在思考问题时，更快更好地提出问题。保持这种求知欲，我们就能透过事物表象找到本质。

他是一位咖啡爱好者，立志将来要开一家咖啡馆。闲暇时间，他到处喝咖啡。除了品尝不同的咖啡之外，也看看咖啡馆的装潢。有一次，他约一位朋友喝咖啡。很不巧，他对那家咖啡馆似乎没有什么好感。朋友问他："怎么样？"他回答："没什么！"

另外，有一位对蛋糕有兴趣的女孩，从前她也常说"没什么"！后来她开始学做蛋糕。刚开始学习的那段日子，她还是无论什么蛋糕，都会评价："没什么！"过了半年，当她从"蛋糕初学班"结业之后，态度有了180度大转变。无论在哪里，品尝过谁做的蛋糕，她都很认真地研究里面的配方，用什么材料、多少比例、烘焙的步骤。如果做蛋糕的师傅在场，她还会很好奇地向对方讨教、研究成功的关键技巧。

朋友笑着对她说："你变了。从前是说：'没什么！'现在是问：'有什么？'""没错，没错，其实每一件事情一定都'有什么'，差别只在于你有没有观察到它'有什么'而已。"

"没什么"就是完全否定了别人的优点，只是在盲目地自骄自大而已。只有改正这种"没什么"的方式，多问"为什么"和"怎么样"，我们才能学习到别人的优势。不是漫无目的地挑剔，而是认真严谨地学习，这对于我们自身的进步会有很大帮助。

带着问题去学习，多多提出问题。这样，我们就能学得清楚明白而且基础扎实。学会提出问题，学会探索真理，我们会在学习的过程中获得更多的乐趣。

养成每天阅读的好习惯

应该去读那些伟人的，或已被事实证明是好书的名著。

——叔本华

书籍是人们最好的伴侣。读书可以开阔人的心胸，涤荡人的灵魂；

读书可以拓宽人的思路，开阔人的视野；读书可以增长人的智慧和才干；读书可以陶冶人的情操，提高人的自身修养和气质。

读书，是滋润心灵、完善自我的唯一途径。滋润心灵的精神食粮，永远不会嫌多。一旦我们开始阅读，开始感受到读书的乐趣，我们就不会停止这一项爱好了。读好书，就像获得了良师益友，书带着我们了解更宽广的世界，书带着我们进行自身的人格修养。养成每天读书的好习惯，我们将受益一生。

富兰克林小时候很贪玩，不喜欢学习。虽然家里经济条件不好，但父母还是为他买了许多书并放在显眼的位置。

有一天，富兰克林问妈妈："妈妈，你能告诉我埃及金字塔是怎么一回事吗？我一个伙伴在考我。"

母亲就给他讲解起来："这个埃及金字塔其实就是埃及法老的坟墓，但是它的样子很奇特……"母亲把关于金字塔的各种知识都仔仔细细地告诉了富兰克林。

富兰克林听得很入神，心里想："原来世界上还有这么有趣的东西啊！我以前怎么不知道呢？"他对母亲说："妈妈，你怎么什么都知道啊？"

"孩子，不是妈妈什么都知道，妈妈也是从书上看来的。书上知识很丰富，也很有趣。只要你去看，你就会跟妈妈懂得一样多甚至更多。"

"好的，妈妈，我知道了。以后我一定会好好看书，把这些知识都学到我的脑子里去。"富兰克林高兴地回答。

从此，富兰克林就对书籍有了兴趣，经常拿着书籍翻阅，津津有味地学习里面的内容。

富兰克林听了妈妈的话，知道了读书会给人带来知识，书里面会有很多的乐趣，因而开始津津有味地读起书来。正是因为对阅读产生了兴趣，所以富兰克林才会在以后的成长过程中，寻找一切机会学习。

他每天都做大量的阅读，凡是能找到的书，他都会如饥似渴地读下去。这样良好的阅读习惯，让富兰克林成了一个博学多识的人，他不仅自己爱读书，还设法帮助需要读书的人。他建立了共读会，在成名后设法募捐建设了图书馆，希望有更多的人都养成每天阅读的习惯。

每天读一点好书，我们的一天就显得格外有意义。每天阅读对于我们来说并不是一件难事，或者一两个小时或者十几分钟，只要进行了阅读都会有收获。

莱拉和温妮都有同样的梦想，就是做电视节目主持人。温妮家庭富裕，她口才上佳，每次聊天都能打动别人的心扉。但是温妮既不学习主持演讲，也不读书。她总是说，只要给我一次机会我一定会成为著名的主持人。

莱拉没有这样优秀的条件。刚毕业的时候，没有人愿意接受这样一个没有经验的年轻女孩。但是莱拉从未放弃，她白天工作，晚上就专心阅读。她阅读哲学，了解柏拉图、亚里士多德；她阅读文学，莎士比亚的悲剧喜剧都是她的最爱；她阅读名人传记，从这些了不起的人身上获得力量。更多的时候，她会阅读与主持演讲有关的书籍。

后来莱拉获得了一个小机会，在离纽约很远的一个小地方做电视台天气预报员。

莱拉抓住了这次机会，在这里她工作十分努力，人们渐渐也认识到了她的才华。两年后，莱拉成为一个更大的电视节目的主持，在这个节目里她丰富的知识修养受到大家的追捧和喜爱，终于她实现了自己的梦想。

家庭背景不能由自己选择，但是成功却由自己创造。正是不间断的阅读积累，使得莱拉积累了坚实的知识基础。在每天的阅读中，莱拉成就了自己。

只要每天坚持读一点，一点一滴聚集起来，就能汇成浩瀚的汪洋。有人算过这样一笔账：一个人如果每天临睡前挤出15分钟看书，如果一分钟看 300 字，那么 15 分钟就是 4500 字。一个月就可以读 126 万字。平均下来，一年至少可以阅读 20 本书。珍惜时间，留一点时间来阅读，就是留一点时间来提高自己。

很多人抱怨自己没有时间来阅读，抱怨学习环境太差，其实这都是些很拙劣的借口。因为只要心宁静了，只要想阅读，那么总会有办法的。

一个有意义的人生与一个空虚的人生之间的差距其实很小。如果不想虚度人生，想要生活得有意义一些，就应该每天分出一点时间来阅读。阅读能让我们不断进步，让我们保持充沛的精力，让我们拥有健康的活力，也能让我们拥有更充实、更自信的自我。因此，请及早养成阅读的习惯吧，唯有不断阅读，才能保证我们的精神之源永不枯竭。

要维持稳定不变的学习力

人可以没有学历，但不能没有学习力。

——佚名

学习应该有持久的热情，不是今天心血来潮就拼命学习到深夜，坚持个两三天又停止了。想学习，就不会因为外界变化而中断。学习应该专注，将所有精神和思想投入进去，享受学习知识的快乐。在思考问题的过程中，若能专注地进行，将会碰撞出不少灵感的火花。

真正爱学习的人，他们会想一切办法来学习。无论自己身处什么环境，无论情况有多么艰难，他们都会持之以恒。他们在与外界对抗从而获得学习机会的过程中，完全享受到了学习的快乐。

有一次，罗丹和他的一位奥地利朋友一起来到罗丹的工作室。这里是罗丹一生不断地追求与劳作的地方。罗丹在一个台架前停下。"这是我的近作。"他说着，把湿布揭开，现出一座女王身像。

"这个已经完工了吧？"朋友说道。罗丹退后一步，仔细看着。在审视片刻之后，他低语了一句："肩上的线条还是太粗。对不起……"他拿起刮刀、木刀片轻轻滑过软和的黏土，给肌肉一种更柔美的光泽。他健壮的手动起来了，他的眼睛闪耀着。"还有那里……还有那里……"他又修改了一下。他把台架转过来，含糊地吐着奇异的喉音。他的时而高兴得眼睛发亮，时而苦恼地蹙着双眉。他捏好小块的黏土，粘在雕像身上，再刮开一些。

罗丹已经完全融入自己的雕塑世界，外界的一切好像已经对他失去了任何意义。这样过了半个小时，一小个时……他没有再向他的奥地利朋友说过一句话。他忘掉了一切，除了他要创造的更崇高的形体的意象。

对于罗丹来说，创作艺术的过程是最高的享受，他陷入了对工作的迷恋中，以至于忘记了朋友。这种不变的热情，让他对创作始终保持旺盛的生命力。罗丹先生正是出于对自己工作的热爱、完全的投入以及一种对自己负责的使命感，才会成为雕塑史上的一座高峰。

学习也同样要专注热情，要有恒心毅力。不管什么不如意，也不能阻止一颗想学习的心。不断地勤奋努力，全身心地投入，相信每个人都能做出成绩。热情就是不变的学习力，在这种学习力的支配下，我们的学习效率和成绩就会得到快速提高。

1979 年诺贝尔奖得主，英国化学家布朗小时候在一所黑人学校读书。可是这所学校教室昏暗，环境脏乱，傲慢的白人老师不肯按时来上课。这一切都不能阻止布朗求学的决心，他学习非常勤奋。布朗回到家里还要自学，家里舍不得晚上开灯，他就到光线很暗的路灯下学习。久而久之，大家都知道有一个 13 岁左右的小孩子风雨无阻地每天晚上在路灯下看书，雨雪的时候撑把伞，寒冷的时候加件衣服。

一次父亲很心疼地问他："布朗，你觉得自己辛苦吗？"布朗摇摇头说："只要能读书，能上学，再苦再累都值得。"后来，布朗看了一本《普通化学》，迷上了神秘奇妙的化学。他选择了"定性分析化学"和"定量分析化学"两门课，不久他就考上了芝加哥大学并获得了奖学金，而且以插班生的身份直接进入三年级学习。布朗毕业后留校担任化学老师，开始了他的研究生涯。最终，他凭借自己的努力获得了诺贝尔奖，实现了人生的辉煌。

布朗之所以能取得最终的成就，就在于他对学习的一种热爱与执着。恶劣的环境并没有阻挡布朗的好学精神。即使教室脏乱，即使老师上课不按时，他还是保留了勤奋的学习习惯。这种永不改变的学习热情使他插上了梦想的翅膀，从此创造了他人生的辉煌。

在竞争如此激烈的年代，只有不断地学习才能让我们不落后。不断学习进步，才能在这样残酷的社会里，安全地生存和发展。热爱学习，执着于学习，让积极学习成为我们日常生活中的一种习惯。这种不变的学习力，将改变我们的一切并成为我们的生活方式。永不间断地学习，我们才能明白知识的甜蜜，才能掌握生存的技能，才能让我们体验到人生的意义。

永远保持向上的进取心

进取心是一种极为难得的美德，它能驱使一个人在不被吩咐应该去做什么事之前，就能主动地去做应该做的事。

——拿破仑·希尔

天空是无限广阔的，没有人可以限制你的心飞多高；大海是无限广阔的，没有人可以限制你的梦想有多大；宇宙是无限广阔的，没有人可以限制你的脚步可以走多远。永远保持向上的进取心，我们的未来就会有无限的可能性。

就像渴望阳光雨露的树苗一样，有进取心的人总是将枝叶舒展开来向着自己的理想。他们没有空谈自己会有多么大的成就，只是相信只要付出比别人多出几倍的努力，就能成功。永远向上的进取心，让他们的心充满澎湃的血液。他们拼命地吸收知识，他们不会以工作为苦，因为此时他们已经把这些当作走向自己梦想的必然一步。

拿破仑·希尔曾经聘用了一名助手。当时，她的工作是听拿破仑·希尔口述，记录信的内容。她的薪水和其他从事相类似工作的人相同。有一天，拿破仑·希尔口述了一句格言，并要求她用打字机把它打下来："记住：你唯一的限制就是你自己脑海中所设立的那个限制。"当她把打好的纸交给拿破仑·希尔时，她说："你的格言使我获得了一个想法，对你我都很有价值。"

这个女孩从这一天开始，每天在用完晚餐后回到办公室后，都会从事不是她分内而且也没有报酬的工作。她开始把写好的回信送到拿破仑·希尔的办公桌上。这些信回复得跟拿破仑·希尔自己所能写的完全一样，有时甚至更好。拿破仑·希尔的秘书辞职后，她主动地接手了这项职位。她的办事效率太高了，她的薪水也已是当初一名普通速记员薪水的4倍。她变得对拿破仑·希尔十分重要。

如果没有听到拿破仑·希尔说："记住：你唯一的限制就是你自己在脑海中所设立的那个限制。"恐怕这个女孩还是和其他人一样的平庸。她知道了只要自己敢想、努力去做，她的未来就没有限制。这就是进取心。正是进取心使得她愿意承担分外的工作，让她把每一件小事做完美，不断提高自己的工作效率。永远向上的进取心，使她脱颖而出，名利双收。

永远向上的进取心，会使人主动求进步，向更高的目标奋进。这种进取心会让人不断努力去获取更好的东西，促使他们向着更好的方向去努力。进取心就是推动一个人获得成功的伟大动力，一旦将这种进取心用来主宰一个人全部的思想和行动，那么在这种进取心的推动下，理想就很容易变为现实。

"你以为我做了司机便满足了吗？我的心愿是做铁路公司的总经理。"说这句话的青年在当时还没有做到司机这个职位。他在铁路上工作了两年之后，还只是在一辆三等火车上做一个加煤炭的工人，月薪 40 美元。

一天，一个老工人对他说："你现在做了添加煤炭的工人，就以为自己是发财了吗？但是我老实告诉你吧！你现在这个位置要再做四五年，然后才会升为大约月薪 100 美元的司机；如果你幸运到不被开除的话，就可以一生安然地做司机。"在听了老工人的话后，他说了故事开始时的话。

这个青年便是弗里兰。他所说的话，后来真的实现了，他一步一步地努力，后来做到了大都会电车公司的总经理。

如果弗里兰对一个月 40 美元的工作沾沾自喜，那么世界上也不会出现一个了不起的大都会总经理。每个人都应该对自己的人生充满理想，充满强烈的进取心，只要我们足够勤奋努力，我们就值得拥有更多的酬劳及更高的地位。如果我们对自己要求很低，对物质和精神的需求都很低，我们就会因为太容易满足而失去向上的力量，渐渐就会产生厌倦和懈怠的感觉。我们也会因此变得浑浑噩噩，因而也就谈不上什么施展才能、创造成绩了。

最可怕的是，许多有雄心壮志的年轻人在被现实打击后，在屡屡遭受失败挫折后，就不再敢梦想什么了。他们仿佛在温水里游泳的青蛙，不知道自己的命运将是什么，还在乐滋滋地说"我现在过得挺不错的"。多少人就这样慢慢从有才华有激情的青年变成平庸无奇的中年人，这样没有进取心的人，永远也不会有缘与成功相见。

一个人要想成功，就要保持永远向上的进取心。无论你现在在什么地方，无论你正在从事什么工作，都应该永葆进取心。做得好一点再好一点，站得高些再高些，不达到梦想的最高点就绝不回头。敢于追求卓越，敢于向上攀登，这种强烈的进取心，永远是一个成功者的必要品质。

要做好终生学习的准备

勤劳一日，可得一夜安眠，勤学一生，可得幸福长眠。

——达·芬奇

一天不读书就会令人觉得言语乏味，一段时间不学习，我们的精神内涵就得不到补充。学习不是为了应付学校或者工作的需求，而是为了增进个人的学识修养，为了个人的精神愉悦。

爱学习的人，任何时候也不会满足。越是学习，越能感觉到知识的浩瀚无边，越是能深刻地感觉到不满足。学习能带给你快乐，能让我们的生活变得异常充实。能够感受到学习的重要性的人，就会做好终生学习的准备。

在离德国科隆不远的西比希城，约翰娜·玛克司夫人可是个响当当的人物。早在 1994 年，当时 70 高龄的她，经过长达 6 年的刻苦攻读完成了学业，就以优异的成绩获得了科隆大学的教育学硕士文凭。在 2003 年，79 岁的玛克司夫人完成了长达 200 页的博士论文，论文的题目是："如何度过晚年——学习使老人永远充满活力"。最后她被科隆大学授予教育学博士学位。小城的市民们，无不对这位孜孜不倦的老人赞叹不已，由此她还当选为该城"最伟大女性"。

玛克司夫人是个活跃开朗的女士。退休之后，她先是上了一个法语班，又在 65 岁的时候报考了科隆大学老年大学生。玛克司夫人的成绩在班上遥遥领先，她常和同学一起参加体育运动，在入学第三年就学会了电脑操作还积满了学分。

孜孜不倦地学习，让玛克司夫人晚年生活异常充实和快乐，在博士论文中她强调，每个人都会变老，这是不可避免的自然规律，但如何度过晚年却可以由自己决定。

退休的生活，可以过得十分闲适，喝喝茶聊聊天，一天就轻松地过去了。辛苦了一辈子了，难道还不应该享受一下吗？很多人都有这样的想法，因而在退休之后将时间大多数用来休息。玛克司夫人却不这么想，她孜孜不倦地学习，用读书来充实自己的生活，并给自己的老年生活定下了奋斗的目标。

学无止境，学习应该是贯穿在我们整个人生过程之中。不要说什么现在工作繁忙没有时间学习、现在已经不再年轻了、学习也没有用等，这些都是借口。人要活得有意义就要不断地进步，而想要不断进步，就要坚持不断地学习。将学习的习惯带到工作之中，带到生活之中，只要是有空闲时间，我们就可以进行精神的短暂休憩。

我们不能因为自己已经学得了不错的知识，就开始满足起来。即使我们结束这一个阶段的学习，下一个更广阔的世界还在等待我们，还有无穷无尽的知识等待我们去发掘。

学生们要毕业了，今天是最后一节课。鲍勃教授进入教室，奇怪的是他没有带书而是拿着一只装满了石头的桶。鲍勃教授微笑着问学生："这个桶装满了吗？"

学生认真地回答："是的，桶子再也装不下任何一颗石头了。"

教授笑了笑，又拿出一些小石头，撒了下去，小石头很快落到了桶底。鲍勃教授又问："现在满了吗？"

学生们大声回答："满了满了，装不下了。"

这次鲍勃教授抓起一把沙子，只见沙子又从小石头的缝隙间流向桶底。最后，水桶中装满了大、小石头以及沙子，一点缝隙都没有了。

鲍勃教授再问："现在满了吗？"

学生们面面相觑，但很快有人回答："真的满了，装不了东西了。"

教授摇头不语，伸手拿过水杯，将水倒了进去，水瞬间被吸收了，一滴也没有流出桶外。学生们都沉默了，若有所悟。

鲍勃教授说："这就是我给你们上的最后一节课，也是最重要的一节课。学习没有止境，任何时候都不要满足，你们要做好终生学习的准备。"

很多人会让自己陷于挫折逆境的一个重要原因，正是由于学习得不够。仅仅凭借已学得的浅薄的学识和经验，就洋洋得意地以为自己什么都会做什么都能做，肯定会遇上挫折。学习到什么程度才算足够呢？永远也不会足够。

知识是无限浩瀚的，你的态度决定了你的视野。当你觉得已经足够的时候，你能看到的世界也停止向外开拓。当你觉得学习永远不够的时候，自然会有无限精彩的未来等待着你。终生学习，终生求进步，这一辈子才不会虚度。

第八章

太忠于感觉，就难以好好思考

会思考的大脑比金钱更重要

人生如下棋，深谋远虑者获胜。

——巴克斯顿

好的做事方法能为我们省出很多时间和金钱，好的头脑比千万资金更为重要。因为会思考的人总能想出最巧妙的办法，用最低的成本来创造最高的利润。

人类之所以进步，就是因为人们善于思考，善于总结经验。同样的起点，有的人能获得超出常人的财富，正是因为他们更善于思考计算。与其用笨方法费几倍的力气去做事，不如想出一个最有效的办法，最出奇制胜的方法。犹太人说自己唯一能带走的就是大脑中的智慧，智慧的头脑比钻石珠宝更能让他们有安全感。的确，如果有一颗会思考的大脑，财富自然也会源源不断地聚来。

美国船王丹尼尔·洛维格能够赚得数十亿美元的资产，是因为他善于思考，善于想办法。

洛维格年轻时，千方百计地见到了大通银行的总裁。洛维格向银行申请贷款买船，他将还没买下的船租给了一家石油公司，他提议将石油公司每月付的租金分期还跟银行借的贷款，由银行拿着租契。虽然许多银行都觉得荒唐可笑，但大通银行的总裁却认为那家石油公司的信用是可靠的，这种方法行得通。

洛维格终于贷到了第一笔款。他用买下来的船做抵押，又借了另一笔款再买了一艘船。每当一笔贷款付清后，他就成了这条船的主人，租金也开始进入自己的腰包。

洛维格后来又构思出了更加绝妙的借贷方式。他设计一艘船，在还处在图纸阶段时，他就找好一位雇主，答应在船完工后把船租给他。然后洛维格再拿着船租契约，去租借别人的码头和船坞，到银行去贷款造船，这样他便有了自己的造船公司。就这样，洛维格靠着智慧和贷款，爬上了事业的巅峰。

洛维格是一个有雄心壮志，而且聪明睿智的人。一般的人，都是必须将财富累积到可以做等价抵押的时候才去贷款，但是洛维格却利用银行贷款买船，又利用船来贷款，在此中间他付出的仅仅是时间和智慧而已，他将买空卖空做成了一种艺术。洛维格之所以能够成功，是因为他善于思考。

善于思考的人，他们会打破常规，会注意到别人不会去关注的问题。当人们对身边未知的事物习以为常的时候，他们却在认真观察。他们会提出问题：这是什么，为什么这样，会有什么样的作用，如果使用它会有什么效益……他们的脑子在飞速地转动，一刻不停地探索奥秘。在这样勤奋地探秘过程中，他们就掌握了比别人更先进一步的资源。一旦他们把自己发现或者创造的东西使用起来，就将是一个巨大的奇迹。

在美国西北部蒙大拿州的达比镇，人们多年来都习惯于仰望近在咫尺的晶山。这座山之所以叫晶山，是因为它早已被侵蚀，并且有一条凸出的狭窄部分在阳光下熠熠生辉，那些微微发光的晶体看上去有点儿像岩盐。早在 1937 年，这儿就修建了一条小径，人们每天经过这里，已经熟视无睹了。一直到了 1951 年，也没有一个人弯下腰去捡起一块发亮的矿石，仔细地研究一下。

1951 年，有两个达比镇的年轻人——康赖和汤普生在小镇的一间展室里看到了一种矿物标本，他们十分激动。因为他们看到这种绿玉标本前附有一张卡片，说明这种玉可用于原子能探索。于是，他俩立即行动起来。汤普生把晶山上矿石的样品送到斯波堪城矿务局，并请求赶快派一名检验员来查看一种"储量巨大"的矿物。不久，矿务局就派了一部推土机上山采集矿石样品并进行成分鉴定，终于认定这里是世界最大的铍储藏地之一。

那座山在那里已经有成百上千年，那条通往财富的小路也早在 1937 年就开出来了。人们没有一点好奇心，没有一个人去思考这个东西会有什么作用，所以对于他们而言，山就是山，对他们没有任何影响。

观察和思考是催生智慧的最好温床。达比镇的两个年轻人不光会用眼睛去观察，还会利用大脑去思考并采取积极的行动，因此抓住了这次千载难逢的机会。仅仅多了一次思考，他们就将人们熟视无睹的一座山瞬间变成了财富。

人们常常抱怨自己没能过上更富有的生活，是因为别人创业有起始资金，自己却两手空空。但是实施上，如果有一个敢于思考并善于思考的头脑，那将会比那些起始资金有用多了。智慧战胜一切，有一个会思考的大脑，我们也可以创造财富！

要养成一种质疑的能力

书读得多而不加思考，你就会觉得你知道的很多。可是，当你读书而思考得很多的时候，你就会清楚地看到你知道的还很少。

——伏尔泰

通过过去和现在的努力，人类已经排除了知识路途中的许多障碍，如果想让社会进步更快，我们就要继续排除剩余的障碍。质疑是排除障碍的最好方法，提出问题会促进人们思考，努力思考后就能解决问题，并获得知识、增长学问。只有当一个人不断地在问"为什么"时，你才知道他的思维是主动的，才知道他在深入思考。这也是喜欢质疑的人更能成功的原因之一。

一个人如果能够针对大家都认可或习惯了的事提出质疑，就说明他是能够独立思考、有主见、有胆量的人。一般来说，这样的人是懂得求改变、求进步的人，是创新的主力军。

盖尔是一家钢铁公司的小职员，到这家钢铁公司工作还不到一个月，他就发现很多矿石并没有充分地冶炼。他想：如果继续这样下去，公司岂不是会有很大损失？

于是，他找到了负责该项工作的工人，跟他说明了这个问题。工人说："现在还没有哪一位工程师跟我说明这个问题。"

盖尔又找到了负责技术的工程师，工程师很自信地说："我们的技术是世界一流的，怎么可能有这样的问题？"

盖尔拿着石头又找到了总工程师，总工程师一眼就看出这是没有冶炼充分的矿石。当他得知这块矿石是自己公司的时候，他愤怒了，因为从来没有人跟他反映过。总工程师立即召集负责技术的工程师来到车间，果然发现了一些冶炼并不充分的矿石。经过检查发现，原来是监测机器的某个零部件出现了问题，才导致了冶炼的不充分。

公司经理知道这件事后奖励了盖尔，而且还晋升盖尔为负责技术监督的工程师。

一个公司里不缺少工程师，但缺少能够大胆提出质疑的人。工程师没有发现问题事小，别人提出问题还不以为然事大。他们的不以为然，说明他们对自己工作的盲目自信，说明他们在这种光环中已经丢失了敏锐的辨别能力。敢于提出质疑，也说明了一个人对自己工作的高度负责。如果并不关心公司的利益，盖尔也大可以像其他工人一样只听从命令做自己的事就可以了。

能提出质疑者，说明了一个人的思考能力不停止，也说明一个人对一件事的热心程度。关心一件事，才会去考虑怎么做会更好，才会去思考问题的原因在那里。这样的质疑，会大大提高工作的效率，也能提高个人的知识水平。

古希腊哲学家亚里士多德说："吾爱吾师，吾更爱真理。"我们爱老师，但我们不盲从老师。我们从书本或经验中学习，但绝对不止步于书本或经验。对真理的爱好，对知识的渴求，会促使人去研究一切未知的东西。出于强烈的求知心，他们会一直研究到事物的根源，直到所有的问号消失为止。

有一天，爱迪生在路上碰见一个朋友，看见他手指关节肿了。

"为什么会肿呢？"爱迪生问。

"我还不晓得真实的原因是什么。"

"为什么你不晓得？医生晓得吗？"

"每个医生说的都不同，不过多半的医生都以为是痛风症。"

"什么是痛风症呢？"

"他们告诉我说，这是尿酸积淤在骨节里造成的。"

"既然如此，他们为什么不从你骨节中取出尿酸来呢？"

"他们不晓得如何取。"病者回答。

这时的情形好像一块红布在一只斗牛面前摇晃一样。"为什么他们会不晓得如何取呢？"爱迪生生气地问着。

"因为尿酸是不能溶解的。"

"我不相信。"这位世界闻名的科学家回答着。

爱迪生回到实验室里，立刻开始试验看尿酸到底是否能溶解。他排好一列试管，每只管内都注入 1/4 不同的化学试剂，每种试剂中都放入数颗尿酸结晶。两天之后，他看见有两种液体中的尿酸结晶已经溶化了。于是，这位发明家有了新的发现问世，这个发现也很快地传播出去。现在这两种试剂中的一种，在医治痛风症中普遍被采用。

正是因为爱迪生有敢于不断质疑的精神，才促使了又一项科研新成果的诞生，使得后世人获益良多。可见，遇事敢于提出质疑会引发多么大的创造力。

再偶然的东西，一旦融入了思考，就有可能促成一种新的发现。在人类历史中，因为偶然遇见，然后思考研究出来的发现发明数不胜数。一旦提出了质疑，加入了思考，历史就会由这些能提出质疑并破解谜题的伟人向前推进一大步。

有心的人才会对自己不理解的事情提出质疑，才会去研究为什么。发现问题并提出问题的人，就是给自己一次接近真理的机会。保持旺盛的好奇心，随时提出质疑，也许我们可以开拓新的一面。

学会理性地思考

强者与弱者的唯一区别在于，强者用行为控制情绪，而弱者只会任由情绪主宰自己的行为。

——奥格·曼狄诺

对日常生活认知得很清楚的人，便是有大智慧的人。这样的人对任何一件事的是非对错总是有着冷静而清晰的判断，他们不会因为别人热烈的煽动就去做什么事情，也不会因为大家都在批评什么就立马决定这是个坏东西。他们时刻保持眼睛清明，他们观察思考，绝不做草率的判定。

理智的人在做一件事情前会先思考一下，绝不轻易冒险。他会给自己做出最有效的安排而不是跟着感觉走。他们更注重条理和逻辑，他们喜欢清晰明了的学习工作秩序。当面对一件激动人心的事情时，最理智的人能将自己变成旁观者，降低自己头脑的热度，想清楚了再开始。

刚满19岁、大学还没有上完的戴尔，靠出售电脑配件赚到了1000美元。拿到这笔钱的当天，他在日记中写下了使用这1000美元的三种计划：举办一次由所有好朋友参加的盛大酒会；买一辆二手福特轿车；成立一家电脑销售公司。

经过反复思考，戴尔终于否定了前两种方案，尽管它们是那样诱人。第二天，戴尔用这1000美元注册了公司，开始代销IBM电脑。两年后，他赚到了足够的钱，开始自己组装电脑，并推出了自己的品牌。由于可以采用世界上各家电脑公司的配件，各个档次的用户都能满足，戴尔电脑很快成为热销品牌。如今，戴尔电脑的利润额位居全球第一。

19岁的戴尔就能够有条理地安排自己的人生。举办一次盛大酒会，对他来说只是一夜的快乐，那快乐的感觉也会慢慢消失；买一辆轿车，也只是一个消耗品；而1000美元用来做起始资金，就能开启自己的创业之路。戴尔是一个能理性思考的人，所以他选择了最有利的做法而不是最痛快的做法。

人们通常按照自己习惯性的方法来解决问题，这虽然省事但往往不是最理智最有效率的方法。能理性思考的人，就会选择出奇制胜，将自己的行动计划反复推敲。同样是钱，有的人选择消费，有的人选择储蓄，而有的人则选择投资，用钱来生钱。不同的思考方式，造就了不同的命运。

一对新婚夫妻旅行回家，已是三更半夜，两人筋疲力尽，还没卸下行李箱就倒头大睡。第二天醒来，他们的车子被盗了。

车子不见了还有保险，但行李中有丈夫花了很多精力拍的数十卷胶卷以及妻子买的各种纪念品，遗失了怎能叫人不心疼呢？妻子自责不已，丈夫忽然心生一计："先别急着难过，让我们理性地来分析一下这件事吧！我们可以因为丢了车子而悲伤，也可以因为丢了车子而快乐。无论如何车子是丢了。亲爱的，你选择悲伤还是快乐？"

妻子被丈夫的一番话给逗乐了。

过了一星期，车子找了回来，行李箱的物品因被窃贼视为不值钱，所以也还在。但新车已经被折磨得伤痕累累，只得送厂维修。可是祸不单行，丈夫开着修好的车回家时，一不留神撞上了别人的车。不但自家车头撞烂了，还得赔偿别人的损失，虽有保险，丈夫仍沮丧不已。

妻子安慰丈夫说："等等，让我们理性地来分析一下这件事吧！我们可以因为撞了车子而悲伤，也可以因为撞了车子而快乐。无论如何车子是被撞坏了。亲爱的，你是选择悲伤还是快乐呢？"丈夫大笑起来。

理性是一种独特的生命姿态，它可以让你成为自己的主宰。当遇到一个困难时，我们都不妨以高姿态来面对，从心理上战胜它藐视它，冷静地分析你的处境，然后做出应对策略。能做理性思考的人永远都不打没有准备的战役，所以他们往往能占据制高点，多出一分制胜的把握。

在自己的工作和生活中，我们就应该多采取这种思考方法，例如当我们分配手里的金钱时，不能使支出大于收入，不能明明定好了计划却还是有冲动的消费；当工作明明已经很紧张的时候，不能因为抹不开情面而去答应帮别人做什么事情，那样两头都不能完成任务。当我们无法抉择的时候，不要冲动，多一点理性，就能减少坏的影响。理性的思考应该时时携带在身边，多一点理性，就多一点安全感；多一点理性，就多一分智慧；多一点理性，就多一分成功！

不断思考才能不断前进

> 高等教育必须重视培养学生具备会思考、懂探索的本领。人们解决世上所有问题用的是大脑的思维本领，而不是照搬书本。
>
> ——爱因斯坦

事物是变化发展的，环境在改变，我们的知识也在不断更新换代。在很久以前我们没有电灯、蒸汽机，也没有工厂，但是第一次科技革命改变了这些。在20世纪之前，人们主要的联系方式是写信，偶尔会有人用电话，但进入20世纪后期整个世界就通过计算机网络紧紧联系在了一起。这些都是因为我们能够不断地思考，不断地提出问题并解决问题。

一株花要从一颗种子开始培育，先发芽长出枝叶，然后才能积累力量开出绚烂的花朵。同样，一个理论知识，首先要有一个先驱者发现并解说，再会有一些后续学者前赴后继地去研究，开拓证明更多的部分。每一个科学家都是踩在巨人的肩膀上做了一些成就，他们的成果也终将成为后来者研究的基石。这种永不间断的思考，使得人们所知道的东西更加完善，社会前进的脚步也更加快速。

18世纪，化学界流行"燃素学"。这种观点认为，物体能燃烧是由于物体内含有燃素。这个错误学说误导了科学家很长一段时间，没有人对此表示怀疑。

瑞典化学家舍勒也是热衷于寻找燃素的人，他从硝酸盐、碳酸盐的实验中得到了一种气体，实际上就是氧气，但他却以为自己找到了燃素，因此命名为"火气"，并解释说火与热是火气与燃素结合的产物。舍勒如果不受燃素说的影响，当时就能得到氧气的发现权。

英国人普利斯特在实验中也得到了氧气，可是也因为笃信燃素说，而把氧气说成"脱燃素的空气"，遭到了与舍勒同样的命运。

后来，普利斯特把加热氧化汞取得"脱燃素的空气"的实验告诉了拉瓦锡。拉瓦锡却未从众，他不受燃素说的束缚，大胆质疑，经过分析，终于取得了氧气的发现权，使化学理论进入一个新的时期。

大胆地思考，我们才能进步。保持旺盛的思考能力，对我们求进步、求发展会有很大的好处。

有的时候，我们总是依赖于从外界找方法，去询问老师和前辈，去看书查阅资料，却偏偏忘记了自己的头脑就是一个智慧的宝库。其实，只要我们保持大脑思想的飞速运转，就可以不断地获得惊喜。

美国一家化学公司的科技人员，查文献，找资料，忙得不亦乐乎，为的是完成一项科研成果：用什么方法去掉旧家具或墙壁上的油漆。大家先后提出了很多办法，结果都不太理想。

其中一个工程师在思考这个问题时，思想开了个小差，走了神，回忆起儿时的情景：每逢过节或喜庆的时候，小伙伴们一起燃放鞭炮，导火索一点燃，噼里啪啦一通震天响，包鞭炮的纸就被炸得漫天飞舞，铺天盖地。这时他的脑子里突然冒出一个想法，是不是也可以在油漆里放点炸药，当需要油漆剥落时，用炸药将油漆炸掉呢？他把这一想法提了出来，大家听后都笑了。这不是孩子般天真的想法吗？

这位工程师并没有因此而放弃自己的想法，后来他沿着这条思路不断地探索、研究、改进，终于发明了一种可以加入油漆中的特殊物质，把这种特殊物质加在油漆里，油漆本身的特性不会改变，可当它与另一种试剂接触后，油漆马上从附着物上完全剥落下来。

在油漆里放上炸药，炸药将油漆炸掉这一看似荒唐的想法，经过不断地探索研究改进，真的实现了。可见，人能够坚持自己的想法，坚持自己独特的思考是很重要的。

人的身体在不断成长，但好奇心却逐渐萎缩。人们开始习惯于用科学逻辑来推理一切事情，却不再认可浪漫的想象，这正是人的可悲之处。因为只有保持对未知世界的好奇心，对生命怀有新鲜心情，才能不断激发自身的创造力。

只要时间一天不停止，我们的世界就在发生变化。只有不断学习的人，才不会被时代淘汰，才能成为始终走在前面的人。只有不断地思考的人，才会不断地进步。我思故我在，我们的思考能力将决定着我们的价值。

换位思考是解决问题的好办法

人越是能够将心比心，他就越是真正的人。这个真理不仅是主观价值，而且表现在我们生活的每个方面。

——泰戈尔

我们在工作和生活中常会有这样的心理——对面的风景比这里好。我们常羡慕别人的轻松快乐，同时为自己生活的单调无聊而痛苦。其实每个位置都有它的优缺点，没有切身的感受，就很难理解对方的处境和心理。

想要真正了解自己的朋友或者对手，我们就应该用换位思考的方法去解决问题。所谓换位思考，就是站到对方的位置上去，揣测对方的需求，模拟对方的感受。通过这种方法，我们既能更好地与人沟通，拉近与他人的距离，也能最高效地找出问题的症结所在，从而能够将这个难题顺利解决。

弗洛姆是一位著名的心理医生，每天都被愁眉苦脸包围着。他觉得很压抑，所以他常去看喜剧调节心情。

这天又来了一个病人，他说："医生，我很不快乐，生活中没有能够让我开心的事情，活着实在是没有什么意义，我真想死。"弗洛姆抬头一看，居然是让自己捧腹大笑的喜剧演员。

弗洛姆不禁愕然，他低头想了一下说："这样吧！你我交换一天怎么样？"喜剧演员扮演了一天"代理医师"，他像模像样地询问病人的病情，并且努力开导病人要寻找一个正确的人生方向。弗洛姆也在剧院表演了一幕喜剧。他装疯卖傻，惹得观众捧腹大笑。之后两人又恢复了各自的身份。

一天，喜剧演员又来了。"医师，我找到了平衡点。现在我知道我的工作非常有意义，每个笑容都是我的成就。我不想死了，因为我的存在可以帮助那么多不快乐的人。"弗洛姆微笑着说："是啊！我也要谢谢你让我有机会知道，我也有能力制造许多的笑脸。"

假如不做身份交换体验的话，他们既不会知道对方的职业有着怎样的乐趣或者烦恼，也不清楚自己的工作到底有多么大的意义。

面对一成不变的生活，我们有可能会消磨了激情，失去了耐性。在每天重复的过程中我们产生了厌烦心理，认为自己的工作又无聊又辛苦，甚至想逃离这个圈子。但如果给自己注入一点新鲜的活力，尝试一下另外一个角色，站在别人的立场上来审视自己的生活，我们就会重新发现生活的乐趣。

为了激发自己工作和生活的乐趣，我们可以采用换位的方法。当我们与他人沟通时，站在别人的角度来看问题就能体察到别人的需求。换位思考，设身处地地为朋友着想，这是尊重朋友、关心朋友的一种好方法。站在别人的角度，我们才会知道他在想什么，他在为什么而高兴为什么而悲伤。用了换位思考的方法，我们就更能和朋友贴近。

一位母亲在圣诞节带着5岁的儿子去买礼物。大街上回响着圣诞赞歌，橱窗里装饰着彩灯，盛装可爱的小精灵载歌载舞，商店里五光十色的玩具琳琅满目。"一个5岁的男孩将以多么兴奋的目光观赏这绚丽的世界啊！"母亲毫不怀疑地想。但是儿子紧拽着她的大衣衣角，呜呜地哭出声来。

"怎么了，宝贝？要是总哭个没完，圣诞精灵可就不到咱们这儿来啦！""我的鞋带开了……"母亲不得不在人行道上蹲下身来，为儿子系好鞋带。母亲无意中抬起头来，啊，怎么什么都没有？——没有绚丽的彩灯，没有迷人的橱窗，也没有圣诞礼物……

原来那些东西都太高了，孩子什么也看不见。真是可怕的情景！这是这位母亲第一次从5岁儿子的高度眺望世界。她感到非常震惊，立即起身把儿子抱了起来……从此这位母亲牢记，再也不要把自己认为的"快乐"强加给儿子。"要站在孩子的立场上看问题。"母亲通过自己的亲身体会认识到了这一点。

即使是母亲，也会习惯性地用自己的想法来加到儿子身上。我们不是故意去忽略别人的感受，只是习惯了从自我出发。儿子的哭泣让这位母亲知道，孩子看到的世界和母亲看到的世界是不一样的。母亲看到了琳琅满目的玩具，儿子连橱窗也够不着。母亲觉得这里五光十色十分热闹，儿子却只看到来来往往的裤子和鞋子。

将心比心，我们要理解对方的心情。我们没有必要把自己的想法强加给别人，因为我们大家看到的都不一样，大家所关心的也不一样。

多为他人着想，多采用换位思考的方法。从对方的角度看自己的优缺点，从对方的角度去摸索他的需求，我们的交流就可以更通畅，也可以更准确地找出问题的关键所在。所以，放松心情，多进行换位思考，你会发现这个世界比你想象的要更美好。

固守成见，只能深陷泥潭

理性是比智力更崇高的。思想是一种机能，生活是那机能的执行者。

——爱默生

　　许多时候，人们已经习惯了遵从一个固定的行事套路，不会再费心神去想别的办法。而这种墨守成规的做法，在环境变化发展以后，就显得跟不上形势。如果总是固守自己的思维方式一成不变，那么注定只能深陷泥潭，对解决问题起不到任何有意义的帮助。

　　面对新情况新事物，还不做调整的人显然会落后于敢于突破思维的人。固守成见的人，一方面是已经思想固化，没有什么想象力和好奇心；另一个方面就是觉得旧的方法和旧的体系让他觉得很安全，做出改变调整会破坏这种安全感。但无论如何，不断进步的社会肯定不能一直包容落后的思想。无法突破旧思维定式的束缚，就很难有新的突破，也很难获得什么成就。

　　曾经有科学家做了一个实验：他把五只猴子关在一个笼子里，笼子上面挂有一串香蕉。每当猴子去拿香蕉时，马上就会有冷水喷向笼子，这五只猴子全会被淋湿。起初有一只猴子想去拿香蕉，水柱立即就喷了出来。其他的猴子也都上前尝试，结果同样被淋得一身湿。

　　后来实验人员把其中的一只猴子抓出来，换了一只新猴子。这只猴子想要去拿香蕉，结果马上被其他四只老猴子阻拦。那只新猴子不听劝告，结果被打得全身是伤。

　　后来实验人员再把一只老猴子换掉，换另外一只新猴子，新猴子的表现遭遇到了同样的殴打，上次刚来的那只猴子打得最有力。新猴子试了几次总是被打得很惨，最后只好作罢。后来所有的老猴子都陆续被换成了新猴子，但是大家都不敢动那串香蕉，它们都不知道为什么，只知道拿香蕉会被揍。

　　久而久之，"拿香蕉会被揍"成了猴子们的集体经验，成了一种固定的思维方式，谁也不知道为什么，谁也不敢再问。陷入固有成见的泥潭，不敢再去尝试新的事物，甚至不敢去追寻自己想要的，这不正是人类的一种常态吗？

　　有什么比自己束缚自己的思想，毁掉自己事业发展的可能性更悲哀的事呢？因为形成了固定的思维模式，人们对于事物的看法就不再改变，因而也就杜绝了再深入挖掘的可能性。

当面对固定的环境和固定的经验模式时，如果能跳出来，就能给自己更多的自由和更多的机会。有自主思想的人不应该禁锢自己的想法，当我们面对与自己习惯不同的事情时，就应该快速甩掉不合时宜的思想，做出恰当的调整。

我们看问题除了考虑自己的想法以外，更多的是要考虑实际情况如何，考虑对方的想法是怎么样的。如果实在不能改变自己的思维模式，至少也要做到为别人着想从他人角度出发考虑问题。这样，我们就做到了尊重客观事实，因而也能在实践过程中慢慢地学习调整自己。

面对不断进步的社会，我们不能躲在安逸的固定的思想里，而是要用辩证发展的眼光看待事物，不再固守成见，勇于提出疑问并打破常规。这将是解救我们自己的唯一方法。

冲破思维定式的牢笼

距离已消失，要么创新，要么死亡。

——托马斯

通过学习，人们知道了自然界、政治、历史等方面的知识。这样的知识体系引导我们在这个社会生存，自然而然我们也将之奉为真理。大多数时候，我们对自己学得的知识深信不疑，这样便形成了固定的思维模式。

但是，事物发展不是一成不变的，我们会求变化。当人们面临困境的时候，就会爆发出巨大的潜力。以前不敢做的事情都会去尝试，只要是能够突破困境，人们会遵循自己生理和心理最深切的需要去做事情，不再管以往的条条框框。

一艘远洋海轮不幸触礁，8 位船员拼死登上一座孤岛，才得以幸存下来。但接下来的情形更加糟糕，没有任何可以用来充饥的东西，每个人都口渴得冒烟，水成为最珍贵的东西。四周都是海水，又苦又涩又咸，根本不能用来解渴。当时 8 个人唯一的生存希望是下雨或别的过往船只发现他们。

几天过去了，没有下雨，也没有船只经过。渐渐地，7 位船员纷纷渴死在孤岛。当最后一位船员快要渴死的时候，他实在忍受不住了，扑进海水里，"咕嘟咕嘟"地喝了一肚子水。船员喝完海水，一点儿觉不出海水的苦涩，相反觉得这海水又甘甜、又解渴。他想：也许这是自己临死前的幻觉吧，便静静地躺在岛上，等待着死神的降临。

他睡了一觉，醒来后发现自己还活着。船员非常奇怪，于是他靠喝这岛边的海水度日，终于等来了救援的船只。当人们化验这里的海水时发现，由于有地下泉水的不断翻涌，实际上，这里的海水是可口的泉水。

因为以往的认知经验告诉自己海水是咸的，会越喝越渴，所以 8 个船员没有一个去尝试一下这里的水是甜还是咸。若不是抱着必死的想法，最后的那位海员也不会突破自己以往的思维定式。因为不得不破，所以才产生了勇气。

事实证明，什么困境都要尝试才会有突破口，打破了思维定式的牢笼，才能给自己一线生机。我们要勇于思考，相信大家的思考结论的同时，我们还应该有独立的思考能力。

如果没有这样敢于冲破思维定式敢于独立思考的勇气，我们将永远被这种定势所束缚。只会跟在别人的后面的人，永远不可能有闪光的思想。

一家旅馆的经理，因为旅馆内的物品经常被住宿的客人顺手牵羊而感到头痛。他让属下查清楚没丢东西之后再给客人结账，客人觉得结账太慢又不受尊重就再也不来了。

旅馆经理于是召集了各部门主管，讨论有什么更好的法子能制止客人顺手牵羊。一位年轻主管忽然说："既然客人喜欢，为什么不让他们带走呢？我们明码标价，说不定还可以有额外收入呢！"大家眼睛都亮了起来，兴奋地按计划进行。

这家旅馆对每样东西都标上了价，说明客人如果喜欢，可以向柜台登记购买。在这家旅馆之内，忽然多出了好多东西，如墙上的画、手工艺品、有当地特色的小摆饰、漂亮的桌布，甚至柔软的枕头、床单、椅子等用品都有标价。如此一来，旅馆里里外外都布置得美轮美奂，客人们的印象好极了。这家旅馆的生意竟然越来越好了！有许多客人指定要住这家旅馆，因为在这里可以买到价格公道的物品，又可以住得舒适。

固定的思维方式是防止客人顺手牵羊把东西拿走，但这样的方式费力不讨好，这个时候就需要突破思维定式重新想办法了。一个细微的转变，这个创意就给旅店带来了勃勃生机。

有时候问题里面包含机遇，一直按照固定的思维模式来办事，自然是没有什么新意。要想得到效益，就得求变求创新，就得打破常规的思维定式。

从不得不去打破思维定式常规，到想改变现状而主动打破思维定式，我们可以看到这种思考能力给我们带来了多大改变。进一步推理，如果是主动地以创新的思维去迎接问题，并勇于尝试，我们就能收到意想不到的效果。

一个有创造成就的人，就是能比别人多思考几步的人。因为要战胜对手，所以必须得战胜固定的思维模式。这样的人不被过去的思维所困扰，也不被固定的经验模式束缚，只要是能带来好处的，他们都愿意试一试。这样的人的心里，没有什么思维界限，不会给自己设立阻碍。所以，如果我们要想获得成功，也应该多多考虑不走寻常路，冲破思维定式的牢笼。

不要被表象迷惑了你的思考

狡猾的小聪明并非真正的明智。他们虽然能登堂却不能入室，虽能取巧却并无大智。靠这些小术要得逞于世，最终还是行不通的。

——培根

追求知识和真理，是为了探求事物的本质到底是什么。要想理解事物本质，发现事实真相，就需要我们拨开繁杂的表象，去除浮于表面的东西。有时，人们往往过多地相信了自己的眼睛和感觉，相信自己感觉判断的东西，因此没有深入思考也就与事实真相擦肩而过。

我们的判断正确与否直接导致我们的行为是否正确有效，而我们做出判断则要靠探求本质的本领。看一个物品，不应该看它的包装如何，而是看它的使用价值；看一个人是否值得相交，不是看他对我们有多么亲近多么慷慨，而是仔细观察他对别人怎么样，他私下里品行如何；看一个员工是否值得聘用，不是看短暂几分钟里他的表现，而是看大家眼中的他是否勤奋踏实。

能透过表象看到实质问题，我们才能找出问题的关键所在。不被表象迷惑，我们才能冷静地思考，做出正确判断。

一户人家养了一条狗、一只猫。狗十分勤快，当家中无人的时候，它尽忠职守，哪怕有一点动静都会冲过去狂吠，它就兢兢业业地为主人家看家护院。但家里有人时，它便稍稍放松一点，有时还会伏地沉睡。于是，家里每个人都认为它很懒惰。

猫却很聪明，家里没人的时候它呼呼大睡。家里有人的时候，它便这里瞅瞅那里看看，好像很认真。时不时，它还会去给主人逗逗趣。在主人的眼中，这无疑是一只勤快尽职的猫。好吃的自然给了它。

由于猫的不尽职守，主人家的老鼠越来越多。终于有一天，老鼠将主人家最值钱的家当咬坏了，主人震怒了。他召集家人说："我们家的猫这样勤快，老鼠却这么猖狂。我认为这是因为狗太懒了，整天睡觉也不帮忙抓老鼠。大家意见如何？"家人纷纷附和。

于是，狗被赶出了家门。自始至终，它也不明白赶它走的原因。它只看到，那只肥猫在它身后窃窃地、轻蔑地笑着。

这位主人过于相信自己所看到的表象，而没有深入思考，所以才会将狗赶出家门。抓老鼠本来就是猫的职责，老鼠越来越猖獗，就说明猫没有尽忠职守，猫越来越胖的身体也是证据。无论猫在我们视线所及的地方表现得多么认真，无论它多么逗趣讨喜，我们留一只猫在家里的目的就是为了解决老鼠。应以任务的完成质量来判断猫是否在认真工作，而不是主观判断，这才是正确的做法。

被表象迷惑的人，说明他并不具备深入思考的能力，也不能做出正确判断。一只狗的职责是看家护院，没有小偷盗贼光顾，就说明狗很优秀。但这位主人只看到了它睡觉的一面，甚至还把抓老鼠的责任推到了狗的身上。养猫和狗的目的是什么呢？恐怕被表象迷惑了的主人已经失去了冷静的思考能力。

我们看问题要深入领会其本质，开动脑筋想到更深的意义。只有那些富有理解力的眼光才能穿透事物的表象，深入到事物本质之中去。这样，他们就能比那些只能看到表象的人更进一层，就能做出更有成效的事。

一群工蜂在外面巡逻，它们个个高度戒备。不久之前，这群工蜂刚和另一群外来的工蜂发生过一场战争，所以，它们不敢有丝毫大意。

这次巡逻，巡逻队里新加入了一只工蜂。巡逻队长给这只工蜂布置了任务，让它在工蜂的巡逻范围内每天来回飞三次。这只年轻的工蜂自信地接受了这个任务。第五天，当这群工蜂飞往巡逻地的途中，突然遭遇了一群马蜂的袭击，巡逻队死伤过半，队长带着剩下的几只工蜂败退到自己的蜂窝。

进了蜂窝，刚喘了几口气，那只年轻的工蜂这时也进来了，队长质问道："我让你每天来回飞三次，今天你在位置上吗？你为什么没有发现那群马蜂？"工蜂回道："您是让我在巡逻地来回飞三次，我做到了，我每天早出晚归，每天都完成飞三次的任务，而您并没有说遇到马蜂后我应该怎么办，这似乎不是我的任务。"巡逻队长听完工蜂的解释，又气愤又无奈。

这只年轻的工蜂只记住了"来回飞三次"的命令，而没有深入去理解这个命令里所包含的意义。于是，飞行巡逻成了一种摆设，当大敌当前时，却浑然不知。

这样的错误也是我们经常犯的，只看事物的表面，对真正需要我们做的事不理解。久而久之，就一直没有进步，一直都处在"我不理解"的初级阶段，所以做事也不会有太大成效。追求本质，追求真理，应该是我们一贯的行事风格。多思考表象底下埋藏的东西，我们会有更加正确的判断和更加理性的决定。

再忙也要给思考留一点时间

在一年之中有两到三次用心去认真思考问题的人不多。我之所以在世界上有点名声，就是因为我每周都认真思考一到两次。

——乔治·萧伯纳

正是由于思考的力量，人类破解了一个又一个谜题，清除了科学和历史发展路上的障碍。会思考的人，往往都会创造更多的价值。人们做事是否会有好的效果，也要看他在事前是否做了认真的思考。

有时候人们让自己忙碌得不行，在这样快节奏的生活里，连走路都是带风的。这样的忙碌似乎在说，我正在认真工作，不要来打扰我。

可是这种忙碌是不是发挥了它应有的价值呢？聪明的人，不会把 24 小时都用在工作上。他们会给自己合理安排作息，更重要的是他们无论多忙都会给自己留下思考的时间。

首先他们会思考自己今天的工作哪些做得好，做得好的原因是什么，哪些可以一直保留。他们会反省今天我做错了，错在什么地方，下次应该注意什么。他们会在做事之前，先思考定出最优策略，再来工作，这样处事会有方向有条理，省下许多无用功。

阿普顿毕业于美国一所大学数学系，担任爱迪生的助手。一次，爱迪生让他测量一个电灯泡的容积。阿普顿对着灯泡量了又算，算了又量。一个多小时过去了，这位大学生满头是汗，仍"只算好了一半"。

爱迪生轻松地说："根本用不着这么费劲，只要你往灯泡里注满水，然后把水倒进量杯，不就可以测出灯泡的容积了吗？"

阿普顿恍然大悟，如梦初醒。按照爱迪生所说的方法，很快就测量出灯泡的容积。

不能说阿普顿是一个愚钝的人，但是在这个故事里，他采用自己习惯的数学方法来推理证明，显然太慢了。换一种思维方式，先想想怎么做比较方便快捷，然后再做。记住，考虑最直接最有效的，而不是自己最习惯的。

给自己留一点思考时间，是一种理性的表现。留一点思考时间，可以更好地管理自己的思绪，管理自己的大脑，管理自己的生活。留一点思考时间，将我们的身体放松下来，更多地去把大脑由混乱变为清明。当我们习惯了运动思考的力量后，就会发现，思考将是我们的制胜法宝。

盖茨博士是美国的大教育家、哲学家、心理学家、科学家和发明家，他一生中在多种艺术和科学上都有发现。

有一次，成功学大师拿破仑·希尔去拜访盖茨，却被拒之门外，秘书说博士要静坐冥思。拿破仑·希尔十分好奇，决心等下去。

当盖茨博士终于走出实验室时，拿破仑·希尔开玩笑地把秘书说的话告诉盖茨。盖茨博士带着希尔到了一个隔音的房间。这个房间里只有一张桌子和一把椅子，几本白纸簿、几支铅笔以及一个开关电灯的按钮。盖茨博士告诉拿破仑·希尔，每次他遇到困难而百思不解的时候，就会走进这个房间，在黑暗中静坐冥思，他运用"集中注意力"的方法，要求自己的潜意识回答自己。等到念头开始澄明清晰起来，他立即开灯把它记下。

靠着这种静坐冥思的方法，盖茨博士曾经把别的发明家努力钻研却没有成功的发明重新加以研究，使它尽善尽美，因而获得了200多项专利权。

由这个小故事，我们可以看到思考的魅力，及其对个人的发展产生的影响。有人总是说："思考？那是科学家、发明家和伟人的专利，我们可没有机会。"甚至有人说："现在太忙，我哪有多余的时间和精力去思考。"

事实真的如此吗？当然不是。思考并不是科学家、发明家和伟人的专利。也许伟人的思考会带来巨大的效应，但普通人也应该保留思考的权利。

人如果没有自己的思想，没有独立思考能力的话，那么与提线木偶有什么分别呢？不去主动思考的人，他们就只能听从他人的指挥，接受他人的安排命令行事；不去思考的人，他们就会花费十倍的力气做出一倍的效果，整天忙个不停，却根本不知道自己忙碌的意义是什么。

何不停下来，给自己一个思考时间。让我们的脑子也快速地运转起来，想清楚了再做事。能否让自己静下心来，先理清头绪分辨真伪再行动，将决定一个人的行事风格及他的成败命运。所以，再忙也要留下思考的时间，因为这一点时间会换来好几倍的效果。

用思考为自己赢得出路

思考的危机决定了一个人一生的危机。

——柏拉图

莎士比亚说："谋出于急难，巧计出于临危。"当我们处于危机时刻，想要求生的欲望会瞬间激发我们的大脑潜力。

在平常的日子里，我们就应该多思考多动脑筋。我们习惯了向前看，还可以偶尔反过来看，从结果导向原因，就能发现出问题的环节在哪里。我们还可以上下左右都试试有没有出路，多找出一个方法，就多一个选择。有备无患，做事情就更有把握。

一支探险队历尽千辛万苦来到了南极，他们准备在那里过冬。在队长的指挥下，队员们冒着寒冷，齐心协力把一根根铁管连接起来，准备铺设一条管道，把船上的汽油输送到越冬基地。管道在延伸，眼看就要接通了，大伙儿却发现铁管不够了。

大家开始想办法，可谁也没有好点子。约翰眨了眨眼睛，喊道："咱们可不可以用冰来做管子？冰跟铁一样坚硬！""用冰做管子？可是那么硬，怎么凿成管道呀？"

约翰微微一笑，对大家说："我们不是有很多绷带吗？"船上倒还有几十箱备用的绷带，可是绷带和管道有什么关系？队长先想明白了，说道："把绷带缠绕在铁管上，在绷带上浇水，水很快就可结成冰。再把铁管抽出，冰管就做成了。"队长讲完后，大伙儿全乐了，他们一拥而上，动手工作起来。很快，一根根冰管连接起来，一直通到了探险队的南极越冬基地。

当人面临困难的时候，往往能开动脑筋，想出很棒的办法。没有管子,只能做。拿什么做,在南极只有坚硬的冰。冰怎么变成管道呢?约翰想出了新的出路：不是用冰块制成冰做的管子,由水制造出自己想要的形状的冰来。

依靠自己的大脑和现有的资源,有时是比借助外力更为简单的做法。很多时候,我们以为自己走投无路,但其实还有生机。只要我们找到切入点,发散思维,四面突击,往往就能突破绝境。

一位名叫康妮的小姐被美国全国汽车公司制造的一辆卡车撞倒并被卷入车下的,导致康妮小姐被迫截去了四肢,骨盆也被碾碎。马格雷先生利用了各种证据,推翻了目击者的证词,认为康妮小姐是自己滑倒并卷入车下的。

康妮小姐败诉后向詹妮芙·帕克小姐求援。詹妮芙调查了该公司 15 次车祸的原因,证明了问题出在该公司的制动系统上。马格雷答应了赔偿,又说因为出差必须等一个星期。一个星期后,马格雷并没有露面。詹妮芙感到自己上当了,她看了日历发现原来在这一天诉讼时效就过期了!

"该死的时间!"突然,她想到全国汽车公司在美国各地都有分公司,隔一个时区就差一个小时啊,夏威夷与纽约时间相差整整五个小时!

詹妮芙到夏威夷起诉,赢得了至关重要的几个小时! 她以雄辩的事实、催人泪下的语言,使陪审团的成员大为感动。陪审团一致裁决：詹妮芙胜诉,全国汽车公司赔偿康妮小姐 600 万美元损失费!

正确的思考能产生巨大的作用,马格雷使小诡计的目的就是使诉讼时效过期,他的切入点就在时间上,那么就从时间上想办法。危急时刻,正确的思考给詹妮芙赢得了出路。

古希腊伟大的思想家柏拉图说："思考的危机决定了一个人一生的危机。"同样,思考的失败,也决定了一个人一生的挫败。当面临困难的时候,就是要求变通,改变自己的思路和行为。只有运用思考的力量，才能走向成功。

　　一个不善于思考难题的人，会遇到许多取舍不定的问题。一旦这种难题看起来没有希望的时候，他们就放弃了，不善于想办法所以只能乖乖投降。相反，正确的思考却能发生巨大作用。一个人有怎样的思考方式，就会采取什么样的行动。积极面对问题的人，就会用思考为自己赢得出路。

第九章

把握当下

活在当下，是对自己的尊重

有一种东西，比才能更罕见、更优美、更珍奇，那就是自知之明。

——巴顿

有一句话说：如果有个柠檬，就做柠檬水。这其实就是一种接受积极，接受现实，活在当下的做法。

有些人总是觉得生命给他的很少，因此就经常自暴自弃地说："这一点也不公平，我连一点机会也没有。"然后就开始不停地抱怨，终日愁眉苦脸，不相信自己会有出头之日。如果是一个懂得珍爱自己、尊重自己的人，无论在何种难题困境下，都能够从积极的方面想办法。他们会思考："情况这么糟糕了，我可以从这件事学到什么呢？我可以做什么来改善情况呢？"只有活在当下，从现实问题出发，我们才能对自己的未来充满信心，才能认识到自己的价值。活在当下，就是肯定自己的价值，尊重自己，重视自己的现在和未来。

一位青年总是埋怨自己时运不济，生活不幸福，终日愁眉不展。

这一天，走过一个须发俱白的老人，问："年轻人，干吗不高兴？"

"我不明白我为什么老是这么穷。"

"穷？我看你很富有嘛！"老人由衷地说。

"这从何说起？"年轻人问。

老人没有正面回答，反问道："假如今天我折断了你的一根手指，给你1000元，你干不干？"

"不干！"年轻人回答。

"假如斩断你的一只手，给你1万元，你干不干？"

"不干！"

"假如让你马上变成80岁的老翁，给你100万元，你干不干？"

"不干！"

"这就对了，你身上的钱已经超过了100万元呀！"老人说完，笑吟吟地走了。

觉得自己一无所有的年轻人，把宝贵的时间用来抱怨。他沉浸在自己对痛苦的感受当中，每日愁眉不展，不能理性面对现实，不能活在当下。这样的人丝毫没有认识到作为年轻人，他的未来有多少种可能性。老人用几个简单的问题告诉了年轻人，他健康完整的身体价值多少，他的时间又价值多少。无论情况多么糟糕，只要我们开始积极做改变，事情就会向好的方向转变，谁又能说一个20多岁的年轻人永远不可能成为百万富翁呢？

那些总是认为自己没有希望的人，他们的心里装着太多的负累，因此无法欣赏到自己真正拥有的东西。因为不肯定自己，所以他们无法勇敢地面对现实，他们或是扭过去头去选择逃避，或是用抱怨来掩饰自己的怯懦，就是不肯正面面对困难。而实际上，只要肯活在当下，积极努力，没有那么多的假设，没有那么的埋怨，我们就会看到不一样的天空。

奥里森·科尔十分沮丧，因为他失业了。

他见到了他的朋友——一位了不起的心理医生。医生问："什么事让你不痛快？"科尔告诉了他自己的烦恼。医生说："来吧，看看我能做些什么。"医生拿出一盘录音带准备播放，他说："这里一共有3个人的录音。注意听他们的话，看看你能不能挑出支配这3个案例的共同因素，只有4个字。"他微笑了一下。

科尔听起来3个录音都不快活。第一个是男人的声音，他遭到了生意上的损失或失败。第二个是女人的声音，说她因为照顾寡母一直没能结婚，她心酸地述说她错过了很多结婚的机会。第三个是一位母亲，因为十几岁的儿子和警察有了冲突，她一直在责备自己。

在3个录音中，科尔听到他们一共6次用到4个字——"如果……只要……"。

医生说："我听到过成千上万用这几个字作开头的内疚的话。我对他们说：'只要你不再说"如果、只要"，我们或许就能把问题解决掉！'"

"如果……只要……"不能改变既成的事实，反而会使我们面朝着错误的方向后退，白白浪费时间。这几个字会使我们在潜意识中为自己筑造一个逃避现实的小港湾，一旦被生活打败，我们就会逃进这个小港湾中，以这几个字来自我安慰。我们或回忆过去、或设想未来，但就是不活在当下、不改变现实。一旦你用这几个字用成了习惯，这几个字就会成为你不再努力的借口，成为阻碍你成功的最大因素。

这世上再也没有什么能比今天更真实，没有什么比活在当下更充实。不要回避今天的真实与琐碎，走脚下的路，把现在可以做的事情做好。只有把握今天，活在当下，才是尊重自己价值的最好做法，才能获得真正的快乐。

多珍惜一分钟，便多了一分美好

衡量一个人成功与否，不完全是以他在生活中所得到的地位为标准的，而是由他在努力通往成功的路上越过的障碍多少作为尺度的。

——华盛顿

幸福与不幸福的区别在于人们对于生活的态度，能不能过美好的生活取决于人们的行动是否及时有效。在我们一出生时，是一幅空白的画卷。我们以时间做画笔，用一生的时间为这幅人生的画卷添姿加彩。这幅画到最后是惊心动魄，还是苍白杂乱，都取决于我们自己。

倘若我们将自己一生的时间分解成每一年、每一个月、每一分钟，到最后却发现有意义的、过得快乐的时间还是没有多少的话，这只能说明我们没有好好珍视和利用时间。与其等到风烛残年再后悔，倒不如趁现在好好珍视每一分每一秒。

一位风烛残年的老人在日记簿上记下了这段生命的醒悟："如果我可以从头活一次，我要尝试更多的错误。我不会再事事追求完美。

"我情愿多休息，随遇而安，处世糊涂一点，不对将要发生的事处心积虑地计算。其实人世间有什么事情需要斤斤计较呢？可以的话，我会多去旅行，跋山涉水，再危险的地方也不妨去一去。以前我不敢吃冰激凌，不敢吃豆，是怕健康有问题，此刻我是多么后悔。过去的日子，我实在活得太小心，每一分每一秒都不容有错。太过清醒明白，太过清醒合理。

"如果一切可以重新开始，我会什么也不准备就上街，甚至连纸巾也不带一块，我会用心享受每一分、每一秒。如果可以重来，我会赤足走在户外，甚至整夜不眠，用这个身体好好地感受世界的美丽与和谐。还有，我会去游乐园多玩几圈木马，多看几次日出，和公园里的小朋友玩耍。如果人生可以从头开始……但我知道，不可能了。"

这就是人生，真的不可以再来一次。如果我们能珍视每一分钟，就不会有那么多的遗憾了。珍视每一分钟，我们就可以多读一页书、多看一看天空和大海、多陪陪身边的朋友和家人。只要能看到每一分钟的价值，珍视每一分钟，我们就能充分感受到当下的美好。

美好的生活与不那么美好的生活，其实并没有多么大的距离。它们的差别只在于一些小小的动作，如每天是否能多花 10 分钟阅读、多打一个电话、多努力一点、多一个微笑、多一点关怀，做事时多费一点心思、多尝试一次等。但凡拥有美好生活的人，他们总是能够珍视自己的每一分钟，因为他知道这一分钟带着美好的心情去做事，就能多享受一分钟的美好。

理想的达成就是每天在各方面持续不断地进步一点点。每天比昨天多微笑一点、积极一点、勤奋一点，虽然都只有一点点，但经过时间的积淀后，我们就会比常人收获更多。过好每一分钟，我们的人生就会美不胜收、妙不可言，我们那幅人生的画卷也会更加绚丽多彩。

1904 年，正当年轻的爱因斯坦潜心于研究的时候，他的儿子出生了。于是，在家里，他常常左手抱儿子，右手进行运算。在街上，他也是一边推着婴儿车，一边思考着他的研究课题。妻儿睡熟了，他还在屋外点灯撰写论文。爱因斯坦就是这样抓住每一天，通过一点一滴积累，在一年中完成了四篇重要的论文，引领了物理学领域的一场革命。

你可以决定什么时间做什么事，而不是让时间来决定你应该做什么事。俄国作家赫尔岑认为：时间中没有"过去"和"将来"，只有"现在"才是现实存在的时间，才是实实在在的、最有价值和最需要人们利用的时间。所以，抓住"现在"的每一分钟，才能不放过任何一个机遇、任何一次进步的空间以及任何一次享受美好的过程。

等待是美好的最大敌人。我们能不能成为受人尊敬的人，能不能享受美好生活，都取决于我们自己。我们对待每一分钟的态度，可以折射出我们对时间的态度，而时间也会因此给予我们回馈。怀着渴望美好的愿望去努力，珍视每一分钟，我们的生活就会变得更加绚烂更加美好。

把每一天都当成最好的日子

所谓内心的快乐，是一个人过着健全的、正常的、和谐的生活所感到的快乐。

——罗曼·罗兰

希望每一天都过得美好，希望可与太阳、星星、花草约会，希望去看山山水水，这是许多人的愿望。但很多人似乎已经习惯了忍受生活中的枯燥乏味，他们总是匆匆地打发时间，将这些美好的期待放在将来，认为总有一个最好的日子可以实现这一切。就这样，日复一日年复一年，美好的日子如海市蜃楼般，迟迟不肯到来。

其实，当下的每一天，都可以是最好的日子，关键是你能否发觉当下的美好。要享受生活享受最好的日子，根本不用等到以后，也不需要增加什么条件，你现在完全可以做得到。虽然很忙碌，但只要你今天有享受的心情，你就完全能做到欣赏日月星辰，欣赏每个人的笑脸。明天会有明天的限制，凡事都等待以后去做，我们就错了现在年轻的心情和生活。

过最好的日子，最需要的只是一种面对现实的勇气。把每一天都当作最好的日子，把今天当成最快乐的日子，当成可以创造奇迹的日子。只要告诉自己今天会很棒，今天就会是最好的日子。

新年的夜晚，一位老人伫立在窗前。他已经60岁了，除了失望和懊悔之外，他没有得到任何东西。

他回想起年轻时候，父亲曾将他置于两条道路的入口，一条是高尚勤奋，一条是平凡普通。老人仰望夜空，苦恼地失声喊道："青春啊，回来！父亲哟，把我重新放回人生的入口吧，我会选择正确的！"可是，父亲以及自己的黄金时代都一去不复返了。他的年华像流星般消逝了，什么也没留下。

钟楼鸣响了，钟声使他回忆起儿时双亲对他的疼爱。他想起了父母的教诲，父母的期待。强烈的羞愧和悲伤使他大哭失声，老人绝望地大声呼唤："回来，我的青春！回来呀！"

老人的青春真的回来了。原来，刚才那些只是一个梦。尽管他确实犯过一些错误，眼下却还年轻。他万分庆幸，时光仍然是属于他自己的，他尽可以自由地踏上那条正确的路，走向不同的结局。

幸而那满心懊丧、哭泣绝望的老人仅仅是年轻人的一个梦境。如果当我们60岁的时候也只能流下痛苦的泪水，该有多么悲哀！

把每一天都当作最好日子来珍惜，不要虚度不要浪费。聪明的人用那一个又一个日子来创造美好和财富，而愚蠢的人却抛弃了它，从而越来越贫穷，越来越痛苦。

从前，在非洲有一个名叫时间的富人。他拥有无数的财富，他经常将牛、羊、衣服送给穷人。于是人们说世界上没有一个人比他更慷慨大方了。

有许多人远道而来只是为了拜访这位富人。很多年后，有一个部落准备派出使者去向时间富人问好。经过长途跋涉，使者们终于到达了时间富人居住的国家，他们向一位市民请教这里有没有一个时间富人。正当使者说话时候，一个乞丐模样的老人慢慢地走到他们面前。这时有人说："他就是时间富人！他就是你们要找的那个人！"使者们看了看又瘦又老、衣衫褴褛的乞丐，简直不相信自己的眼睛。"你就是时间富人吗？"他们问道。"是的，我就是时间富人，我现在变成不幸的人了，我现在是世界上最穷的人。"使者们点点头说："是啊，生活常常这样，但我们回去如何对同胞说呢？"对方想了想，答道："你们回到家里见到同胞，对他们说：'记住，时间已不是过去的那个样子了！'"

时间已不是过去的样子，过去的快乐只停留在过去，过去的痛苦却能通过努力变成今天的欢愉。时间不是一成不变的，走过一段人生的历程，你就会发现当初难以承受的磨难现在看起来是多么微不足道。

一个有智慧的人会在内心深处歌唱快乐，会痛痛快快地接受每一天，无论天晴还是下雨，都将它当作最好的日子。用乐观积极的心情去面对生活，珍视自己的青春年华，善待时间，我们就能将每一天过得精彩且有意义。不要幻想未来会有多么快乐，不要悲伤过去有多么痛苦，我们唯一要做并且可以做的就是过好眼前的每一天。

过好今天，用微笑去迎接，用勤奋的汗水去浇灌，用昂扬的斗志去与那 24 小时赛跑，日子就不会白白地溜走。我们的日子是多么的慷慨啊，只要我们快乐地付出了，我们就能快乐地收获。把每一天都当作最好的一天来过，你就会生活在最好的日子里。

接受当下，才能免于痛苦

接受现实是克服任何不幸的第一步。

——卡耐基

世界上有三种人：第一种人靠记忆过活，在回忆的过程中得到自豪感并体验感伤；第二种人依赖未来，在幻想的过程中获得快感却将现在宝贵的时光白白抛弃；第三种人注重现在，脚踏实地，慢慢积累，一步一步踏踏实实地走向未来。

人都有逃避痛苦的本能，要面对的事情那么多，或许是要让我们付出汗水，或许是要让我们付出泪水。就像一只蝴蝶，必定要经历蜕变的痛苦，才能从茧中挣脱，张开美丽的翅膀飞舞。不能接受现实、总是逃避的人，就像一只总也不肯咬破茧的蝴蝶幼虫一样，始终无法完成绚丽的蜕变。

我们生活在当下，只有真正睿智的人才能勇敢地迎接生活给予他的一切。睿智的人接受一切并努力改变这一切，按照自己设想的目标去奋斗，由当下走向未来，最终破茧成蝶。

美国前副总统亨利·威尔逊出生在一个贫苦的家庭。威尔逊10岁的时候就离开了家，在外面当了11年的学徒工，每年只能接受一个月的学校教育。他精心计算他的每一分钱和每一分时间。

在他21岁之前，他已经设法读了1000本好书——这对一个农场里的孩子，是多么艰巨的任务啊！在离开农场之后，他徒步到100英里（1英里=1.609千米）之外的马萨诸塞州内蒂克学习皮匠手艺。他风尘仆仆地经过了波士顿，在那里他看了邦克希尔纪念碑和其他历史名胜，整个旅行他只花费了一美元六美分。在他度过了21岁生日后的第一个月，就带着一队人马进入了人迹罕至的大森林，在那里采伐原木。威尔逊夜以继日辛勤工作，获得了6美元的报酬。

威尔逊下定决心，像抓住黄金一样紧紧地抓住了零星的时间，不让一分一秒无所作为地从指缝间白白流走。12年之后，他在政界脱颖而出，进入了国会，开始了他的政治生涯。

威尔逊先生没有抱怨困难的生活，没有抱怨求知识的艰难，也没有把时间浪费在幻想未来上。他脚踏实地做好学徒的工作，他争分夺秒来读书，他辛勤地伐木，他抓住每一个发展自己的机会。威尔逊接受了自己贫困的现实，用十倍的努力一点点去克服困难。他直接面对现实，用努力地学习和工作改变困境，痛苦也在这个过程中渐渐变成了欢乐。

贫困是阻碍人功成名就的重大因素，许多贫穷的人要克服更多的艰难、付出更多的努力，才能获得和别人同样的成绩。苦难的生活绝不是我们痛苦的必然原因，上天想要将重大的责任交给一个人，就必然要用各种磨难来锻炼他的心智体魄。越是艰难的环境，我们越是应该斗志昂扬，解决困难、超越自我，难道不是最快乐的事情吗？

不要沉湎于过去，不要依赖于未来。只有重视现在，接受当下的人才能从当下的痛苦中脱离出来，才能免于痛苦享受超越，才能创造自我的快乐。一个总是将精神寄托在过去和未来的人，必然无法从当下捕捉机遇、享受美好，也必然无法实现自我价值。

一位哲学家途经荒漠，看到一座废墟，就顺手搬过来一个石雕坐下来休息。望着被历史淘汰下来的城垣，想象曾经发生过的故事，不由得感叹了一声。

"先生，你感叹什么呀？"神像开口说话了，这是一尊"双面神"。

哲学家好奇地问："你为什么有两副面孔呢？"双面神回答说："有了两副面孔，我才能一面察看过去，汲取曾经的教训；另一面又可以瞻望未来，去憧憬无限的美好啊。"哲学家说："过去只是现在的逝去，再也无法留住，而未来又是现在的延续，是你现在无法得到的。你不把现在放在眼里，即使你能对过去了如指掌，对未来洞察先知，又有什么意义呢？"

双面神听了哲学家的话，不由得痛哭起来："很久以前，我驻守这座城池时，自诩能够一面察看过去，一面又能瞻望未来，唯独没有好好地把握住现在，结果，这座城池被敌人攻陷了，曾经的辉煌都成了过眼云烟。我也被人们唾弃而弃于废墟中了。"

最可笑也最可悲的一句话就是"昨天很美"，而最能扼杀心智的一句话就是"还有明天"。"昨天很美"，这是可笑的自我安慰，如果每当失败的时候都拿这个来抵挡内心的自责的话，那么我们永远也不会进步，它是无数人不愿长大不愿成熟的表现。"还有明天"，这又是一个更可怕的思想，它让人蹉跎岁月、浪费生命，是许多人一事无成、无所事事的原因。这些都是脱离当下的借口，倘若总是沉溺于这些自我欺瞒的话语中，那么最终只能徒增伤痛，而只有接受当下并从当下出发，才是免于痛苦的根本之路。

也许我们想追求的会很难得到，但是我们想逃避的却从不会离开。越是活在过去和未来之中，清醒之时那痛苦就来的越凶猛越深刻。接受吧，勇敢地面对当下，因为只有如此，我们才能真正地战胜痛苦，获得快乐。

甩开过去的阴霾

面对光明，阴影就在我们身后。

——海伦·凯勒

命运的熔炉会锤炼各种各样的人，只有能经受住考验的人才能"百炼成金"。有的人一帆风顺，有的人坎坷重重。一帆风顺地走过来让人信心百倍，精力充沛地去征服更高的山峰。坎坷重重的人，有的越挫越勇，有的却渐渐被失败的阴影笼罩，再也不敢前进一步。

人最悲伤的就是自己阻碍了自己的命运。屡屡失败固然是一件痛苦的事，但是这些都已过去。过去的事情不能代表将来，我们只需要抓住现在重新起步，就还有希望获得成功。

当人生处于低谷时，我们要顽强不屈，运用一切条件和困难做斗争而不是不战而降。我们左右不了命运的安排，但是我们可以掌控自己，调整自己的心态重新出发。每一次的失败都是一次可贵的经验积累，因为至少我们又排除了一种错误做法。只要努力地活着，我们就会有希望。没有什么比保持希望更可贵的事情，大步地甩开过去的阴霾，我们就终会迎来彩虹。

曾担任英国首相的劳合·乔治有一个习惯——随手关上身后的门。一天，有一个朋友来拜访他，两个人在院子里一边散步，一边交谈，他们每经过一扇门，乔治都会随手把门关上。

朋友很纳闷，不解地问乔治："有必要把这些门都关上吗？"乔治微笑着回答："哦，当然有这个必要。我这一生都在关我身后的门，这是必须做的事。当你关门时，也就把过去的一切留在了门后，不管是美好的成就，还是让人懊恼的失误，然后，你才可能重新开始。"

劳合·乔治懂得随手关上身后的门，所以他从来不为过去的事情操心，总是向前看。把门关上，就是把荣誉关在背后，谦虚低调地继续追求下一个目标；把门关上，就是把因失败而产生的懊恼、愤怒、悲伤和沮丧都甩开，给自己一个崭新的开始。什么都不能阻止时间的脚步，时间不停留，我们也不应该停留，不是吗？

把过去的一切关在身后，甩开阴霾，把种种压力包袱都卸下，这样我们才能轻装上阵，才能开始新的生活。大多数人都让感性凌驾于理性之上，花费大量的时间回忆过去的成功或喜悦，失败或烦恼。这样的人，他们的行动总是受过去事情的干扰，必然会比别人慢几拍，而且会严重浪费精力，影响前进的脚步。聪明的人则会从过去的失败中吸取经验和教训，再以此向成功发出新的冲刺。

有这样3个人，第一个迷信巫医，有两个情妇，嗜酒如命，抽烟很凶；第二个曾经两次被从办公室赶出来，到吃午饭时才起床，晚上要喝许多白兰地，而且曾经吸食过鸦片；第三个曾获国家授予的"战斗英雄"称号，有良好的素食习惯，有艺术天赋，偶尔喝点酒，青年时代从没做过违法的事。

大多数人会认为第三个可以成为品德高尚的伟人；第一个和第二个将来肯定不会有好的结局：要么成为人人唾弃的罪犯，要么成为需要社会照顾的寄生虫。

实际上，第一个是富兰克林·罗斯福，他身残志坚，是美国历史上唯一一位连任四届总统的伟大人物；第二个是温斯顿·丘吉尔，拯救了英国的著名首相；第三个却是阿道夫·希特勒，一个夺去了几千万无辜生命的法西斯头目。

有一个老师给自己的 26 个学生讲了这个故事。多年以后，那些曾经令人头痛的孩子有人做了法官、心理医生和飞机驾驶员。最爱调皮捣蛋的小家伙也成了华尔街上著名的基金经理人。

每个人的未来都是未定的，不管现在如何，只要我们还在努力，事情就会有回旋的余地。过去并不是最重要的，重要的是如何把握现在和将来。我们的人生才刚刚进步，过去的错误和耻辱只能说明过去，真正能够代表完整的自己的，是我们现在的行动和将来的成就。没有人是完美的，没有人不会犯错，没有人从未失败过。犯错失败并不可怕，可怕的是不能从过去中走出来。

失败了一次，我们就应该从失败的地方重新开始；犯下了错误，我们就应该牢记什么不能做，再尝试一次。没有什么能阻碍我们前进的脚步，除非我们自己退缩了。每个人都会有自己的角色定位，每个人都会经历自己的过去、现在和未来。所以，走自己的路，放开胸怀去做吧！

忘掉曾经的失败，忘掉曾经的痛苦，忘掉曾经的懦弱，我们随时候都可以重新出发。

把目光放在现在，关注自己欣赏自己，甩开过去的阴霾，这样我们才会拥有快乐，才会赢得将来。

眼光放得过高，容易忽视了现在

登高必自卑，自视太高不能达到成功，因而成功者必须培养泰然心态，凡事专注，这才是成功的要点。

——爱迪生

法国元帅拿破仑说过"不想当将军的士兵不是好士兵"，然而在现实生活中，并不见得每个想当将军的人就都能当上将军。在大多数时间里，我们要认识到自己的角色，认清眼前的现实，从实际出发做好自己的工作，而不是抱着远大的理想鄙视能筑就理想的平凡工作。把眼光放得太高，把自己看得太高，不屑于立足现在去经营，最终只能是一事无成。

现在的工作也许看起来不是那么伟大，但正是这平凡琐碎的事情最后聚成了一件了不起的事业。好高骛远赢不到未来，只有脚踏实地，以尊重的心态去完成自己的工作，履行自己的责任和义务，才有可能到达人生的顶点，赢得不朽的辉煌。

有一位年轻的修女进入修道院以后一直从事织挂毯的工作，做了几个星期之后，她再也不愿意干这种无聊的工作了。

她感叹道："她们给我的指示简直不知所云，我一直在用鲜黄色的丝线编织，却突然又要我打结、把线剪断，这种事完全没有意义，简直是在浪费生命。"身边正在织毯的老修女说："孩子，你的工作并没有白干，你织出的这看似很小的一部分其实是非常重要的一部分。"

老修女带着她走到工作室里摊开的挂毯面前，年轻的修女呆住了。原来，她编织的是一幅美丽的《三王来朝》图，黄线织出的那一部分是圣婴头上的光环。她没想到，在她看来毫无意义的工作竟然这么伟大。

这位年轻的修女觉得毫无意义的工作，其实却是那么伟大。只因为身在其中，不知道自己工作的价值，她差一点就与伟大擦肩而过。可见，无论是学习还是工作，我们都要了解自己并了解自己所做的事的价值。我们要带着信念去工作，带着信念去把握现在，而不要将眼光放得太高。

要相信，即使我们的工作看起来很平凡，也不是无关紧要、微不足道的。当我们以被动的心态去应付这份工作的时候，工作自然显得平凡，而正在工作的我们也会显得十分平庸；当我们以主人翁的精神去工作的时候，工作就会令我们焕发神采。

我们都有自己的理想和目标，每一个阶段都应该朝着这个方向努力，把当下的事情做好就是在一步步走向理想。理想是一座巍峨的宝塔，一天的工作就是一块砖瓦，如果建成理想的宝塔要几十万块砖瓦，我们又怎么敢轻视现在的工作，白白地毁坏这座宝塔呢？

迈克在麦当劳餐厅工作，他的工作是烤汉堡。他每天都很快乐地工作，尤其在烤汉堡的时候，他更是专心致志。许多顾客对他如此开心感到十分好奇，纷纷问他："烤汉堡的工作环境不好，又是件单调乏味的事，为什么你可以如此愉快地工作并充满热情呢？"

麦克说："每次烤汉堡时，我便会想到，如果点这汉堡的人可以吃到一个精心制作的汉堡，他就会很高兴，所以我要好好地烤汉堡，使吃汉堡的人能感受到我带给他们的快乐。因此，我把烤好汉堡当作是我每天工作的一项使命，要尽全力去做好它。"

顾客感到非常钦佩，一传十、十传百，很多人都来吃他烤的汉堡，同时看看"快乐烤汉堡的人"。顾客还纷纷把这个人认真热情的表现反映给公司。公司主管有感于麦克这种热情积极的工作态度，认为值得奖励和栽培，没几年，便将他升为分区经理了。

　　麦克对一份看起来谁都可以做的工作赋予了积极的意义，所以他能充满热情地去工作。他是在微笑着做好自己的事业，为将来奠定了坚实的基础。态度决定一切，积极踏实的态度会让我们每一天都过得很充实。生活就像面清晰的镜子，当我们对它微笑的时候，它也对我们微笑。当我们沮丧地抱怨的时候，它也不会给我们好脸色。眼光放得过高，我们就很容易忽视现在，很容易生出诸多抱怨沮丧。

　　在现实生活中，有的人信心不足，觉得自己根本不可能成就事业，所以不愿意多付出努力，别人做多少他也做多少；有的人认为自己的工作没有得到重视，自己的才华没有施展的地方，因此轻视自己当下的工作，敷衍了事。这些都是没有摆正心态的表现。我们的人生价值不是靠环境或者命运决定，而是由自己正确的工作态度和人生观决定的。

　　眼光再高，我们还是要从现在做起；梦想再伟大，还是要以积极的行动为基础。我们唯一可以掌握的就是现在，未来是什么样子，要看你如何经营当下！把眼光放到现在吧，我们能做的事有很多。

面对今天，才能成就未来

　　未来是光明而美丽的，爱它吧，向它突进，为它工作，迎接它，尽可能地使它成为现实吧！

——车尔尼雪夫斯基

　　有些人似乎是天生的浪漫主义者，有一肚子的理想和计划。他们一笔笔写下将来要做的事情，一次次地用想象把未来勾勒得细致美好。但很显然，如果昨天未曾行动，今天不行动，明天也谈不上会有什么结果，那美好的未来也就果真只存在于未来而已，永远无法向现在迈进。

人们制订了宏伟的计划，可惜的是，大多数人为这美好的未来划定了一个期限——明天。当工作累了时，他们就说明天再做吧。当懒惰的心理产生时，他们又停下来说明天再做吧！当遇到挫折时，别人还在坚持，他们却说明天再继续吧！

似乎什么事都可以放在明天来做，而实际上，明天的工作效率也不会比今天高多少。把自己的未来永远停留在计划中，永远说明天再做的人，都是懒惰没有毅力的懦夫。这样的人，注定也只能停留在自己的小天地里，永远停留在自己的自我安慰中。

从前，鸡和鹰在一起生活。老鹰说："咱们俩飞上天吧，天空非常美丽，可以看到地上的一切，那该有多好哇！"

"我连十步远的地方都飞不了，怎能飞上天呢？"鸡胆怯地说。

"这是因为我们的翅膀还不够硬。只要咱们好好练，一定能飞上天空。"老鹰鼓励鸡。

鸡和鹰在一起练习飞翔。鸡没有毅力，稍微一累，就蹲在那里不动了。老鹰不怕苦不怕累，只要飞到空中，就不轻易下来。它在空中对鸡说："快练吧！天空可美啦，咱们俩一块儿飞翔吧！"鸡抬头看着老鹰在空中练习飞翔，心想：老鹰飞上去啦！我要是有本事，我也像它一样到天空中。于是说道："我也要飞上去！不过，今天我累啦，明天再练！"到了明天，它又说："我累啦，明天一定好好练！"

它总是"明天明天"地不肯下苦功夫练习，因此，直到现在它还是飞不到空中去。从此，鸡和鹰分开了，一个在地上，一个在天上。

今天等明天，明天等后天，我们的人生到底什么时候开始呢？把握人生就要从当下开始，今天该付出的没有付出，到了明天，我们只能望空长叹。总把希望寄托在明天，明天就会成为幻影。

当我们落后于别人的时候，不要浪费时间在想象我未来会如何这种毫无意义的问题上。与其这样，不如抓住现在来锻炼自己的能力。我们自己就是一座宝藏，只要肯挖掘就会得到巨大的财富，我们就能超过别人并将实现自己的未来。

100多年前，康惠尔牧师想为读不起大学的年轻人筹办一所大学。当时建一所大学大概要花150万美元。康惠尔四处奔走，在各地演讲了5年，但筹募的钱不足1000美元。康惠尔十分悲伤，有一天正当他走向教堂时，突然发现自己教堂周围的草枯黄得东倒西歪。他便问园丁："为什么这里的草长得不如别的教堂周围的草呢？"

园丁回答说："这是因为你把这些草和别的草相比较的缘故。我们是常常看到别人美丽的草地，希望别人的草地就是我们自己的，却很少去整治自家的草地。"康惠尔恍然大悟。他跑进教堂开始撰写演讲稿。

康惠尔写道：财富不是仅凭奔走四方去发现的，它属于自己去挖掘的人，属于依靠自己的土地的人，属于相信自己能在自己的土地上创造奇迹的人。康惠尔将这个演讲做了7年。7年后，他赚得了800万美元。惠尔用这笔钱建成了坦普尔大学。

不悲观沮丧，不和别人比较，不羡慕别人。睿智的人会把时间和精力用来改变自己，而不会把希望寄托在远方，寄托在别人的身上。只要我们经营好自己，经营好现在，我们就能慢慢创造出奇迹。

奇迹不在未来也不在远方，就在我们的手上。无论我们面对怎样的困难，它都能散发出巨大的能量，吸引我们向它迈进。我们只要把握住现在，把握住今天，就能一点点接近它。将未来从幻想拉到现实中吧，因为只有我们面对现实，从今天开始，每一天都努力，才能真正地成就未来！

感受当下的幸福

生活中最大的幸福是坚信有人爱我们。

——雨果

我们降生到这个世界，不是为了接受种种痛苦，而是为了享受幸福和快乐。我们所有曾经做过的努力，我们的拼搏奋斗，我们的痛苦哀伤，都是为了早一点得到幸福和快乐。每一个善良的人，每一个为了生活努力工作的人，都理所应当享受幸福和快乐。

幸福不应该留在未来，而应存活于现在。从现在开始培养幸福的感觉，找到令人幸福的方法，享受所有美好的东西。幸福是一种生活态度和方式，注重幸福的人会发现幸福就在眼前，并能将幸福传播开来，让更多的人得到幸福。幸福也是一种感觉，是活在当下，是感受现在的快乐而不是将所有快乐的事情留待以后去做。

有一天午后，杰克带小狗出去散步。大概走了 4 个路口之后，他突然发现自己根本不是在散步。他还在想着刚刚和一位电视节目制作人通过的电话，在想要不要请个助手。

"快乐只能从当下寻找，"杰克提醒自己，"但是怎样回到当下？"

忽然杰克灵光一闪："此刻。"于是杰克开始用这个词来造句，描述在每一个当下所做的事：

"此刻，我和小狗正走上一个小山坡……此刻，我在柏油路上一步一步地向前走……此刻，我正看着小狗在我前面又蹦又跳……此刻，我正深深地吸入一口夏日的空气……此刻……"

杰克这样想的时候，发现自己思绪放松了，呼吸也逐渐深而缓了。他开始专心于每一个刹那，一股宁静祥和的感觉渗进每一个细胞。散步结束回到家里，杰克觉得自己好像刚刚度过了一个美妙的假期，脸上还挂着满意的笑容。

幸福不需要画成一个很大的圆，只需要那么一点萦绕在心间就足够。与其将幸福全部留在以后享用，还不如分散到每一天，从生活中的微小细节中捕捉幸福的元素，体验当下的快乐。只要我们抱有幸福就在此时此刻的想法，我们就能感受到空气中弥漫着的幸福快乐的味道。

当你存心去找快乐的时候，往往会无功而返。但倘若让自己全身心地活在现在，全神贯注于周围的事物，你会发现快乐不请自来。

一位到纽约游览了两个星期的外地朋友，在临别晚宴上，谈起纽约的好地方，如数家珍。他去了唐人街、法拉盛和威廉斯堡，他走过了布鲁克林大桥、第八大道，他去百老汇看演出，他去最繁华的纽约时代广场感受了一番。他还去了中央公园、哥伦比亚大学和纽约公共图书馆，最后他还去看了看联合国大楼和自由女神像。似乎每一条道路上都印上了他清晰的足迹。罗斯在一旁静静地听着，这些地方，她从来没有好好地去赏玩过。并不是不喜欢不好奇，而是因为太近了。心里老想着：反正就在那里，急什么嘛！就这样一日拖一日，一年拖一年。最糟糕的是，不去不看，心里居然也没有任何遗憾的感觉。

熟悉的地方没有风景。原先令人怦然心动的美景，当我们生活于其中之后，反而渐渐地无从体会它的美了。风景被忽略了，可能几年之后它依然还是如此美丽，还会等你重新擦亮眼睛去欣赏它，而假如被忽略的是当下才有的幸福的话，那么它将永远不会再光临你的脚下，永远不会再给予你欣赏的机会。

或许人生的意义，不过就是过得开心愉悦而已。嗅一嗅身边的小花，呼吸一下新鲜的空气，和家人朋友说说笑笑，这些点滴的小事其实就是幸福和快乐。让自己的现在不那么焦灼，让自己过得从容一些，让自己多一些笑容，我们都可以过得很快乐。幸福其实很简单，我们只需要立足当下，尽情享受当下所拥有的就可以了。

第十章

珍惜时间

时间是生命最大的财富

把活着的每一天看作生命的最后一天。

——海伦·凯勒

人在这个世界是否存在过，有三个度量尺：一是空间，在什么地方；二是价值，拥有怎样的成绩和荣誉；三就是生命存在的时间。从出生开始算起，时间一分一秒地叠加，人的生命有了定义，成长成熟直至衰老终结。可以说，时间是每个人生命中最大的财富。

高尔基说过："世界上最快而又最慢，最长而又最短，最平凡而又最珍贵，最容易被人忽视，而又最令人后悔的就是时间。"但凡意识到这一点的人，都会珍惜时间。但凡想得到成就的人，都会充分利用每一分每一秒来做事。

时间不能浪费，生命更不能轻忽。立志要过得有价值的人，都会将时间视为生命最大的财富。世界上凡是有成就的人，无不是惜时如命的人。

爱迪生以"惜时如命"为座右铭,勤奋一生,常常废寝忘食地工作。

有一次,他的妻子怕他病倒,让他去找一个自己最喜欢的地方休养休养。爱迪生拍拍脑袋,欣喜异常地说:"好的,我找到了一个喜欢的地方了。"妻子问他:"什么时候动身?"他爽快地回答:"明天就去吧。"他妻子高兴极了,便忙着给丈夫准备行装。

第二天要出发时,她却找不见丈夫了,后来还是在实验室里找到了爱迪生。妻子问他是不是又忘记了约定,他幽默地说:"这就是我最喜欢的休养胜地呀!"妻子叹息了,不再劝告。她把这件事讲给爱迪生的一位朋友听,朋友劝爱迪生:"你要爱惜自己的身体,该休养就休养,何必抓那么紧呢!"爱迪生说:"人生太短暂了,事情是这样多,能不抓紧吗?"

人生非常短暂,但是有意义的事情,值得我们去做的事情却有那么多,如果不抓紧时间,我们将留下多少遗憾?当然,这不是说每一个人都要像爱迪生那样将工作视为生命中的唯一兴趣,但至少应该在做该做的事情的时候,抓紧时间完成任务,不浪费一分一秒。

任何一项成果都可以视为由无数时间凝聚而成的,无论你的成果如何,它都成为了你生命的一小部分。生命可贵,我们不应将它浪费在没有意义的玩乐上,而是应该用它来创造更大的价值,将每一分钟都用在有利于自己成长的事情上。

许多人采取这样争分夺秒的方法,将时间利用起来,完成不可思议的成就。

时间的步伐有三种:未来姗姗来迟,现在像箭一样飞逝,过去永远静立不动,其中我们唯一可以掌握的就是现在。掌握手头的时间,按计划做自己的工作,我们就必然能达到自己设定的结果。

理想和财富不是靠想象和口号来实现的,而是要靠实际有效的行动。有效行动的具体表现之一就是有效利用时间来工作和学习。只有付出才会有回报,只有充分利用时间,时间才会给予我们惊喜。

时间衡量着我们的生命的长短，在有限的时间里创造的价值则衡量着我们生命的厚度。是庸庸碌碌地度过一生，还是轰轰烈烈地过完此生，完全取决于我们对待生命的态度。唯有珍惜时间，我们才能获得更多的知识和能力，才能有更多的机会完成更多的愿望。所以，请珍惜时间吧，时间才是我们所拥有的最大财富。

有效管理你的时间

我们的生命皆由时间组成，片刻时间的浪费，便是虚掷了一部分的生命。

——林肯

对于年轻人来说，最大的财富就是健康的身体和充裕的时间。时间是一个人最大的财富，它可以成就所有人的梦想。但这种财富要充分利用起来才能发挥它的价值，这就要求我们要学会有效管理自己的时间。只有当每一个小时每一分钟的支出都是有计划有意义的时候，我们的生命才会变得充实起来。

金钱和时间都是宝贵的财富，但是人们于金钱的支出大多比较留心，对于时间的支出却往往不大在意。假如我们将自己每天的时间支出做一个清晰的报表，列出一份"生命的账单"，那将会是十分有趣的事情。

著名的《兴趣》杂志对人一生在时间的支配上做过一次调查，结果是这样的：站着，30年；睡觉，23年；坐着，17年；走着，16年；跑着，1年零75天；吃饭，7年；看电视，6年；闲聊，5年零258天；开车，5年；生气，4年；做饭，3年零195天；穿衣，1年零166天；排队，1年零135天；过节，1年零75天；喝酒，2年；如厕，195天；刷牙，92天；哭，50天；说"你好"，8天；看时间，3天。

英国广播公司也曾委托人体研究专家对人的一生进行了"量化"

分析,有些数字可以作为上面推算的补充:沐浴,2年;等候入睡,18周;打电话,2年半;等人回电话,14周;无所事事,2年半。以上推算和量化分析并不全面,而且有些数字也不具有很强的说服力和可信性,但为我们大致列出了一份生命的账单。

从这份触目惊心的账单中我们可以看到,短短一生已经被瓜分得支离破碎了。这份账单上的时间开支,有些是必需的,有些却是完全可以节省的。仅仅是睡觉、坐、行走就占去了56年,我们可以用来学习和工作的时间和做有意义的事情的时间到底还剩多少?

难道这不能重复的宝贵生命就要这样一点点地浪费吗?生命若是虚度,我们又能留下什么呢?我们总觉得自己有的是时间,但其实生命是多么的短暂有限。如果不对时间进行有效的管理,那么我们将会留下多少遗憾?

因此,我们必须严格地把握自己的时间,规定好每天要做的事情,哪些事情可以多费些时间,哪些可以尽量简短。在宝贵的时间上,我们只有斤斤计较,管理好每一分钟的去向,我们才能在有限的人生中做更多有意义的事情。

能有效管理时间的人,都是学习的工作很有效率的人,他们能比别人创造更多的价值。严格地使用时间是他们在事业上有所成就的法宝,而想要严格地使用时间,就需要对自己的时间有一个基础的规划。

1976年冬天,19岁的迈克尔在休斯敦大学主修计算机。他是一个音乐爱好者,同时也具有一副天生的好嗓子,对他来说,成为一个音乐家是他一生最大的目标。因此,只要有多余时间,他就会进行音乐创作。

不久,迈克尔又找了一个名叫凡内芮的年轻人来合作。凡内芮了解迈克尔对音乐的执着。然而,面对那遥远的音乐界及整个美国陌生的唱片市场,他们无计可施。

有一次闲聊，凡内芮突然从嘴里冒出了一句话："想象你5年后在做什么？"

迈克尔还来不及回答，他又说："别急，你先仔细想想，完全想好，确定了再告诉我。"迈克尔想了想，开始说："第一，5年后，我希望自己能有一张唱片在市场上发行，而这张唱片很受大众欢迎。第二，5年后，我要能天天与一些世界一流的音乐家一起工作。"

凡内芮听完说："好，既然你已经确定了，我们就把这个目标倒过来看。如果第五年，你有一张唱片在市场上，那么第四年，一定要跟一家唱片公司签约。第三年，一定要有一个完整的作品，可以拿给很多很多的唱片公司听，对不对？那么第二年，一定要有很棒的作品开始录音了。那么第一年，就一定要把你所有准备录音的作品全部编曲，排练好。那么第六个月，就是要把那些没有完成的作品修饰好，然后让你自己可以一一筛选。那么第一个月，就是要把目前这几首曲子完工。那么第一个礼拜，就是要先列出一个清单，排出哪些曲子需要修改，哪些需要完工。"

凡内芮一口气说完，停顿了一下，然后接着说："你看，一个完整的计划已经有了，现在你所要做的，就是充分利用时间，并按照这个计划去认真地准备每一步，一项一项地去完成，这样到了第五年，你的目标就实现了。"

说来也怪，恰好在第五年，迈克尔的唱片开始在北美畅销起来。

要想使你时间管理的效率最大化，不妨也试着采用逆向倒推的方法，按部就班地严格做好具体的规划。这样一来，你自然可以保证在什么时间做什么事，因而也就能够极为有效地做到对时间的管理。

总的来说，有效管理时间我们要有条理。首先我们要为每天要做的事情、能做的事情做安排，分清轻重缓急，标出次序。其次一旦做好了安排，就应该严格去执行，在自己规定时间内完成任务，绝不拖延找借口。最后空闲时间不要虚度，日积月累也会有很大的收获。

时间稍纵即逝，它好像调皮的小孩，不去管理就不会主动做事。我们如果能积极主动地管理自己的时间，就能将每一天过得有意义。很多时候，我们不是没有时间去做事情，而是没能好好管理和利用好时间。明天的财富就藏在今天的时间里，所以，尽自己最大的努力去管理好自己的时间，它就会为你赢来一笔巨额的财富。

做和时间赛跑的竞赛者

切莫浪费时间，因为它是生命所赖以制造的东西。

——本杰明·富兰克林

如果有一个强有力的竞争者在你的身旁，那么你每天就会面临被人超过的压力，而这种压力就会激发你的斗志，令你更加勤奋并加快速度向前冲刺。如果你将时间看作那个竞争者，那么就要与时间赛跑，超越时间赢得最终的胜利，获得丰厚的奖赏。这种获胜后令人兴奋的感觉，会一直贯穿在我们生活之中，带来积极的影响。

加拿大有一位享有盛名的长跑教练，由于在很短的时间内培养出好几名长跑冠军，所以有很多人向他探询训练秘密。谁也没有想到，他成功的秘密仅在于有神奇的陪练——几只凶猛的狼。

这位教练一直要求队员们每天来体育馆训练的时候，必须跑步过来。有一个队员每天都是最后一个到，但他的家不是最远的。有一天他竟然比其他人早到了 20 分钟。教练算了一下，这个队员当天的速度几乎可以打破世界纪录。

原来，在离家不久经过一段 5 公里的荒野时，这个队员遇到了一只野狼。那只野狼在后面追他，他在前面拼命地跑，最后那只野狼竟被他给甩了。教练明白了，今天这个队员超常发挥是因为一只野狼，一个可怕的敌人激发了他所有的潜能。从此，这个教练聘请了一位驯兽师，并找来几只狼，每当训练的时候，他便把狼放出来。没过多长时间，队员的成绩都有了很大的提高。

当面临生命的威胁时，这些队员们纷纷拔足狂奔。敌人的力量会让一个人发挥出巨大的潜能，创造出惊人的成绩。压力激发了潜力，他们不仅战胜了狼，还战胜了时间，这正是他们最终成为长跑冠军的原因。

如果我们都来做和时间赛跑的竞赛者，我们的生活状态将发生质的变化。我们会奔跑着去目的地，而不是一直等待或者慢慢走着去，而且在奔跑的过程中，我们会为超越时间而欣喜万分。

与时间赛跑，就是超越自己。克服自己慢悠悠的生活状态，克服自己拖延的毛病，克服自己不珍惜零碎时间的习惯。与时间赛跑，只要跑快一步，就会产生不一样的结果。

安格斯读小学的时候，他的外祖母过世了。"什么是永远不会回来的呢？"安格斯问爸爸妈妈。"所有时间里的事物，都永远不会回来，你的昨天过去了，就永远变成昨天，你不能再回到昨天。有一天你度过了你的时间，就永远不能回来了。"爸爸说。

时间过得飞快，在安格斯幼小的心灵里不只有着急，还有悲伤。有一天，他在放学回家的路上，看到太阳快要落山了，就下决心说："我要比太阳更快地回家。"他狂奔着跑回家。当他站在庭院前气喘吁吁的时候，看到太阳还露着半边脸，他高兴地跳跃起来，那一天他觉得自己跑赢了太阳。以后他就时常做那样的游戏，一个暑假才能完成的作业，他10天就做完了。三年级时就把五年级的作业拿来做。每一次比赛胜过时间，安格斯就快乐得无法形容。后来的20年里，他因此受益无穷，他知道人虽然永远都跑不过时间，只要比之前跑快几步，作用就会很大很大。

因为外祖母的离世，安格斯明白了时间是永远不会回来的。今天落下的日头明天不会再回来，今天的花草树木也与明天不再相同。安格斯明白自己的童年一旦过去就不会再回来，时间的飞逝让他感到无比的焦急和悲伤。但是，只要跑过了时间就不会悲伤难过了。他带着这样的想法去奔跑，胜利的喜悦充满了心间。与时间赛跑的方法，让他收获了很多。

将自己的人生列一个时间表，看看现在已经过去了多少吧。可能就在我们抬手的瞬间，时间就从我们的手底下悄悄溜走了。所以，请珍惜时间，和时间赛跑吧！珍惜每一个清晨，伴随朝阳初升，我们就开始井井有条地工作；珍惜每一个午后，在别人喝咖啡的时候我们来和时间做个小游戏，看能不能在那十几分钟创造一个小奇迹；珍惜每一个夜晚，不要让它无谓地流逝，这样安静的时候不是更应该静下心来做事么？跑在和时间竞赛的路上，我们每天都会超越自我！

不要轻易放过空当时间

每天不浪费、不虚度或不抛弃剩余的任何时间。即使只有五六分钟，如果利用起来，一样可以产生很大的价值。

——雷曼

很多人都会将自己的时间管理起来，规定自己某个时间段做什么事情，这是很棒的做法。但是，计划赶不上变化，总会有空当时间出现。这样的空当时间不应该因为不在计划之内就被忽略，我们应该利用好它，做一些自己想做的事情。

许多伟大的成就都是人们抓紧每一分钟做出来的。但凡有所成就的人，他们不仅会在大块的时间里全力以赴，而且从不轻易放过任何一段小的空闲时间。一旦发现自己的时间出现了小空当，他们就会充分利用起来，而不会因为它太少而轻视忽略。将每一个空当时间利用起来，一次进步一点，就像是每次都往瓶子里倒一滴水一样，在不知不觉中，瓶子里的水就越来越多了。

达尔文是进化论的奠基人。他从剑桥大学毕业后，还是个无名小辈，接着他参加了环球考察。他在"贝格尔"号轮船上，珍惜每一天时间，进行了大量的考察，搜集了足够研究 50 年的标本。在别人闲聊时，他坚持写航海日记，还与国内的科学界朋友保持书信联系，其中不少信件很快就被作为学术论文发表。

当他踏上阔别 5 年的国土时，惊讶地发现自己已被称为海洋生物学专家。有人问他何以能做出那么巨大的成绩的时候，他回答说："我从来不认为半小时是微不足道的、很短的一段时间。"

达尔文觉得自己只是在做很平常的事情，他只是在别人闲聊的半小时里，写了一篇航海日记或者信件罢了。无数这样的半小时累积了 5 年，平凡的达尔文便成了海洋生物学专家。在有限的时间里，把平凡的事情做好，就成了伟大。做学问并不难，只看个人能不能专心，能不能抓紧时间学习创造罢了。同样，做好工作也不难，不要仅仅限制在固定的时间之内，对于自己想做的事情，就应该见缝插针地去做。

时间如流水一般无声地从我们的身边溜走。当我们欢笑、悲伤或是空虚的时候，它都不会同情我们也不会因此而逗留。随着时间慢慢流逝，一切都会改变。每一天进步一点的普通人，会成为某一方面的专家；而每天退后一点的天才，也成了平平常常的人。普通人的一个小时就是一个小时，而懂得珍惜时间的人就会将这一个小时里出现的每个小空当，即使是 3 分钟也都充分利用起来。这样一来，他自然就能创造出更多的价值。

卡特·华尔德曾经是美国近代诗人、小说家和钢琴家爱尔斯金的钢琴教师。当爱尔斯金告诉卡特自己每天花费三四个小时练琴。卡特听后对他说："你需要从现在就开始养成习惯，一有空闲就几分钟几分钟地练习。把零散的练习时间分散在一天里面，如此弹钢琴就成了你日常生活中的一部分了。"

当爱尔斯金在哥伦比亚大学教书的时候，他想兼职从事创作，可是工作很忙，差不多有两年都没有动笔。突然，他想起了卡特先生的话。到了下一个星期，他按照老师的话实验起来。只要有五分钟的空余时间，他就坐下来写作100字或短短几行。出乎意料的是，那个星期结束的时候，爱尔斯金居然写出了相当多的稿子。后来他就采用这种办法进行长篇小说的创作工作。虽然学校的工作越来越重，但是爱尔斯金每天仍有许多短短的余暇可以利用，他仍然一边练琴一边写作，最后取得了骄人的成绩。

爱尔斯金的钢琴是在零散的时间里练就的，他的长篇小说也是在5分钟的小空当里一个字一个字地写成的。爱尔斯金的事例告诉我们，量变累积到一定程度就会发生质变。因此，只要是想做的事情，我们不必刻意留出大段的时间来做，完全可以在零碎的时间里一点一点去执行，最后你会发现，时间会给你意外的惊喜。

时间老人是最公正的，你怎样对他，他就怎样回报你。时间老人也最冷酷，在你不知不觉的时候，就把人分成了不同的档次。珍惜每一点时间，善于利用小空当时间的人，时间老人自然也会多赐予他一点。

时间就是财富，只要有心去做，时间总会有的。把空当时间利用起来，精心使用，我们就会有更大的收获。

每天抽出固定的时间来做安排

把时间用在思考上是最能节省时间的事情。

——卡曾斯

能够有目标有计划地去做事要比虽然勤奋但毫无条理地做事更

有效率。真正会工作的人，不是一股子蛮劲地去做，而是会给自己留一个固定的时间来做总结和安排，争取最高的效率。

人如果对自己第二天或者之后一个星期、一个月没有一个清晰的计划的话，那么就无法指望他能做出超凡的成就来。人与人的智力条件相差不大，但结果有人渐渐平步青云，有人却停滞不前。无疑，造成这种区别的很重要的一个原因就是工作方法和效率不同。聪明的人只多付出一点时间来做安排，就给自己省了很大的力气。

美国商业精英鲍伯·费佛在他的每个工作日里，第一件事情就是将当天要做的事情分成三类：第一类是所有能够带来新生意、增加营业额的工作；第二类是为了维持现有的状况，或使现有状态能够继续存在下去的一切工作；第三类则包括所有必须去做，但对企业和利润没有任何价值的工作。

在没有完成第一类工作之前，鲍伯·费佛绝不会开始第二类工作，而在没有全部完成第二类工作之前，绝对不会着手进行第三类工作。"我一定要在中午之前将第一类工作全部结束"，鲍伯给自己规定，因为上午是他认为自己最清醒、最有建设性思考的时间。鲍伯还说："你必须坚持养成一种习惯：任何一件事情都必须在规定好的几分钟、一天或者一个星期内完成，每一件事情都必须有一个期限。如果坚持这么做，你就会努力赶上期限，而不是永无休止地拖延下去。"

鲍勃固定在每天最开始的几分钟，将自己的工作任务按照轻重缓急分成三类，这使得他能够能将自己的时间价值最大化，总是能及时将重要的事情完成。小小的一个安排，就让他的工作有了头绪。

人总是需要一种东西来引导和约束自己的行为，借着做时间安排表的方式，人们就有了一个清晰的做事计划。如果你经常不能准时做事，总是拖拖拉拉的话，那么每天抽出固定的时间来做安排就更为重要了。

在做安排的时候，我们要将最重要、最紧急的事情排在前面，轻重缓急依次列好。我们还可以将大计划分解成小计划小步骤，分解成不同时间长度做力所能及的事情。有半小时就做半小时能完成的事情，有十分钟就做十分钟能完成的事情。这样将工作分解开来，就没有什么压力，也不会产生混乱的感觉了。用固定的时间作安排，将会是一种非常有效的提高工作效率的方法。

企业管理顾问艾维·李对施瓦布说："我可以教你如何提高公司的效率。如果有效，希望你能把公司因此省下的费用的 1% 给我。"施瓦布同意了。

李开始与所有高级主管面谈 10 分钟，他告诉每一位主管："在下班离开办公室前，花 10 分钟写下 6 件你今天尚未完成，但明天一定得做的事。"主管们开始实行这个计划后，他们发现自己比以前更专心了，因为有了这张表，他们更有效率。不久之后，公司的生产力有了显著的提高。施瓦布开了张 35000 美元的支票给李。

李告诉施瓦布的"下班前 10 分钟列下 6 件明天必须做的事"的方法使施瓦布公司的业绩节节攀升。倘若我们也能采用这种方法安排时间的话，我们的办事效率肯定也会大大提高。

行驶的轨道清楚，我们才知道自己会走向何方。了解自己要做的事情，明白做事的先后和时间限制，才有可能有条不紊地工作。每天抽出固定时间来做安排，我们的行动会更有效率，我们也会因此而向前方多迈进一大步。

及时堵住时间的小漏洞

时间迅疾地飞去——我们多么希望一切事物能与它同飞。

——尼采

时间不会因为谁而逗留片刻，它每分每秒都在匆匆地赶路。当我们回忆往事的时候，总会因为没有创造出跟别人相同甚至更多的价值而感到后悔。那些被疏忽被错过的时间，在我们总结成果的时候看起来是那么重要。

我们该如何在有限的时间中创造更大的价值呢？答案就是我们不仅要珍惜时间努力拼搏，还要善于及时堵住时间的小漏洞，不让一分钟白白溜走。及时堵住时间的小漏洞，把零碎的时间用于做一件值得去做的事，这样长期积累起来的成果也会是很可观的。

涯沧·哈特葛伦博士是一位博学多才的老人，他以前是一所大教堂的牧师，后来退休了。他曾经问过一位年轻人是否了解南非树蛙，年轻人坦白地说："不知道。"博士诚恳地说："如果你想知道，你可以每天花5分钟的时间阅读相关资料，这样，5年内你就会成为最懂南非树蛙的人，你会成为这一领域中最具权威的人。"

珍惜光阴可使生命变得更有价值。5分钟可以用来喝一杯茶，也可以用来读自己想读的书。不要以工作繁忙没有时间给自己充电为借口，仅仅5分钟，每个人都可以挤出来。人的潜力是无穷的，时间就像海绵里的水，只要肯挤就总会有的。零散的时间漏洞总会存在，能否堵住它要看我们去不去留心、有没有决心将它利用起来罢了。

时间的小漏洞是散布在我们生活的各段时间中的，有些甚至难以引起我们的注意。这漏洞可能存在于日常工作的间隙，也可能存在于每天的茶余饭后。趁着我们还年轻，树立起化零为整的时间观念，堵住每一个时间小漏洞，可以帮助我们做更多有意义的事，创造出更多的价值。

著名教育家班杰明曾经接到一个青年的求教电话，并与那个向往成功、渴望指点的青年人约好了见面的时间和地点。

待那个青年人如约而至时，班杰明的房门大敞而开着，其间的景象令青年人颇感意外——班杰明的房间里乱七八糟。没等青年人开口，班杰明就招呼道："请你在门外等候一分钟。"不到一分钟的时间，班杰明又打开了房门，并热情地把青年人让进客厅。这时，青年人的眼前展现出另一番景象——一切已变得井然有序，有两杯刚刚倒好的红酒，在淡淡的香水气息里还漾着微波。没等青年人开口提问，班杰明就非常客气地说道："干杯。你可以走了。"青年人一下子愣住了，说："我还没请教呢……"班杰明微笑着说，"你进来有一分钟了。"

青年人若有所思地说："我懂了，您让我明白了一分钟的时间可以做许多事情，也可以改变许多事情。"青年人将红酒一饮而尽，向班杰明连连道谢后，开心地走了。

一分钟可以让一个人将一个乱七八糟的房间收拾干净，一分钟可以让我们写下两三行字……珍惜每一分钟，就是珍惜生命。把握了当下的每一分钟，我们也就把握住了自己的人生。

用"分"计算时间的人，比用"时"来计算时间的人，时间多了59倍。我们每天的时间里有那么多的小漏洞，拿来发呆聊天它会过去，拿来做有意义的事它也会过去。聪明睿智的人就会将这些小漏洞堵住，将这几分钟利用起来。

不能管理时间的人，根本不具备管理自己的能力，也更谈不上管理其他。无数功成名就的人都会提出一个相同的真理，那就是珍惜时间，充分利用上天赐予的每一分钟，将时间的小漏洞揪出来并堵住它，一刻不停地来积累进步。

时间是最长又是最短的，是最快又是最慢的，是最能分割又最广大的。那些时间小漏洞，零散的小时间是最不受重视又是最应当重视的，能够将这些时间利用起来的人必然会比别人进步更快、创造更多。怀着想要继续进步的心，去重视每一个小漏洞，尽心去填补它，利用它去创造的价值，这样的人一定可以取得最后的成功。

做好时间的驾驭者

时间是衡量事业的标准。

——培根

很多人都曾经拥有万丈的雄心，决心去创立一番伟大的事业。他们定下一个又一个伟大的计划，昂扬的斗志让他们着实振作了一阵子，但这种热情很快就消失了，他们又恢复了原来浪费时间拖延时间的恶习。

人如果想成功，就必须做好时间的驾驭者，战胜自己的惰性，让自己在有限的时间里创造更多的价值。如果没有克制自己的坏习惯，没能过有规律有意义的生活，没能管理好时间，那么就只能成为一个庸碌无为的人。时间本可以成就一个人，但浪费时间的坏习惯却让一个人把自己的生命毫无意义地消耗掉了。

深夜，一个危重病人迎来了他生命中的最后一分钟。他对死神说："再给我一分钟好吗？我想利用这一分钟想一想我的朋友和我的亲人。如果运气好的话，我还可以看到一朵绽开的花。"

死神说："你的想法不错，但我不能答应。这一切都留了足够的时间让你去做，你却没有像现在这样去珍惜。你看一下这份账单：在60年的生命中，你有1/3的时间在睡觉；剩下的30多年里你经常拖延时间；曾经感叹时间太慢的次数达到1万次，平均每天一次；上学时，你拖延完成家庭作业；成人后，你抽烟、喝酒、看电视，虚掷光阴。"

"我把你的时间明细账罗列如下：做事拖延的时间从青年到老年共耗去36500个小时，折1520天。做事马虎，浪费了大约300多天。你经常发呆，和同事侃大山，煲电话粥，参加无聊的会议……"

说到这里，这个危重病人就断了气。死神叹了口气说："世人怎么都是这样，还等不到我动手就后悔死了。"

世人都是这样，浪费时间敷衍生命的时候浑然不觉，一旦列出清楚的时间账单，就往往因后悔而心痛不已。当我们感叹日子太无聊时间太慢的时候，时间就会冷着脸毫不犹豫地跨着大步从我们身边快速离开。等到我们觉出时间紧迫时，再多的哀求也换不来一分钟的宽裕。

谁敷衍时间，时间就敷衍谁。不能好好驾驭时间的人，就会被时间玩弄。当懂得珍惜时间、驾驭时间的人活得生机勃勃的时候，不懂得做时间主人的人却在时间一点点流逝的过程中逐渐丧失了理想和活力。

人的一生是由无数个选择决定的。选择被时间主宰，那么你就永远只能被时间牵着鼻子走，生活也不会有什么进步和变化。而选择驾驭时间的人，则可以将时间变成了自己最好的帮手，超越时间的束缚，创造出更多的价值。

美国某知名公司董事长雅克妮原本是一位极为懒惰的妇人，后来她的丈夫意外去世，家庭的全部负担都落在了她一个人身上。在这样贫困的环境下，她被迫去工作赚钱。她每天把子女送去上学后，便利用余下的时间替别人料理家务，晚上，孩子们做功课时，她还要做一些杂务。这样，她懒惰的习性就被克服了。后来，她为需要的家庭整理琐碎家务。这一工作需要付出很多努力。渐渐地，她把料理家务的工作变为一种技能。雅克妮就这样夜以继日地工作，终于使订单滚滚而来。

俄国文学家列夫·托尔斯泰年轻时为了克服惰性，采取了两条措施，一是天天做体操，二是每晚睡前写日记。这两条措施，他一直坚持到八旬高龄，日记坚持写到他逝世前四天。正是因为他克服了惰性，养成了毕生勤奋的习惯，才有了《复活》、《安娜·卡列尼娜》等伟大著作的诞生，并使他成为文坛巨匠。

　　时间最憎恨的就是懒惰的人，因为这样的人只会抱怨时间为什么不恩泽他们，为什么同样的时间过去了，自己得到的却比别人少。想要驾驭时间，成为时间的主人，就要像雅克妮一样克服懒惰，利用好每一刻闲暇时间去做应该做的事情。想要驾驭时间，就要像托尔斯泰一样，养成毕生勤奋的习惯。

　　能够驾驭时间的人，也能管理自己。正是因为严格要求自己，不拖拉不敷衍，不懒惰不半途而废，才能充分地利用时间。越是懂得时间价值的人，就越是会珍惜它的价值并好好利用它。越是好好利用时间的人，越能让时间发挥出它最大的价值。很多人都懂得这个道理，但却很难真正要求自己做到。当我们拥有足够的时间时，往往不知如何利用而任意挥霍；当我们急迫需要时间的时候，却发现它已所剩无几了。

　　时间对于每个人都是公平的，给予每个人的都是一天 24 个小时。光阴不能虚度，人生不能苍白，所以，如果你想创造成绩的话，那么请及早正视时间的价值，努力做好时间的驾驭者吧！

把 24 小时成功变为 48 小时

　　用"分"来计算时间的人，比用"时"来计算时间的人，时间多 59 倍。

　　　　　　　　　　　　　　　　　　　　——雷巴柯夫

　　每个人都想争取更多的时间来做更多的事，但如何才能在有限的时间里做更多的事情，或是把 24 小时变成 48 小时呢？这就要提高效率。

　　要想提高效率，争取更多时间，首先就要求我们一次只做一件事，而不能朝三暮四，否则只能是一事无成。其次，是要充分利用好每一分每一秒，不要让时间消耗在拖延上，最好是将自己要做的事情规划到具体的时间安排上，并严格按照时间日程安排做事，这自然就能在有限的时间里完成更多的事情。只要做到这两点，你就能轻松有序地利用好时间，做好每一件事，而不会被时间拖着鼻子走，搞得自己筋疲力尽且一事无成。

"二战"时期，米诺在收发室里整理在战争中死伤和失踪者的记录，他必须分秒必争地处理，一丁点的小错误都可能会造成难以弥补的后果。米诺每天小心翼翼地避免出现任何差错。

在压力和疲劳的袭击之下，米诺的身体垮了，他住进了医院。

军医了解他的状况后，语重心长地对他说："米诺，你身体上的疾病没什么大不了，真正的问题出在你的心里。我希望你把自己的生命想象成一个沙漏，在沙漏的上半部，有成千上万的沙子。每一个人都像是一个沙漏，每天都有一大堆的工作等着我们去做，但是我们必须一次一件慢慢来，否则我们的精神绝对承受不了。"

医生的忠告给了米诺很大的启发，从那天起，他就一直奉行着这种"沙漏哲学"。他反复告诫自己："一次只流过一粒沙子，一次只做一件工作。"他也学会了如何从容不迫地面对自己的工作，工作效率也大大提升。没多久，他就恢复了健康。

米诺把所有的事情都压在自己身上，想要做好工作的心情让他焦虑不安。这样不仅不能提高工作效率，反而压垮了自己的心理和身体。医生的"沙漏哲学"不仅是教米诺减少压力的好办法，也是提高工作效率的好办法。一堆的事情放在一起，肯定会让人无所适从顾此失彼，效率自然也就无从谈起了。

人只有两只手，不可能把所有的事情一次解决。重要的事情再多，也得按照顺序一件一件地来。这样的办法看似慢，实际上确实最有效率的，因为这样的话一切都是在规则条理下进行的。除了这样采用一次只做一件事，专注工作的办法以外，给自己定下时间限制，要求自己必须在规定时间内完成一件事情，这样也可以将 24 小时变成 48 小时，大大提升你的工作效率。

　　某公司老板要赴国外公干，且要在一个国际性的商务会议上发表演说。他身边的几名工作人员于是忙得头晕眼花，要把他所需的各种物件都准备妥当，包括演讲稿在内。

　　在该老板出发的那天早晨，各部门主管也来送机。有人问其中一个部门主管："你负责的文件打好了没有？"对方睁着惺忪睡眼道："昨晚只睡4小时，我熬不住睡去了。反正我负责的文件是以英文撰写的，老板看不懂英文，在飞机上不可能复读一遍。待他上飞机后，我回公司去把文件打好，再以电子邮件传去就可以了。"

　　谁知，老板驾到后，第一件事就问这位主管："你负责预备的那份文件和数据呢？"这位主管按他的想法回答了老板。老板闻言，脸色大变："怎么会这样？我已计划好利用在飞机上的时间，与同行的外籍顾问研究一下自己的报告和数据，别白白浪费坐飞机的时间呢！"

　　这次失误的原因在哪里呢？是老板没有跟属下商量就决定搭飞机的时候研究报告，还是属下没有加班加点努力工作？都不是。真正的原因在于，这个主管没有好好地安排自己的工作，做事情完全凭感觉，没有时间限制。既然没有时间限制，那么所有的一切自然就变得无法控制了。

　　因此，为了充分利用时间创造出更多的价值，我们就应该制定好每日的时间进度表，并严格按照时间表专注地做事。只有这样，我们的工作效率才会节节攀升，我们才能将24小时成功变为48小时。

用同样的时间做更多的事情

辛勤的蜜蜂永远没有浪费时间的悲哀。

——布莱克

　　莎士比亚曾说："时间无声的脚步，是不会因为我们有许多事情要处理而稍留片刻的。"时间给勤奋者留下智慧和力量，给懒惰者则留下空虚和懊悔。能够驾驭时间，有效管理时间的人，往往能够用同样的时间做出更多的事情。

懂得利用时间，这是人最大的智慧。时间对任何人来说，都是这个世界上最宝贵的东西。对人而言，时间就是命运，时间就是金钱。世界上最长的东西莫过于时间，因为它永无穷尽；最短的也莫过于时间，因为它往往在你的计划还来不及完成时就匆匆溜走。因此，做事之前是否有个详尽的计划，对做事效率高低和成功与否有着至关重要的作用。

一群伐木工人走进一片树林，开始清除矮灌木。当他们费尽千辛万苦，好不容易清除完一片灌木林，直起腰来准备享受一下完成一项艰苦工作后的乐趣时，却猛然发现，旁边那片树林才是需要他们去清除的！

有多少人在工作中，就如同这些砍伐矮灌木的工人那样，只是埋头砍伐矮灌木，而完全没有意识到要砍的并非矮灌木而是树林呢？不能说这群伐木工人没有努力工作，也不能说他们不够勤奋刻苦，只是他们根本没有搞清楚自己应该干什么，所以既浪费了时间和人力，也造成了无谓的资源损失。这就是工作之前毫无计划的后果。

有经验的园丁往往会把树木上许多不能开花结果的枝条剪去，这样树木才能更快更茁壮地成长，才能在秋天结出更加饱满的果实。真正聪明的人也是这样，他们会想办法利用同样的时间做更多的事情，会事先规划好怎样做最有成效。聪明的人做事有目标有方向，他们会为自己当天的工作制订一个清晰的计划，先做最有成效最重要的部分，至于那些不太重要或者无关紧要的事，就放到在后面去做。因为与其全面开动，将精力耗费在无意义的琐事上，还不如选准最重要的，集中精力全力以赴，这样才能创造更高的效率。

　　某著名百货公司宣传部的一位年轻职员为了进行市场调查，来到纽约市。他想到自己应该有效地运用自由时间，就直接跑到纽约某个著名犹太商人的百货店，贸然叩开了该公司宣传部主任办公室的大门，向秘书小姐说明来意。

　　秘书小姐问："请问您事先预约好时间了吗？"

　　这位青年微微一愣，但马上滔滔不绝地说："我是某百货店的职员，这次来纽约考察，特意利用空闲时间，来拜访贵公司的宣传部主任……"

　　"对不起，先生！"秘书小姐打断了他的话。就这样，这位职员被拒之门外。

　　这是一位全心全意为工作付出的职员，主动访问同行是值得表扬的行为，但为什么会被这样毫不留情地拒绝呢？这是因为犹太人将"时间就是金钱"这句话奉为经典，在已经做好安排的工作时间里，额外花费几分钟和一个毫无把握的人谈问题是不可想象的。这位职员的到来是在妨碍他们专心完成工作，因而自然会遭到拒绝。

　　犹太人重视时间，他们认为时间可以使金钱无中生有，只有利用好时间才能获得财富。他们会根据事情能够产生的效益多少来分配时间，让每一分钟每一秒都产生它应有的价值。同样的时间里，犹太人会将时间以分秒来计算，专心地利用好每一分钟做工作，这样他们自然就能在同样的时间里做更多的事情。

　　在同样的时间里做最多的事情，可以大大激发自己的潜力，创造出更多的价值。所以，我们应当树立起严格的时间观念，列出一个清晰的计划表并严格按此执行高效行事。只要保持这样的做事态度，我们就一定可以创造出更多更有价值的成果。

修炼你的时商

正确地利用你的时间！你要理解什么，不要舍近求远。

——歌德

立志成功的人，都能充分理解时间的重要性。他们不会将时间浪费在无谓的事情上，会确定自己每一分钟所可能产生的价值，这就是有时商的人。

有时商的人常常告诉自己：只有一个时间是重要的，那就是现在！他们知道现在是他们唯一可以有所作为的时间，因此会抓住每一分钟并好好地予以利用。富兰克林就是这样一个具有高时商的人。

书店里，一位顾客拿着一本中意的书正在问价："这本书多少钱？"

"1美元。"

"要1美元？太贵了，上个星期来问时才50美分呢！你能不能便宜一点？"

"没法便宜了，这本书写得很好，就得1美元。"店员微笑着答道。

顾客显得十分不满："你们的老板在吗？我要向他投诉。"

正在这时，书店的老板过来了，他就是富兰克林。

顾客扬了扬手中的书，再一次问："老板，请问这本书的最低价是多少？"

"2美元。"

"怎么可能呢？刚才你的店员还只要1美元。"

"没错，"富兰克林说道，"但是你耽误了我的宝贵时间，这个损失比1美元要大得多。"

顾客为了尽快结束这场小小的风波，再次问道："很抱歉耽误了您的时间，那么请告诉我这本书的最低价是多少？"

"4美元!"

"这是怎么了,刚才你自己不是说只要2美元吗?"顾客十分惊讶。

"是的,"富兰克林平静地说,"可是到现在,我因此所耽误的工作和损失的价值要远远大于4美元。"

与其将时间浪费在无意义的小事上,倒不如利用它来做更重要的事情。时商不高的人会慢悠悠地耗掉自己的时间,纠结于一些微不足道的小事并为此付出很多的时间。时商较高的人则往往是争分夺秒的,他们会将每一分钟都充分利用起来做该做的事,绝不会在一些无关紧要的小事上浪费时间。他们把时间看得比金钱更为宝贵,他们会仔细计算时间的价值,自己每一分每一秒能创造出多少价值都是了然于心的。

时间就是金钱,这绝不是一句空话。这个概念需要我们去认真实践,不仅要珍惜时间还要把时间规划好,将每一点空当每一点零碎时间都利用起来。只要是自己的时间,都拿来为自己创造价值。这样的人才叫有时商的人,这样的人才是懂得珍惜现在的人。

人的一生最重要的不是期望模糊的未来,而是重视手边清楚的现在。不要因为一些无谓的事情让现在变成过去,也不要沉溺于对未来的幻想中而忽视了现在。人生要过得有意义的唯一办法,就是每一天都不虚度,牢牢把握现在,修好自己的时商,让每一天都过得有价值。

卓根·朱达是哥本哈根大学的学生,暑假他去美国观光,他可以在华盛顿停留一天。到酒店后,却发现装着机票和钱的皮夹不见了。

怎么办呢?打电报给芝加哥的朋友向他们求援?还是到丹麦大使馆去报告遗失护照?还是坐在警察局里干等?他突然对自己说:"不行,这些事我一件也不能做。我要好好看看华盛顿。说不定我以后没有机会再来,但是现在仍有宝贵的一天待在这个城市里。""我跟以前的我还是同一个人,那时的我很快乐,现在也应该很快乐呀。

我不能白白浪费时间，现在正是享受的好时候。"于是他立刻动身，徒步参观了白宫和国会山，并且参观了几座大博物馆，还爬到华盛顿纪念馆的顶端。他去不成原先想去的阿灵顿和许多别的地方，但他看过的，他都看得更仔细。

回到丹麦以后，这趟美国之旅最使他怀念的就是在华盛顿漫步的那一天。

卓根就是一个有时商的人，他注重现在，没有让那一天白白溜走。不必怀念，不必懊恼，"现在"就是最好的时候。不要为明天的事烦恼，只要全力以赴地过好今天就行了。

在这个世界上，有许多事情是我们所难以预料的。我们不能改变世界，却能改变自己对世界的看法；我们无法预料未来，却可以充分掌握现在。只要把握好现在，安排并做好当前的事情，我们就可以过得很精彩。

第十一章

品格的修行应伴随人的一生

你的品质将决定你的价值

品格能决定人生，它比天资更重要。

——弗·桑德斯

良好的品质是一个人迈向成功的资本。能否拥有良好的品质，将决定我们能否铸就美丽的人生，能否实现人生价值。每个人都应将良好的品质作为一生的伴侣，珍惜它爱护它，与它相伴到老。具有良好品质的人往往会更珍惜自己的价值，也将因此而获得更多的价值回报。

具有良好品质的人，是睿智的人，是快乐幸福的人。他们正直诚恳，因而能获得更多人的信任和帮助；他们把快乐和幸福传达出去，因而能拥有更多的朋友，更受世人尊敬和敬仰。品质良好的人会以自己的人格魅力吸引越来越多的人来到自己的身边，为自己提供帮助，从而更有实现自我价值的可能。简单来说，一个人的品质将决定其自身的价值。拥有良好品质的人，他们会持之以恒地严格要求自己，最终不仅能够向社会贡献出自己的力量，也能成就自己的价值。

1965年，卡菲瑞在西雅图景岭学校图书馆担任管理员。一天，有同事推荐一个四年级学生来图书馆帮忙。

一个瘦小的男孩来了，卡菲瑞讲明了图书分类法后，男孩不遗余力地在书架的迷宫中穿来插去。中午时，他已找出了三本放错地方的图书。

第二天小男孩做得更卖力。干完一天的活后，他正式请求担任图书管理员。又过两个星期，他突然邀请卡菲瑞先生上他家做客。孩子母亲说他们要搬家所以得转校了，孩子听说要离开很担心："我走了谁来整理那些站错队的书呢？"

没过多久，他又在图书馆门口出现了，并欣喜地告诉卡菲瑞，那边的图书馆不让学生干，妈妈把他转回这边来上学，由他爸爸用车接送。"如果爸爸不带我，我就自己走路来。"

卡菲瑞先生后来回忆道："这小家伙决心如此坚定，又浑身充满责任感，对他而言，天下无不可为之事。不过，我可没想到他会成为美国首富，他就是比尔·盖茨。"

小时候的比尔·盖茨对待图书馆工作这样的小事，就已经表现出一种超乎同龄人的责任感。这种认真工作，全力以赴的良好品质为他以后的学习工作打下了坚实的基础，而这种负责任的品质也成就了他的工作态度和领导能力。态度决定成果，品质决定一个人的未来价值。如果我们从现在开始，有意识培养自己认真负责的品质，我们也能在自己的领域做出更好的成绩。

良好的品质是一种价值品牌，它能化为无形的财产，为我们的成功提供支持和保障。在人际交往的过程中，人们总是会选择与具有良好品质的人为伍，并愿意为其提供更多的机会和帮助。例如，当发生灾难时，具有良好品质的人以自身强大的影响力和感召力带动更多人一起帮助遭受灾难的人，这就是良好的品质与个人价值之间转换关系的一种体现。

良好的品质不仅能成就自我，还会成为一种珍贵的遗产恩泽子孙后代。一个家庭里若有一个道德高尚的人，便足以带动家人培养自身良好的品质。与此同时，这种珍贵的品质便会世代沿袭，增强家族的影响力。

吉米夫妇又添了一个儿子，他们决定自己买地盖一座房子，于是找到银行家贷款。银行家从来不肯轻易借钱给别人。吉米初次和他见面时，同样遭到了拒绝。但当吉米谈到自己的家世时，银行家却大吃一惊："你是否认识吉米·格林？""那是我的祖父。"吉米答道。

奇怪的是，银行家的态度突然变得十分热情起来，他高兴地和吉米交谈着，最后不仅借了一大笔钱给吉米，还给他介绍了几个做房地产的朋友。

吉米在高兴之余对银行家的做法疑惑不解，银行家似乎也看出了他的心思，笑着说道："因为你是吉米·格林的孙子啊。我认识你祖父并且很敬重他，他是一个非常坦诚并热心助人的人。"

对于一个银行家来说，只有品质高贵的人才值得信赖。对吉米爷爷的敬重使得他选择了相信并帮助他的孙子，这就是良好品质的外在价值表现。

以金钱去投资仅仅能收获金钱，但是培养良好的品质却是长久且永不亏损的投资。良好的品质，会成为我们的价值品牌，成为鞭策我们努力工作、认真做人的动力。养成良好品质，做一个高尚的人，这将是我们实现个人价值最大化的好方法。

责任是成就人生的基石

天才理应飞向天国，真正的诗人有责任唤醒世人，慎择那最崇高的灵境。

——普希金

　　责任是成就人生的基石。一个有责任心的人，往往会主动承担起更多的义务，他们更愿意付出而不是享受。高贵的责任感会促使他们时刻保持高贵的行为，将自己修炼成一个具有高尚品质的人。

　　有责任心的人更能成就人生。他们从来不会抱怨命运的安排有多不公，只会主动地接过生活的担子，努力去解决问题。他们会把交给自己的事情做好，不逃避，不拖延，不敷衍。他们会为别人着想，尽自己所能地改善环境使他人得到幸福。在这些履行责任的过程中，他们逐渐提升并成就了一个真正的自我。

　　1957年诺贝尔文学奖的获得者阿贝尔·加缪出生在一个贫苦的家庭，生活特别艰难。因为要上学和一些其他开销，加缪妈妈的负担越来越重了。

　　无论妈妈怎么努力，他们家的生活还是越来越困难。读完小学以后，在加缪的一再央求下，妈妈终于同意让他去做些事情，帮助家里减轻负担，但前提是不能耽误自己的学习。从那以后，加缪一边读书，一边劳动。一开始，他找到了一份扫大街的工作。他每天不仅需要很早起床，还要拿着几乎跟他一样高的扫帚去扫大街，加缪常常累得满头大汗。为了给妈妈减轻负担，加缪努力着坚持过来了。后来，加缪又到一个饭馆里去洗碗。加缪和几个小伙计每天都拼命干活。

　　艰难的生活让加缪经受了磨炼，也养成了他刻苦勤奋的优良品质。后来，他通过自己的不懈努力，考取了大学，并最终获得了诺贝尔文学奖，成为举世瞩目的大文学家。

　　成就加缪的是他对妈妈的爱，是对家庭的那份责任感。想要帮助家里好起来，想要让妈妈不那么辛苦的责任感，督促着加缪坚持把每一份工作做好。正是这种难能可贵的责任感，使得加缪养成了刻苦勤奋的优良品质，帮助他走过了那段最为艰辛的日子。这样的责任感同时也是加缪赢得尊敬的原因之一。

　　责任是一个人成长的动力，是一个人高贵品行的有力体现。一个人要想跨进成功的大门，就必须有强烈的责任心。责任心是每个人都必须具备的品质，同时也是一个人值得信赖的重要标志。

责任心应该是无时无刻被保留的，不应因为外界的变化而变化。我们对自己工作的责任心，不应该只是在有人监督的时候存在，而是在任何时候都应尽忠职守。我们对于祖国的责任心也应该如此，任何时候我们都应该谨记对它的责任感，谨记要时刻维护它的形象。

一个漆黑、凉爽的夜晚，在墨西哥市，坦桑尼亚的奥运马拉松选手阿赫瓦里吃力地跑进了奥运体育场，他是最后一名抵达终点的选手。

这场比赛的优胜者早就领了奖杯，庆祝胜利的典礼也早就已经结束，因此当阿赫瓦里一个人孤零零地抵达体育场时，整个体育场空荡荡的。阿赫瓦里的双腿沾满血污，绑着绷带，他努力地绕完体育场一圈，跑到了终点。在体育场的一个角落，享誉国际的纪录片制作人格林斯潘远远地看着这一切。在好奇心的驱使下，格林斯潘走了过去，问阿赫瓦里为什么要这么吃力地跑至终点。

这位来自坦桑尼亚的年轻人轻声地回答说："我的国家从2万多公里之外送我来到这里，不是叫我在这场比赛中起跑的，而是派我来完成这场比赛的。"

任何借口都掩盖不了推卸责任的实质。借口都是安慰自己的话，它会逐渐消磨你的斗志，逐渐让你对自己的要求降低下来。遗憾的是，在生活中，我们经常会看到有人推卸责任，并似乎总是能找出合情合理的解释借口。长久下去，习惯了找借口推卸责任，也就习惯了失败和堕落。明明知道责任才是事业成功的保证，还要为自己的失败或懒惰找借口，推卸责任，这样的做法非但不能为自己找到心理安慰，而且还会为自己前进的道路平添阻碍。

真正有责任感的人，他们会主动承担起自己应尽的责任，而不是找这样那样的借口去逃避担责。责任是成就人生的基石。做一次负责任的事，就是为自己的成功添一次砖瓦。良好的品行和信誉，将成为我们无往不胜的武器。

尊重别人就是尊重自己

我们平等地相爱，因为我们互相了解，互相尊重。

——列夫·托尔斯泰

在人际交往的过程中，尊重是人际关系中最为重要的根基。倘若人与人之间连最起码的尊重都没有，那么一切关系将无从谈起，在缺失尊重基础上建立起的人际关系也是极为不牢靠的。为此，我们在与人交往的过程中，就应牢记尊重这一最基本的要素。要记住，尊重他人，就是尊重你自己。只有学会尊重他人，才能为你自己赢来更多坚不可摧的友谊，才能赢得更多的帮助与机遇。

尊重别人不是仅仅停留在口头上的，而是应时时刻刻将其牢记于心并付诸行动的。尊重别人，就要对所有人都一视同仁，不能因为他人弱小或是贫穷就对其尊严而不顾，也不能因为他人强势或富有就对其谄媚不已，这些都不是真正意义上的尊重。

有一天，华盛顿独自一人走出营房散步，没有一个人认出他。在一个地方，他看到一个下士正领着手下的士兵修筑街垒。那位下士把自己的双手插在衣袋里，只是对抬着巨大的水泥块的士兵们发号施令。士兵们经过多次努力，还是不能把石头放到准确的位置上。士兵们的力气快要用完了，石块眼看着就要滚下来了。

这时，华盛顿疾步上前，用他强劲的臂膀顶住石块。这一援助很及时，石块终于放到了位置上。士兵们转过身，拥抱华盛顿，并表示感谢。

华盛顿问那个下士："你为什么光喊加油而让自己的双手放在衣

袋里呢？""你问我？难道你看不出我是这里的下士吗？"那下士背着双手，很不以为然地回答说。

华盛顿听了下士的回答，就不慌不忙地解开自己的大衣纽扣向下士露出自己的军服，说："按衣服看，我就是上将。不过，下次再抬重东西时，你就叫上我。"那个下士这时才知道站在自己面前是华盛顿，他一下子羞愧到了极点。

华盛顿之所以能获得成功，很大程度上与他尊重他人的态度有关。他很懂得领导的艺术，了解他人并尊重他人，不因为自己劳苦功高就骄傲自大，也不因为自己身处上位就不尊重其他人，所以才会赢得美国人的信任和尊敬。

在生活中，我们也应该常以行动表示自己对他人的尊重。尊重年长的人，帮助他们；尊重比自己年幼的人，爱护他们；尊重功成名就的人，虚心学习他们的成功经验；尊重普普通通的劳动者，认同他们的劳动价值……各行各业的人我们都要尊重，因为职业不分贵贱；各种肤色的人我们都要尊重，因为我们生而平等；无论健康人还是残疾人我们都要尊重，因为尊严是平等的。懂得了尊重别人，就是懂得慈悲关爱，也就是懂得尊重自己。

一位学者和朋友到火车站送人。一个疯疯癫癫的人迎了上来，拦住了他们的去路。他衣衫褴褛，头发乱蓬蓬的，谁都以为是一个讨钱的，于是学者的朋友掏出一元钱来递给他。他瞪了一眼，没有接，然后将目光移向了学者，小心翼翼地说："这位老先生，我看得出来您是个有学问的人，能不能给我讲讲亚历山大是怎么死的？"

朋友想推开他，学者却阻止了，领着那个疯子到了一个楼角。他从亚历山大的战绩，讲到他的朋友，讲到其中的政治斗争，到最后遇害，大约用了十几分钟时间。学者讲得绘声绘色，那疯子也听得津津有味。临走的时候，疯子抓住学者的手，眼中泛动着晶莹的泪花："谢谢您，我求了好多人，只有您才肯给我讲！"

回去的路上，学者的朋友问："他是一个疯子吧？"学者沉默了一会儿才说："也许是，但他首先是一个人，只要是人，都是值得尊重的。因为在尊重别人的时候，更重要的还是在尊重自己！"

"只要是人，都是值得尊重的。"这句话掷地有声，体现了学者对于生命的尊重，对文明的尊重。我们讲人人平等，不是有限范围、有区别的平等，而是同等生命体都应该得到他应有的权利和尊重。我们说仁爱，就应该普及大地；我们讲尊重，就要落实到每一个人身上。

生活中，尊重不只是一个得到或者给予的问题。能不能将尊重进行到底，要看个人的人格修养和恒心。其实在尊重别人的时候，我们也得到了别人的尊重；而当你践踏别人尊严的时候，自己的尊严也正在自己的脚下痛苦地呻吟着！因此，我们无论何时何地都应将尊重谨记于心，将其牢牢植根于心中，作为为人处世最基本的准则。

孝敬父母是最美的品行

你希望子女怎样对待你，你就怎样对待你的父母。

——伊索克拉底

父母是每个人一生中最大的恩人。他们给予我们生命，呵护我们成长，始终伴随我们不离不弃；他们对我们向来只有付出不问索取，为我们操劳终生。因此，父母是我们最应感恩并予以回报的人。

孝敬父母是最美的品行，也是一个人最强大的品德。试想一个连孝敬父母都不懂的人，怎么可能会拥有其他高尚的品德呢？孝敬父母，就是应当在他们年老时，仔细照料他们的饮食起居，多去看望他们，陪着他们聊聊天。孝敬父母，不仅仅只是在物质方面为他们提供基本的保障，更应该是一种精神上的关怀。随着父母的渐渐老去，我们与他们相处的日子也会渐渐缩短。如果现在不孝敬父母，那么等他们离开人世后，留给你的只有无尽的遗憾和悔恨。

从前有个老人，一直孤单生活，他没有什么存款。

他有三个儿子，他们忙于自己的生活，只是每周回来和父亲吃一顿饭。儿子看他的次数也越来越少。他心想："他们不愿意陪在我的身边，因为他们害怕我会成为他们的累赘。"他彻夜不眠，为此而担心，最后他想出了一个办法。

第二天早上，他找到木匠朋友和吹玻璃的朋友帮忙完成了一件事。儿子们再来吃饭的时候，不小心踢到了桌子底下的箱子。他们问："里面是什么？"老人说，"只是我平时省下的一些东西。"

三个儿子对父亲亲近起来。他们细心照料父亲直到他去世并举办了体面的葬礼，因为他们认为饭桌下还有一大笔钱。葬礼结束后，他们找到了钥匙。打开箱子后，看到的却是一箱子碎玻璃。

他们还是把箱子翻过来，把所有的碎玻璃都倒在地上。再一看，三个儿子都哑口无声——箱子底下刻着一行字：孝敬父母。

如果不是为了这个箱子，恐怕直到去世这几个儿子也不会真心地关心自己的父亲。居然要逼得父亲来欺骗孩子，才能换得他们的照顾，这是怎样的悲剧啊！小的时候父母总是教我们要养成善良的美德，我们也依照他们的教诲成为了有修养的人，我们对别人又亲切又有风度。但是当我们的父母年老的时候，我们却只顾自己过得痛快，不肯分些时间精力来照顾老人，这实在是很不应该啊！

言传身教，我们怎么对待自己的父母，将来我们的孩子就会怎样对我们。在这个急功近利的社会里，人们变得越来越浮躁，许多好的品行已经沦丧。但无论发生什么，孝顺父母都是我们永远不能遗失的品行。

从现在起就珍惜亲情，珍惜和亲人在一起的每一天，不要等到良心受到拷问时，才懂得珍视亲情，更不要等到父母已经逝去再追悔莫及。

　　与其等到父母已经不在人世时再去后悔，不如从现在开始及早树立孝敬父母的意识，将孝敬付诸行动。感恩是一个人成长的动力，是一种高尚的情操。孝顺是感恩的最初点，当它升华时，可以奔流不息，可以使人发挥非凡的潜能。

　　孝敬父母应来自于本心。孝敬父母，带着发自内心的爱去关心照顾他们，尽到做儿女的责任，这就是一个人最美的品行。

抵制住每一次不良诱惑

能约束自己的人，最有威信。

——塞涅卡

　　我们身处于这个复杂的社会中，每天都要面对各种各样繁杂的事物，有些甚至对我们来说有着强大的诱惑力。这些具有诱惑力的事物仿佛发散着一种强而有力的吸引力，吸引我们不惜一切代价与之靠近。倘若这事物是良性的，我们会像良性的方向靠近。相反，倘若这事物是恶性的，那么我们也就极有可能向恶性的方向发生偏移。因此，我们就必须有足够的自制力，自觉抵制每一次不良诱惑，以防我们陷入恶性的深渊。

　　一个有自制力的人，不会被人轻易打倒；一个有自制力的人，不会放纵自己去做不应该做的事情；一个有自制力的人，会在规定时间内完成任务，无论这任务来自于别人还是自己。自制力强的人，能够理智地对待周围发生的事件，有意识地控制自己的思想感情，约束自己的行为，避免自己受到不良诱惑的侵袭。

　　有一天，一个农夫遇见了老妇人，老妇人送给他一个戒指，说可以实现一个愿望。农夫回到家，把魔法钻戒的故事讲给妻子听。

　　妻子按捺不住激动，对丈夫说："试试看，让它带给我们大片的土地。""我们必须仔细对待我们的愿望，不要忘记，这戒指只能帮我们实现一个愿望。"农夫解释着，"最好让我们再苦干一年，我们将会拥有多顷良田。"

从此，他们竭尽全力地工作，获得了足够的钱，买了他们所希望拥有的土地。农夫的妻子想要一头牛和一匹马。农夫说："亲爱的，我们何不再继续苦干一年？"于是一年后，他们又买回了牛和马。"我们是最快乐的人。"农夫说，"不要再谈什么魔法钻戒了，我们拥有年轻，拥有有力的双手。等到我们老的时候，我们再去想那戒指吧。"

40年以后，农夫和他的妻子已经变老了，他们的头发变得和雪一样白，他们拥有了所希望获得的一切，而那枚"魔法钻戒"依旧完好地保存着。

没有什么是可以随随便便拥有的，没有通过自己努力得来的东西人们总是不会好好珍惜。如果这位农夫一下子变出了一屋子金币，那么他平静的生活也将被打破。他们会缺失共同奋斗、相濡以沫的人生历程。以后的日子里，也许物质很丰富，但精神上会变得非常空虚。

不要因为一时的虚荣贪婪就抵制不住物质的诱惑。事实证明，凡是抵制不了诱惑的人，未来都要付出更多的代价，因为世界上没有免费的午餐。所以，我们应以淡定之心看待现在的生活，如果目前物质上还不是很丰裕的话，不用着急，只要我们努力创造，早晚会获得丰厚的物质基础。诱惑是因为我们内心不够坚定才得以侵入的，只要我们始终保持正直诚实不动摇，那么我们就不会陷入诱惑的陷阱了。

心理学家曾经做过这样一个实验：让一群儿童分别走进一间空荡荡的大厅，在大厅里最显著的位置，为每个孩子放了一块软糖。测试教师对每一个将要走进去的孩子说："如果你能坚持到老师来叫你出去的时候还没把这块糖吃掉，将对你有一个奖励：再给你一块软糖，就是说，你将得到两块软糖。如果你等不到老师来就把糖吃掉了，那么你只能得到这一块。"

实验开始，孩子们依次走进大厅。有的孩子受不了糖的诱惑，把糖吃掉了。还有一些孩子尽量控制自己，转移注意力，唱歌、蹦蹦跳跳，就是不看那块糖，一直等到老师来。这样他就得到了奖励，有了第二块软糖。专家们对他们进行了长期的跟踪调查。结果发现，那些只得到一块糖的孩子普遍没有得到两块糖的孩子成功。也就是说，凡是小时候缺乏自制力，抵制不了诱惑的，长大后做事就不太容易成功。

克制了一时的欲望，抵制住诱惑的孩子最终获得了更多的糖。能够一直抵制住不良诱惑的人，就不会在人生道路上分心或者失足，还有可能因为抵制住了不良诱惑而收获更多。培养自制力抵制诱惑，不仅要在抵制物质上的诱惑，还更应抵制精神上的诱惑。

了解别人的人是聪明的人，而了解自己的人是睿智的人。了解自己珍惜自己，抵制住每一次的不良诱惑，我们就能成为纯粹而高尚的人。

自尊自立才能活出人生的精彩

没有自尊的人，即近于自卑。

——莎士比亚

人一切行动的潜在动机就是为了被肯定被欣赏，而被肯定被欣赏就意味着被人尊重。获得较高的社会地位的人会受人尊重，拥有高尚品行的人会受人尊重，言谈举止优雅的人也会受人尊重。而一个受人尊重的人，最起码要做到自尊自立。

自尊，就要爱惜自己的形象，爱惜自己的声誉，爱惜自己的尊严。懂得自尊的人，会做体面的打扮，说得体优雅的语言，做恰如其分的行动，这一切都是为了得到尊重和肯定。自立，就是要能独立自主，不仅能够养活自己，还要能有能力承担责任和义务，不依赖他人，做事情认真负责，不推脱不敷衍。

自尊自立意味着人格独立并被人认可自己的人格魅力，意味着有可能活出人生的精彩。自尊自立的人，会用高标准来要求自己，会努力拼搏，尊重自己也尊重别人。

一对衣着普通的夫妇，带着一个年纪约八九岁的小男孩，来到一家著名的正统西餐厅。这对夫妇点了一份价格最低的牛排。侍者迟疑地问道："一份牛排？三位够用吗？"爸爸腼腆地笑了笑，说："牛排是给孩子吃的！"

这一家人的举动，引起了餐厅经理的注意。他发现这对父母在教导孩子使用桌上的刀叉时，取用的顺序十分正确；而且对于孩子的用餐礼节，亦要求得相当严格。

经理端着两杯咖啡来到那一家人的桌前，礼貌地告诉他们，这是餐厅招待的。随后，经理和这对夫妇聊了起来，终于了解了他们只点一份餐点的真正原因。

那位爸爸说："我们的经济很差，但我们知道孩子将来会有不凡的成就，我们希望能及早教会他正确的用餐礼仪；更重要的是，我们也想让孩子记住自己曾在高级餐厅中，接受过那种备受尊重的感觉，希望他将来永远懂得自重，也能尊重为他服务的人。"

这位父亲的话虽简单，却掷地有声。是的，我们可以贫穷，但我们不能失去自尊。记住被人尊重的感觉，才会为了得到他人的尊重而去努力拼搏奋斗。父母带孩子去高级餐厅，教他规范的礼仪，不仅仅是教导了他什么叫自尊，也给了他一份期望。

可以说，人的一生是为了尊严而活。无尊严无羞耻地在人间行走，与没有知觉的稻草人没有什么区别。不被人尊重的人，即使拥有大量的财富和极大的权利，其人生也没有什么价值。为了个人尊严，我们应该懂得尊重别人尊重自己，更重要的是必须自立自强。

必须做出令人尊敬的事情。只有自立自强，我们才能捍卫自己的尊严。

有一位青年画家，靠画人像维持生计。一次，他帮一个富人画人像，约好酬劳一万元。画好了，富人却想赖账只付 3000 元。青年画家据理力争，希望富人能遵守约定，做个有信用的人。富人坚持只付 3000 元。青年画家以坚定的语气说："不卖。我宁可不卖这幅画，也不愿受你的屈辱。今天你失信毁约，将来一定要你付出 20 倍的代价。"

这件事后，画家重新拜师学艺，日夜苦练。十几年后，他成为了当地艺术界一位知名的人物。富人早已将这件事忘得一干二净。有一天，富人的好几位朋友不约而同地来告诉他："这些天我们去参观一位成名艺术家的画展，其中有一幅画标价 20 万，画中的人物跟你长得一模一样。好笑的是，这幅画的标题竟然是《贼》。"富人突然想起了十多年前与画家的事。他立刻连夜赶去找青年画家，向他道歉，并且花了 20 万买回那幅人像画。

青年人凭借一股不服输的志气赢得了成就，也赢得了曾经藐视过他的人的尊重。换个角度来看，正是当初富人的态度唤起了青年人的自尊，促使他努力获取成就，以赢得人生的精彩。

人的尊严不是要人施舍的，没有必要指望别人都是懂得尊重别人、品德高尚的人，最重要的应该是自己做到令人不得不尊重敬仰。要想做到被人尊重敬仰，就需要获得精彩，而若要获得精彩，就不能委曲求全。要想绝对地被人尊重，只有一边以自尊修炼自己的品行，一边以自立建立起足够强大的力量。

一个人能否受到他人尊重是取决于他自己的。只有自尊自立，才能让人感受到你的能力；只有自尊自立，才能感受到被人尊重的荣光；也只有自尊自立，才能让我们活出人生的精彩。

任何时候都要保持修养

判断一个人当然不是看他的声名，而是看他的行动，不是看他自称如何如何，而是看他做些什么和实际上是怎样一个人。

——恩格斯

一个人的修养是其心灵的外在表现。一个人欣赏美珍惜美，他就会爱护花草，并将自己的形象打理得清洁漂亮；一个人善良有同情心，他就会保护弱小，帮助朋友，时时做些有利于他人的事情；一个人懂得尊重别人，他就会仔细聆听别人的意见，保护别人的隐私，赞美别人的优点。修养就是一面镜子，反映了我们内心的形状。

修养也是一种高尚的品行，应该是融入我们血液之中、与我们的呼吸一样重要的。做一个受人欢迎的人，我们就要注意在任何时候都保持自己的修养，注意自己的言行，并体贴地照顾别人的感受。做一个有修养的人，不仅会树立起自己优雅的形象，还会令朋友如沐春风，令每个人都喜欢你，不自觉地想要与你亲近。

一个6岁的小女孩问妈妈："花儿会说话吗？"

"噢，孩子，花儿如果不会说话，春天该多么寂寞，谁还对春天左顾右盼？"

小女孩满意地笑了。

小女孩长到16岁，问爸爸："天上的星星会说话吗？"

"噢，孩子，星星若能说话，天上就会一片嘈杂，谁还会向往天堂静谧的乐园？"

小女孩又满意地笑了。

女孩26岁了，一天她悄悄地问做外交官的丈夫："昨晚宴会，我的举止言谈合适吗？"

"棒极了，亲爱的，"外交官十分欣赏，"你说话的时候，婉转动听；你静处的时候，优雅娴静。亲爱的，能告诉我你是怎样修炼的吗？"

妻子笑了："6岁时，我从教师妈妈那儿学会了和自然界的对话。16岁时，我从作家的爸爸那儿学会了什么时候该说话，什么时候不该说话。在见到你之前，我从哲学家、史学家、音乐家、外交家那里学会了和什么样的人谈什么样的话。亲爱的，我还从你那里得到了思想、智慧、胆量和爱！"

谈吐不俗，举止优雅，是一种美，一种境界，更是一种修养。这种修养来自于家庭教育，来自于环境的熏染，来自于不间断的学习，更来自于一颗聪颖美丽的心灵。我们的修养是来自于内在的修炼和升华的，它会随着我们年龄和阅历的增长而越加华美。

令人赏心悦目的修养，不仅体现在优雅的言谈举止上，还体现在一些道德行为上。道德就像醇厚的美酒一般，越品越香。人越是注重道德品质，就越是能够做正确而优雅的事情。良好的品质表现，会使我们的个人修养锦上添花。

赫伯和公司同事去欧洲考察，当他们进了一家德国餐厅之后，发现德国人很小气，一对情侣桌子上居然只摆着一个碟子和两杯酒。赫伯和同事们点了很多菜，狼吞虎咽之后，还没吃完那菜的1/3就结账走人。

结果没走几步，他们就被几个德国老太太拽住，谴责他们剩的菜太多，太浪费。赫伯他们觉得非常好笑："我们花钱吃饭埋单，剩多少，关你什么闲事？"听到这话，老太太们更加生气了，为首的老太太立刻掏出手机，拨打了电话。

不一会儿，一个穿制服的人开车来了，据说是社会保障机构的工作人员。问完情况后，这位工作人员给赫伯和他的同事开出50马克的罚款，并郑重地告诉他们："需要吃多少，就点多少！钱是你自己的，但资源是全社会的，世界上有很多人还缺少资源，你们不能够也没有理由浪费！"

花自己的钱吃自己的东西，当然与别人没有关系。但是浪费粮食而丝毫不心疼的行为，就令人不愉快了。这些人不仅仅浪费了粮食，还把他们不尊重劳动不珍惜资源的弊病暴露无遗。一个小细节便足以体现个人的修养问题，而浪费粮食还不接受劝告，更使这些行为愈发丑陋。节制不是吝啬，而是文明理性的光芒。节制就是一种克己的德行，是一种成功的基因，也是一种修养。

人的尊严是要靠自己去争取的。无论内心有多么渴望受人肯定，如果在平时的生活中不注意细节，不修德行，不尊重别人，自然没有办法获得他人的尊重的。

修养由内心而外化，由一件件小事和一个个不经意的细节体现出来。我们每个人是否有修养，都会暴露于人们的视线中。为了建立美好形象，受人尊重理解，我们就应该时刻注意保持自己的修养，做合适的举止，行正确的事情。只有这样，我们才能赢得他人的尊重。

保持谦虚低调的作风

伟大的人是绝不会滥用自己的优点的，他们看出自己超过别人的地方，并且意识到这一点，然而绝不会因此就不谦虚。

——卢梭

骄傲自大的人总是以傲视的眼光看待他人，他们认为只有自己才是最厉害的，周围所有人都不如自己，并理所应当对自己投来敬仰艳羡的目光。他们无论在观念上还是行动上都要求别人绝对服从于自己，却从来不肯弯下身子去倾听别人，设身处地为人着想。显然，这种高傲的个性是不可能换来真诚地友谊和恰当的尊重的，若想赢得人缘、赢得尊重，就要保持谦虚低调的作风。

谦虚低调既能让我们获得友谊和尊重，也能让我们一直保持进取的心。为人低调，行事谦虚的人，会看到别人的优点长处并虚心向人讨教学习，而骄傲自大的人却总是兀自大声地炫耀自己的所得，毫不在意他人的看法。久而久之，他不仅会在原地止步不前，还会令周围所有的人都渐渐疏远了自己。

有一天，苏格拉底的弟子聚在一起聊天，一位出身富有的学生当着所有同学的面，夸耀他家在雅典附近拥有一片广阔的田地。

当他在吹嘘的时候，一直在旁边不动声色的苏格拉底拿出一张地图说："麻烦你指给我看，亚细亚在哪里？"

"这一大片全是。"学生指着地图洋洋得意地说。

"很好！那么，希腊在哪里？"苏格拉底又问。

学生好不容易在地图上找出一小块来，但和亚细亚相比，实在是太微小了。

"雅典在哪儿？"苏格拉底又问。

"雅典，这就更小了，好像在这儿。"学生指着一个小点说着。

最后，苏格拉底看着他说："现在，请你指给我看，你那块广阔的田地在哪里呢？"

学生满头大汗地找也找不到，他的田地在地图上连一丝影子也没有。他尴尬地回答道："对不起，老师，我错了！"

与雅典相比，这位学生所拥有的田地简直微不足道，更不用与希腊和亚细亚相比较了。这并不是要让我们完全忽略我们的优点，而是要提醒我们务必保持谦虚低调的作风。

骄傲自大的人只能看到自己所拥有的，而看不到自己所缺少的，更看不到那些值得他去学习的地方。只有以一颗谦卑的心虚心向他人学习，以低调的行事作风去谨慎行事，才能收获更多的东西，才能彰显出一种真正高尚的情操。

美国政治家富兰克林年轻时特别高傲，走路总是趾高气扬的。有一次他去拜访一位有名的学者，不料在进门时不小心被门框狠狠地撞了一下，额头上当即出现了一道红印。

这时学者从里面走了出来，笑着对富兰克林说道："年轻人，撞痛你了吧？如果你要懂得生活，你就必须学会在该低头时低头，这才是你今天到这里来的最大收获。"接着，学者又意味深长地说："趾高气扬体现在许多年轻人的身上，他们总是爱把自己评价得过高，直到某天也撞上了矮矮的门框，才后悔自己把头抬得过高。其实，要想穿过一扇门，就得让自己的头低过门框；而要想登上山峰之巅，就必须低头弯腰，努力向上攀登。"

学者的话深深地印在了富兰克林的心里。在此后的生活中，他变得非常谦逊谨慎，并把"学会低头"写进了他的行为准则之中，这对他日后成为影响美国历史的伟人起着至关紧要的作用。

生活不允许我们骄傲自大目中无人，一旦这样，我们早晚都会撞得头破血流。把姿态放低，谦虚低调地学习，才是不断进步的法宝。多一分谦虚谨慎，我们就能得到别人更多的指点，从而减少出错的可能性；多一分低调沉着，我们就能看到别人更多的优点，从而多一些进步的空间。学会低调，不是教我们卑躬屈膝，而是教我们在自尊自信的同时，多一分韧劲，多一分沉稳冷静。保持谦虚低调的作风，会让我们失去更少，收获更多。

懂得谦虚低调的人，不会去炫耀自己的优点，与别人比长量短。他们首先丈量的是自己不足的地方到底有多少。他们会谦虚地去向别人请教，孜孜不倦地提出问题，把得来的知识化为己用。谦虚低调的人会把自己放得很低，然后收获许多，最后成为最高大的人。

谦虚是最能令人信服的美德。越是站得高的人，越懂得低下头做一个谦虚低调的人，因为他们知道只有放低自己，才能看到别人的高度，才能看到自己进步的余地。所以，我们在为人处世时务必要保持谦虚低调的作风，只有这样，才能对我们的灵魂不间断地予以净化，才能使我们看到更多生活的美景，才能使我们有更多的机会接近幸福，才能使我们更有可能活出精彩的人生。

别让谎言毒化你的灵魂

谎言就像雪团，会越滚越大。

——马丁·路德·金

每个人出生的时候，都是如同白纸一样纯洁。做一个高尚的人，就得尽力保持这张白纸的纯洁。不端正的品行就像墨汁，一旦沾染到纸上就无法再被洗去，从而污浊你的人生。人们有时不小心犯了错，为了掩饰自己的行为不得不撒谎，而这样的谎言就像一滴墨汁一样，将你人生的白纸染上无法擦净的污迹。谎言显然不能遮掩做过的事情。一旦说出一个谎言，往往就需要更多的谎言予以弥补，结果谎言就会像雪球一样越滚越大，最后达到一个无法挽回的余地。

谎言会毒化人的灵魂。如果你想要做一个品行高尚的人，就应该时刻保持诚实正直的品行，远离谎言的侵袭，即使害怕羞愧也绝不能用谎言来修饰弥补。因为做错了事情，即使别人不知道，我们自己也是清清楚楚的。我们的良心会在安静的时候哭泣，我们也会不断地忏悔。谎言一旦说出就很难收回，而纯洁的灵魂也会因为一个又一个的谎言而渐渐被污染了。

一次课堂上，佐琴科没有背出课文，老师给他在记分本上打了1分。于是佐琴科哭了，因为他还是第一次得1分。再过两个星期就是他的生日了，爸爸不会再送照相机给他了。

佐琴科忧心忡忡地来到公园，恐惧地看着那1分。回到家时，他发现丢了本子。他小心翼翼地告诉爸爸本子丢了。可是第二天老师又给他发了一本新的，还是有一个1分而且更明显了。佐琴科十分沮丧，把新记分本扔到了教室里的书柜中。结果老师又给了他一本记分册，上面除了有个1分外，老师还在品行一栏打了个2分，并且说，一定要把记分册交给他的父亲看。

佐琴科很想得到照相机，把记分册的两页黏在了一起。爸爸打开了记分册，但上面一个坏分数也没有。爸爸正翻阅着，突然传来了门铃声。一位妇女走进来，说："前几天我在市立公园见到一本记分册，我打听到地址就给您送过来了。"爸爸看到记分册上有个1分时，他明白了一切。

佐琴科只是害怕被批评，害怕不能得到照相机想要掩饰一下。然而费尽心思编制的谎言，却造成了越来越严重的后果，等到他的谎言最终被揭穿时，他也只能羞愧地面对自己的错误。

是谎言，就总会有被揭穿的那一天。所以，永远都不要说谎，一句谎言也不可以说。做一个不撒谎的人，始终保持正直诚实，我们就会因问心无愧而活得分外潇洒自在。不撒谎的人可以堂堂正正地面对一切，因为他始终站在真理的这一边，因为他始终坚持正确的做法。少一些谎言，这个世界就少一些欺骗，多一些信任；少一些谎言，我们生活的环境就多一些透明，我们的友谊也就多一些真诚；少一些谎言，我们的心就多一些宁静，我们的脸上就多一些自信的笑容。

汤姆外出赚钱，母亲给了他10枚金币，并再三叮嘱他在外面做人做事要诚实，不能撒谎。

半路上，他遇到了劫匪。"你身上有钱吗？"一个劫匪问他。

"我的内衣口袋里放着10枚金币。"汤姆老老实实地回答。

劫匪们哈哈大笑，没有人相信他的话。另一个劫匪恶狠狠地问："你身上到底有多少钱？"汤姆把刚才的话重复了一遍，还是没有人相信他。

劫匪头子命令手下动手，那些金币马上就被搜了出来。

"你干吗不打自招呢？"劫匪第一次遇上这样的怪事。"因为我不能背叛我的母亲，我向她发过誓——永远都不撒谎。"

劫匪们听到这话，心头一震。劫匪头子对他说："小伙子，你小小年纪却如此守信用，我们却在违背小时候对上帝许下的诺言。来，把你的手伸过来，我要握着你的手重新发誓做个诚实的人！"

汤姆照劫匪头目说的做了，其他劫匪也被深深地打动了："我们对着上帝发誓……"

诚实不撒谎，是我们在生活中建立良好信誉的唯一办法。只要对人诚恳，对事认真负责，我们就能获得他人的信任，就能赢得他人的尊重。

也有许多人把说谎、欺骗视为一种手段，他们相信说谎、欺骗会给自己带来好处。这种投机取巧的行为可以在一时获得利益，却决不能作为行事的不二法则。因为只要是谎言，就一定会被揭穿。人不可能靠说假话获得朋友，更不可能靠说假话赢得成功。一旦一个人知道自己被愚弄后，曾经建立的友谊和信任感就会彻底崩溃。

所以，做一个不撒谎的人吧！只有这样我们的灵魂才会纯洁，只有这样我们才能获得真正的友谊和信赖。

用高尚的品行指引你的行动

> 没有伟大的品格，就没有伟大的人，甚至也没有伟大的艺术家，伟大的行动者。
>
> ——罗曼·罗兰

人之所以能够成为地球的主宰，就是因为他有一个能思想的灵魂。人的品行高尚与否，也决定于他的灵魂。作为肉身的人，并无高低贵贱之分；作为灵魂的人，由于内心世界的巨大差异，才分出了高尚和卑鄙。

人的意识形态决定着人的行动方向和标准。卑鄙者为了达到目的会不择手段，与之相反的是，高尚者总以高尚的道德标准来要求自己的言行举止，他们总是光明磊落。高尚者，因为自身的道德修养而要求自己做正确的事，他们会根据自己的思想意志做出决定，而绝不会向卑劣者屈服。这个世界正是因为有着高尚的品行，才显得富有正义和希望。

有一次，在利西诺夫斯基公爵的庄园里，来了几位"尊贵"的客人。他们正是侵占了维也纳的拿破仑军官。当时贝多芬正住在公爵的庄园里，当军官们从主人那里得知这个消息后，便让公爵请求贝多芬为他们演奏一曲。贝多芬不愿为侵略者演奏，断然拒绝，猛地推开客厅大门，在倾盆大雨中愤然离去。回到住处，他把利西诺夫斯基公爵给他的胸章摔个粉碎，并写了一封信："……公爵，你之所以成为一个公爵，只是由于偶然的出身；而我之所以成为贝多芬，完全是靠我自己。公爵现在有的是，将来也有的是，而贝多芬只有一个！"

　　正如贝多芬所言，由于偶然的出身，这个世界上才会有公爵。时间是最公正的，公爵们一个个都消失在历史长河中，什么也没留下。而贝多芬却没有从人们的记忆中消失，因为他有不朽的作品和高尚的品行。

　　高尚，不是仪表的华美，不是出身的高贵，不是地位的显赫，也不是金钱或者外在的修饰。高尚，是一种由里及外的美丽和大度，是一种深刻的内涵，独特的思想见地，是一种无私奉献的精神，是一种热爱生命、执着追求的感情。

　　高尚源自灵魂的力量，源自丰富的内心。高尚者用高尚的品行指引自己的行为，他们相信人应该有高尚的品行并始终做艰难却高尚的事情。自古至今，高尚者用自己的行动写成事实，阐述了一个又一个令人感动的故事。

　　很久以前，某国国王把一个年轻人判处绞刑。在临死之前，年轻人希望能与远在百里之外的母亲见最后一面。国王准许了，但要求他必须找一个人来替他坐牢。这时，他的好朋友表示愿意替换坐牢，好让他回家与母亲相见。

　　好朋友住进牢房以后，年轻人就赶回家与母亲诀别。

　　日子如水一样流逝，眼看刑期在即，年轻人却音讯全无。人们一时间议论纷纷，都说好朋友上了年轻人的当。行刑那天，因为年轻人没有如期归来，只好由好朋友替死。追魂炮被点燃了，绞索已经挂在好朋友的脖子上，他却面无惧色。围观的人都在内心深处为他惋惜。就在这时，年轻人骑着马赶回来了，他满身尘土高喊着："我回来了！"

　　这真是人世间最感人的一幕，他冲到好朋友的身边，相互紧紧地拥抱在一起。国王知道了这件事，赦免了年轻人，并且重重地奖赏了他的好朋友。

好朋友冒着死亡的危险急人之所急，作担保让年轻人回去看母亲，这就是一种高尚品行的体现。明明逃跑就可以活下来，但还是跑回来履行诺言以命换命，这更是高尚品行的体现。一个高尚的人懂得什么叫无私信赖，懂得什么叫正直诚实。一个真正高尚的灵魂，在最艰难的时候也能守住自己的道德防线不放弃。

做高尚的人，是一件艰难的事，却是一件值得终生去做的事。试着去做一个高尚的人吧，用高尚的品行指引我们的行动，我们会离良心的清白近一点再近一点。在无限的努力坚持中，我们不仅会成为一个高尚的人，也会成为一个单纯幸福的人。

第十二章

幸福的律动要用心去聆听

幸福是自己争取来的

凡事要靠自己,不要指望别人。

——洛克菲勒

有的人喜欢把自己幸福归结到环境和他人的作用上,一旦遇到好的事情就会觉得这样好的事情怎么会发生在我的身上,一旦遇到坏的事情又觉得是命运让自己如此。这样消极被动地对待事物,幸福和快乐自然是离他远远的。

但聪明的人会明白,我们的双手就是获得幸福的最佳武器。只要自己懂得去争取,就能获得自己想要的幸福。当好的机会来临的时候,就要抓住,因为每一个人都有理由享受幸福。当不公平的命运来临的时候,我们就要懂得抗争,因为困难和挫折在我们足够强大的时候就不算什么了。

事实证明,万事万物都是变化发展的,而这过程中自身所持有的态度的好坏将决定事情是朝好的方向发展还是朝坏的方向发展。坚信自己应该得到幸福的人，就会积极努力地去争取幸福。一旦争取了就会有希望，一旦争取了幸福就会离我们更近一些。

留学生罗伯特期中考试差点儿没做完，只得了B。罗伯特在申请读硕士，专业课得A对罗伯特的录取很重要。罗伯特去找任课的凯尔博士，希望期末考试不限时间，凯尔博士答应了。

期末考试的时候，凯尔博士又限制时间了。罗伯特和身后的韩裔女孩艾米要求加时间，凯尔博士一口回绝了。罗伯特被激怒了："你说的期末考试不限时间，为什么说话不算话。"

凯尔博士尴尬地笑笑："给外国学生多给点儿时间也不是不可以，可艾米已经走了，如果我给你加时，那她怎么办？""我现在就去把她追回来。"罗伯特冲出了教室去找艾米，但没找到。凯尔为难地看着罗伯特，罗伯特又争取说："你怕多给我时间对艾米不公平，但是艾米在美国长大，从小学到大学都是在美国受的教育，而我学英语才不过5年！"凯尔博士愣了，终于说："好吧，我再给你30分钟。"

罗伯特后来读硕士时又修过凯尔一门课，在他的课上拿了第二个A。

许多人在面对权威压力时，纵然自己的利益被损害也不敢去表达，更谈不上争取。而实际上，正是由于这样长期的隐忍，不去表达争取，别人才会习以为常地忽略了你的利益和感受。这样一来，你应该得到的权利、应该得到的幸福也就都被无情地剥夺了。

权利是靠自己去捍卫的，幸福也一样，应该掌握在自己的手上，而不应该由别人的想法来决定。努力争取自己的幸福并不是一件耻辱的事情，因为羞怯和胆小而任由别人侵害利益却保持沉默才是可耻的。

幸福由自己决定，我们一定要有"我值得拥有幸福"这样的想法：我值得拥有幸福，因此我应与他人获得同等的待遇；我值得拥有幸福，因此我应与他人获得同等的机会；我值得拥有幸福，因此我应与他人获得同等的肯定和鼓励。抱有这样积极争取幸福想法的人，往往最终都能够获得幸福。而那些始终不认为自己可以拥有幸福的人，却一直在残酷地拒绝幸福，与此同时还在不停地抱怨着。

有一个姑娘去看心理医生。她面容非常憔悴，看了让人不禁心酸。她不停向医生抱怨着生活的不公："从刚开始，我就知道自己这辈子不会有好运气的。""你是如何得知的呢？""我小时候，一个占卜的说过：'这小姑娘面相不好，一辈子没好运的。'我牢牢地记住了这句话。当我找对象的时候，一个出色的小伙子爱上了我。我想，我会有这么好的运气吗？于是没有选择他而是嫁给了一个长得很丑的酒鬼，我以为他会对我好。但霉运从此开始。"

医生问："你为什么不相信自己会有好运气呢？"她固执地说："那个占卜师说过的……"

医生说："或许，不是厄运在追逐你，是你在制造它。当幸福向你伸出双手的时候，你把自己的手藏在背后了，你不敢和幸福击掌。但是，厄运向你一眨眼，你就迫不及待地迎了上去。一个占卜师又怎么能左右你的生活呢？"她看着自己的手，迟疑地说："我曾经有过幸福的机会吗？"医生感觉无言。

在《国际歌》的歌词里，有一句是"要创造人类幸福，只有依靠人类自己"。可见，自己才是最可靠的，幸福也是把握在自己手中、需要自己去创造的。内因才是根本，要相信自己值得拥有幸福，要相信自己会拥有幸福，自己才能真的得到幸福。

悲观的人总是在错待自己，不期待、不争取，这样幸福自然不会光临。聪明理智的人则会把自己的幸福安置在行动中，他们规划着自己的幸福并坚定不移地执行下去，最终如愿得到了幸福。因此，我们必须要相信自己，相信自己可以获得幸福，并坚持努力去靠近幸福，这样幸福自然就会不请自来。

不要让贪婪堵住幸福的源泉

当你被欲望控制时，你是渺小的；当你被热情激发的时候，你是伟大的。

——罗曼·罗兰

贪婪是毁掉一个人的元凶之一，因为贪婪而迷失方向的人比比皆是，因为贪婪而丧失天良的人也随处可见。贪婪是让人们远离幸福的罪魁祸首，因为贪婪，人们得到了自己想要的还不满足，继续汲汲于名利；因为贪婪，有的人忘记了良知道德，像疯狂的苍蝇一样，哪里有利益就往哪里飞去。即使自己的行为损害了别人的利益，即使伤害了亲人朋友的感情也在所不惜。这样的人，他们的眼中只有利益，他们的心脏只会因为金钱名利而跳动，至于生活是否幸福，俨然已经不是他们追求的目标了。

这种贪婪的欲望是可怕的，会让人们失去理智，变得歇斯底里、无所不用其极。贪婪的人远离了平静快乐的生活，远离了亲情、爱情、友情，将情感或者其他都用贪婪之物来衡量。攫取更多的利益的想法占据了他们的头脑，他们一切行动也都以自身利益为前提，这种盲目的状态让他们失去了真实，失去了幸福，最终一无所得。

有一个年轻人常自言自语地说："如果我发了财，绝不做吝啬鬼。"魔鬼听见了，对他说："我会给你一个有魔力的钱袋。"魔鬼又说："这钱袋里永远有一枚金币，是拿不完的。在你觉得够了时，就要把钱袋扔掉，你才可以开始花钱。"魔鬼说完就不见了。

年轻人发现在他的身边真的有一个钱袋，里面装着一枚金币。他拿出一枚又会有一枚，年轻人不断地往外拿金币。到了第二天，他很想去买面包吃。但是在他花钱以前，必须先得扔掉那个钱袋。于是年轻人便拎着钱袋向河边走去，可是到了河边他舍不得扔，又转身回来了。以后每次他想买东西，都得去扔钱袋但又舍不得。日子一天天过去了，金子堆满了屋子，他也变得又瘦又弱，脸色蜡黄。他虚弱地说："我不能把钱袋扔掉，金币还在源源不断地出啊！"他还是用颤抖的手往外掏金币。最后，年轻人饿死在那堆金币旁。

贪是人性中的万恶之源。这个年轻人本来可以用金币去买面包、买衣服、买房子，可以拥有一个富裕温馨的家庭，只要他丢掉钱袋，一切就都可以得到，但他却没有那样做，直到最后饿死在金币旁边。他的贪婪，最终葬送了他的性命。他的贪婪是由魔鬼引导的，更是由自己一手造成的。贪婪让他远离了触手可及的幸福。

幸福其实是件很简单的事情，心灵安稳的地方就是幸福的家园。要想获得幸福，我们可以去积极争取，等争取到以后再去保持一份平静自然的心态，幸福自然就会越来越多。放弃贪念，放弃过多的对物质的执着，静下心来过简单健康的生活，幸福就会来到你的身边。

美国石油大王洛克菲勒出身贫寒，在他创业初期，人们都夸他是个好青年。当黄金像贝斯比亚斯火山流出的岩浆一般流进他的口袋里时，他变得越来越贪婪、冷酷。身受其害的宾夕法尼亚州油田的居民对他深恶痛绝，连他的兄弟也十分讨厌他。

由于洛克菲勒为金钱操劳过度，身体变得极度糟糕。医师们宣告他只能活到50多岁。医师们告诉他必须在金钱、烦恼、生命三者中选择其一。这时洛克菲勒才开始反省，是贪婪的魔鬼控制了他的身心。他听从了医师的劝告，退休回家，开始过更健康的生活。他成立了各种研究所和基金会把钱都捐了出去。他后半生不再做钱财的奴隶，喜爱滑冰、骑自行车与打高尔夫球。到了90岁，他依旧身心健康，耳聪目明，日子过得很愉快。他逝世于1937年，享年98岁。他死时，只剩下一张标准石油公司的股票，其他的产业都在生前捐掉或分赠给继承者了。

　　洛克菲勒是一个传奇的人物，他在前半生不断扩张金钱帝国，攫取了大量的财富，但过于贪婪冷酷的个性却使他在后来的人生中众叛亲离，直到他放弃贪婪才又回归到简单平静的生活，赢回了快乐。他捐出了钱财，得到帮助的人感谢他，社会各界都记得他的慷慨，信任和肯定回来了；他去运动，合理饮食，健康回来了；他去与朋友聊天，帮助别人，友谊和亲情回来了。可见，幸福与否，其实就在拿起与放下的一线之间。

　　幸福就像高山深处那清澈的泉水，当我们心念纯净，没有什么贪婪的欲望时，泉水就会源源不绝且清澈甘甜。当我们的心被贪婪蒙蔽，一心追逐金钱名利时，那幸福的泉水就变得浑浊了，渐渐被堵塞了。过什么样的生活由自己决定，幸福也由自己决定。少一点贪婪的念头，我们的生活就会更简单，幸福也就会与我们更亲近。

不要陷进名利的旋涡

> 不义而富且贵，于我如浮云。
>
> ——孔子

　　有的时候，人们会根据一个人的社会地位和权力大小来决定这个人是否值得自己去尊敬和敬仰，这种心态在这个社会中是普遍存在的，甚至已经在不自觉中成为一种整体的社会风气。在这种社会风气的熏染下，人们会不自觉地沉溺于名利的旋涡中，执着于名和利，并在肆意追求名利的过程中渐渐丧失了自己的底线，自己的灵魂。

　　名利从来不是一个人获取幸福的源泉。名利所带来的幸福，短暂且不真实，可能会随着名利的消失而瞬间灭亡。只有能够轻松控制自己对名利的渴求，以一颗淡然平常之心看待名利，轻松过活的人，才会获得长久坚定的幸福。但凡能轻松驾驭欲望和名利的人，他们不会把所获得的名利当作自傲的资本，而只是将其看作一个努力拼搏后的必然结果。

人不是为了名利而活，而是为了幸福而活。让自己真正觉得幸福快乐的事，才是应该是始终追寻的。只有不为名利所束缚，才能保留理智，才能做真实的自己。

一对夫妻年轻时共同创业，到了中年终于小有成就，公司净资产1000多万，而且发展势头良好。提起这对夫妻，商界的人都伸大拇指。

然而就在他们的事业如日中天的时候，两人却隐退了，他们辞去了董事长、总经理的职位，将大部分股份卖给一个他们平时就很欣赏的企业家，将房子和车委托给好朋友照管，两个人潇洒地环游世界去了。消息传出后，大家都觉得太可惜，一些亲戚朋友也不理解，讽刺他们说："年龄这么大了，办事却像小孩一样，那么大的家业说丢就丢，放着好好的老总不做，偏要去环游世界！"

在一些人眼里，这对夫妻从此以后，再也体验不到当老总的风光及大把大把赚钱的乐趣了。其实，环游世界一直就是这对夫妻的理想，以前没有钱时，他们需要拼命奋斗。但是现在一切都拥有了，人却越来越忙碌，梦想似乎遥遥无期。所以他们做了决定，抛弃了虚名浮利，得到了生活的真正乐趣。

这对夫妻果然潇洒，他人眼中无比重要的钱财比不上他们环游世界的梦想。他们把名利看作了生命的修饰物，而不是最终目的。所以他们才能够在这样纷繁杂乱的世界里，在自己的心中，构筑一片宁静的田园。如果人人都能像他们一样，养成这样淡泊名利的人生态度，那么面对生活也自然会更加坦然乐观一些。

我们的生活也是如此，很多人读书要挑名校，工作要去名企，房子要买别墅，车子要买最贵的。这样的生活，似乎除了让别人艳羡以外，并没有任何的好处。名和利的压力都在自己的身上，会把自己压得苦恼不堪，就如同有的人辛辛苦苦地赚得了钱，最后却被钱锁住了，一天到晚都在为怎么获得更多的钱而烦恼。日复一日，人变得越来越穷凶极恶，幸福也变得无影无踪了。

纵然获得名利是获得幸福快乐的一个因素，但也绝不是必然因素。人的快乐和幸福由内心决定，真正的快乐与名利并没有直接的关系。

名利给予不了快乐，也传递不了快乐，只有快乐本身才能向更多的人传递快乐。可见，名利并不是通往快乐的源泉，无法造就真正的快乐。

我们都想做幸福快乐的人，都想做自由真实的人。但是一味地想要获取名利，获得好的物质生活，获得名誉的光环，最终只会被名利套牢，成为死死束缚自己的绳索。我们的烦恼大多来自于对名利的追逐，一旦陷入这种无休止的名利追逐战中，即使名声地位显赫，我们也没有真正的快乐可言。所以，千万不要陷进名利的旋涡，只有放下名利，我们才会更加轻松自在；只有放下名利，我们才能找寻到真实和自由，才能享受幸福和快乐。

简单生活就是幸福

简单生活不是自甘贫贱。你可以开一部昂贵的车子，但仍然可以使生活简化。一个基本的概念在于：你只是改进你的生活品质而已。关键是诚实地面对自己，想想生命中对自己真正重要的是什么。

——卡尔逊

诗人胡德曾经说过："到了我生命的最后一天，我也要像太阳一样，总是面对着事物光明的一面。"选择有阳光的一面，选择过幸福快乐的生活，这是对自己的一种热爱，对心灵的一种满足。过幸福生活是一种选择，而保持快乐的心态，过简单的生活则是通往幸福的桥梁。

简单生活就是幸福。选择过简单的生活，会让我们少一些欲望，多一些平静；少一些烦恼，多一些快乐；少一些抱怨，多一些感恩。

过简单的生活，不是胸无大志不思进取，而是以一种珍惜感恩的态度面对所拥有的一切。过简单的生活，我们会离幸福快乐更近一些。

泰勒是纽约郊区的一位神父。那天，教区医院里有一位流浪歌手生命垂危，他被请过去主持临终前的忏悔。他到医院后听到了这样一段话："我喜欢唱歌，音乐是我的生命，我的愿望是唱遍美国。作为一名黑人，我实现了这个愿望，我没有什么要忏悔的。现在我只想说，感谢您，您让我愉快地度过了一生，并让我用歌声养活了我的6个孩子。现在我的生命就要结束了，但死而无憾。仁慈的神父，现在我只想请您转告我的孩子，让他们做自己喜欢做的事吧，他们的父亲是会为他们骄傲的。"

泰勒神父感到非常吃惊，因为这名流浪歌手的所有家当，就是一把吉他。他的工作是每到一处，把头上的帽子放在地上，开始唱歌。他从不缺少快乐，过着简单的生活，有着一颗容易满足的心。

泰勒神父在之后的一次演讲中讲到了这件事，他总结道："原来最有意义的活法很简单，就是做自己喜欢做的事，并从中发掘出快乐。"

幸福的原因很简单，无论我们处于什么样的处境，是贫穷还是富贵，都可以决定能否拥有幸福。幸福与否，只在我们选择的一念间，我们可以选择多一点欲望，多一些打拼和计较。也可以选择将生活变简单些，多一些宽容和快乐。而哪种选择可以收获幸福，这个答案显然非常简单。生活中，我们完全可以将琐碎平凡的小幸福叠加起来，即使那些小幸福看起来都是那么的微不足道，但一旦累积起来，那便会是无可比拟的幸福感。

情感往往决定行动，行动往往决定结果。我们决定少计较一些，就可以少一些争吵。我们决定少忙一些，就可以多一些生活之乐。我们决定过简单幸福的生活，就可以让生活简单纯净一些。而只有过简单幸福的生活，才不会让短暂的人生留下太多的遗憾。

一个樵夫上山去打柴，看见一个人在树下躺着乘凉，就忍不住问他："你为什么不去打柴呢？"

那人不解地问："为什么要去打柴？"

樵夫说："打了柴好卖钱呀。"

"那么卖了钱又有什么用呢？"

"有了钱你就可以享受生活了。"樵夫满怀憧憬地说。

乘凉的人笑了："那么你认为我现在在做什么？"

这个人没有把自己盲目地投入到紧张的生活中，他过的是恬静的日子——躺在树下轻松自在地呼吸，并且对生命充满由衷的喜悦与感激。

简单生活，是放慢了脚步去储存幸福，是将我们应该得到的幸福快乐即时享用。倘若长期为生活奔波劳碌，那么你终将与幸福擦身而过。幸福不会在原地等你，不会等你闲下来再供你慢慢体会。要享受幸福，就要趁现在去享受，而要抓住现在去享受幸福，就必须让脚步慢下来，让生活重回简单的本色。

不要一直忙忙碌碌地为了名利而奔跑，我们本身的快乐和幸福更加重要。简单生活是返璞归真的简单选择，是多一些从容，多一些欣赏的良好心态，是慢慢地创造并享受幸福的过程。如果你想得到幸福的话，那么不妨尝试让生活简单、再简单一些吧。

放下欲望的包袱

欲望越小，人生就越幸福。

——托尔斯泰

欲望是柄双刃剑，它一方面是人们不懈追求的原动力，但另一方面也造成了贪婪、吝啬等人性的弱点，给人施以沉重的包袱。西方悲观主义哲学家叔本华认为欲望是痛苦之源、烦恼之根，人的痛苦是从对物质的无限欲望中产生的，人的欲望是永远无法满足的，所以痛苦始终伴随着人的一生。

欲望容易蒙蔽人的眼睛，使人在其驱使下忘记是非对错，走入罪恶而不自知。欲望越大，就越容易致祸；执念越深，就越容易与人产生冲突。古往今来，有多少人决裂都是因为欲望的操纵。生活中，我们一定要减轻欲望，懂得舍弃，只有这样才能从贪婪中解脱，从而获得内心的安宁。

有一对即将结婚的男女，兴奋地憧憬着未来的美好日子——他们中了一张高额彩券，奖金是 7.5 万美元。

可是，这对马上要结婚的人，在中奖后隔天，就为了"谁该拥有这笔意外之财"而闹翻了。两人大吵一架，并不惜撕破脸，闹上法庭。为什么呢？因为这张彩券当时是握在未婚妻的手中，但是未婚夫则气愤地告诉法官："那张彩券是我买的，后来她把彩券放入她的皮包内，但我也没说什么，因为她是我的未婚妻嘛！可是，她竟然这么无耻，说彩券是她的，是她买的！"

这对未婚夫妻在法庭上大声吵闹，丝毫不妥协、不让步，让法官伤透脑筋。最后，法官下令，在尚未确定谁是谁非之时，发行彩券单位暂时不准发出这笔奖金！两位原本马上要结婚的佳偶因争夺奖券的归属而变成怨偶，双方也决定取消婚约。

对于即将结婚的年轻夫妇而言，获得大奖是命运对他们爱情的奖励。然而，太过于计较，想要独自拥有金钱的欲望却轻而易举地毁掉了他们之间的爱情。这种极度扭曲夸张的欲望，把两个相爱的人变成了互相攻击、互相指责的仇人，一场喜剧最终变成了悲剧和滑稽戏。

我们降生到这个世间，不是为了哭泣，而是为了欢笑；不是为了伤害，而是为了和平；不是为了欲望，而是为了幸福。可往往还是有人被欲望迷得失去了理智，将真正应该珍惜的东西抛在脑后。太多欲望膨胀的人，做了太多不理智的事情，而往往因为这些，欢笑和幸福才渐渐离我们远去。

欲望太强的人，因为太想得到，所以会在欲望的操纵下无所不用其极，甚至会不择手段地去伤害他人。

埃及有一个男子名叫波加拉，他娶了一个美艳如花的妻子苏曼。婚后，苏曼在一次选美活动中独占鳌头，夺得冠军。苏曼夺得冠军后，引来了一些追求她的男士。

波加拉十分害怕妻子有朝一日被其他男人"撬"去。于是，他苦思对策，终于想出一条"下策"：每晚待妻子睡下后，向她注射类固醇，使其身体发胖。经过半年的"催肥"，苏曼的身体不断"发福"，体重超过90公斤。"我以为是染上了一种少见的疾病或是腺体有问题。"这个少妇向开罗一家报纸的记者说，"我请求丈夫带我去看医生，但他拒绝，他对我如此胖，似乎显得很高兴呢！我本是一个美丽的女人，不少男人都喜欢我，然而，现在我走在街上，连孩子们都取笑我。"

她的丈夫波加拉怎么说呢？他说："在商业社会里，我是一个很重要的男人，我不愿冒妻子被其他男人夺去的危险。现在，她胖得像一头大象，再也没有哪个男人想多看她两眼，这就使我心安了。"

爱情不是靠征服和占有而得到，幸福也不是。这位丈夫因为爱妻子，怕美丽动人的妻子被别人抢走，而产生了超乎寻常的占有欲。这种病态的欲望，让他不惜以伤害妻子的身体为代价，通过把妻子变胖变丑来实现。他们的婚姻已经扭曲，他们的爱情也受到了伤害。

人的欲望大多都是通过占有来实现的，占有欲潜藏在人性的深处。放纵自己的占有欲，欲望过于强大，就会慢慢地发展变质，幸福也会渐渐远去。

幸福的律动要用心去聆听。人是否幸福，别人或许看不出来，但自己一定可以感受到。幸福快乐的生活不应该为了金钱争吵，不需要太多的征服占有。幸福是简简单单的，欲望越小，幸福越多。放下自己的欲望包袱，自己和别人的痛苦都会少一点，幸福就会自然而然地走过来。

知足的人更容易感受幸福

人最大的财富，是在于无欲。

——塞尼逊

一个人快乐与否不在于他得到了多少，而在于他是否懂得珍惜并享受自己所拥有的东西。珍惜我们已经拥有的，用知足感恩的心态去对待生活，这样我们才能够获得更多的快乐和幸福。

做一个知足的人，我们就要常去看看自己已经很幸福的地方。假如我们出生在一个贫困的家庭，我们不要抱怨自己没有丰厚的物质生活条件，要看到我们至少还有幸福和睦的家人。假如我们要比别人要付出更多的努力才能得到自己想要的东西，我们要看到至少我们还有同等的机会，只要自己足够勤奋努力，一切都是有可能的。

选择做一个知足感恩的人，就是选择做一个快乐的人。拥有知足常乐的心态，就是拥有了快乐的源泉。想得到的时候，我们便努力去争取，失去的时候也不惊慌失措。用知足的心态去面对得失，幸福就会一直守在我们的身边。

有个叫迪克的乞丐觉得自己是个很幸福快乐的人。"每天都能吃得饱饱的，有时甚至还能讨到一截香肠；我每天还有这座破庙可以挡风遮雨；我不为其他的人做工，我是自己的上帝。我为什么不快乐呢？"迪克这样说。

然而有一天，迪克却突然好像丢了什么宝贝似的，一下子变得闷闷不乐了。事情是这样的，迪克捡到了99枚金币。他一晚上都在数金币，狂喜的心情一直不能平复。第二天早上，他就产生了一个伟大的理想，攒够100枚金币。迪克接着出去讨饭，但是想要攒到一个金币对一个乞丐来说是很困难的。迪克越来越不快乐，躺倒在街边。有一天一个富商经过，看到迪克闷闷不乐的样子，就问："你难道没有收到我送你的99枚金币吗？以前我因为绝望想要自杀的时候，你的乐观救了我。你现在为什么还不快乐呢？"一个僧人经过，对富商说："你给他99块金币，使世界上少了一个天使。拥有更多金币的欲望毁了他。"

当一无所有的时候，幸福快乐就围绕在迪克的身边。能够吃得饱，有地方遮风挡雨他就已经很满足很快乐了，而当得到99枚金币的时候，他反而产生了更大的欲望。这种想获得更多的欲望折磨着他，使他一方面很努力地想再乞讨到一枚金币，另一方面又忐忑不安地藏着99枚金币。快乐就这样远去，幸福也不再属于他。

幸福和快乐都是付出后收获的喜悦，是一种享受果实的惊喜。什么也不做就想得到它，自然是不可靠的。人应该有知足的心态，因为拥有健康的身体而知足，因为有一份平凡而稳定的工作而知足，因为有一群好朋友而知足。幸福的人不是因为他们拥有多少，而是因为他们懂得知足，而不幸的人往往是因为想要的太多，永不知足。

没有谁应该理所当然地满足你的要求，也没有人应该理所当然的比别人幸福。顺其自然地面对一切，以知足感恩的心态对待生活，我们看到的将不再是痛苦而是幸福。

一个婴儿刚出生就夭折了，一个老人寿终正寝了，一个中年人暴亡了。他们的灵魂在去天国的途中相遇，彼此诉说起自己的不幸。

婴儿对老人说："上帝太不公平，你活了这么久，而我却等于没活过。我失去了整整一辈子。"老人回答："你几乎不算得到了生命，所以也就谈不上失去。谁得到生命的赐予最多，死时失去的也最多。活得太久也不是什么好事。"中年人叫了起来："有谁比我惨！你们一个无所谓活不活，一个已经活够数，我却死在正当年，把生命曾经赐予的和将要赐予的都失去了。"

正谈论着，不觉到达天国门前，一个声音在头顶响起："众生啊，那已经逝去的和未曾到来的都不属于你们，你们有什么可失去的呢？"三个灵魂齐声喊道："主啊，难道我们中间没有一个最不幸的人吗？"上帝答道："最不幸的人不止一个，你们全是，因为你们全都自以为所失最多。谁被这个念头折磨，谁就是最不幸的人。"

不知满足、不知感恩的人，永远难得到幸福。知足是一种宽容，对别人宽容，对自己宽容，这样才能得到一个宽容的生存环境。知足的人，不会去强行争取些什么，在他们眼里，一切纷争都是多余的。所以他们很容易平衡，不嫉妒不急躁，好好地做自己的事，过自己的日子，静静享受生活中点滴的幸福。

知足是一种境界，也是一种大度。知足是我们的必修课。知足的人总是微笑着面对生活，会对自己说世界上没有解决不了的问题，没有过不去的河。所以，永远不要抱怨你没有得到什么，如果用一颗知足的心看待的话，你就会发现，自己得到的其实真的已经足够了。

顺其自然，幸福自然来

要对生命感到喜悦，因为它给了你去爱的机会，去工作，去玩乐，并用能仰头看星星的机会。

——亨利·凡·戴克

人们总是在寻找幸福，在追求幸福的路上奔跑着。我们一开始总是想要按照自己的想法去改造世界，让世界按照自己的意愿存在、发展，但其实事物的发展变化并不会以我们为中心而改变，我们要做的，就要努力调整自己以适应这个世界，同时顺其自然接受命运的安排与馈赠。

幸福靠一种心态，靠发现幸福的眼睛，幸福是由自己创造的，而创造幸福最有效方法就是保持顺其自然的心态。顺其自然，就是风来了我们迎接它，雨来了我们感谢它。顺其自然的人，不会急躁地想把一件事在极短的的时间内做完，他们懂得需要时间和精力才能打磨出最精致的作品；顺其自然的人，不会强求得到什么奢侈的物质，他们知道有了付出才会有相等的收获。顺其自然的人，时刻保持理智，会告诉自己耐心地面对生活，诚实地面对自己。

这是缺水的地方，人们用很大的桶来接雨水以供使用。几个淘气的孩子把院子里一缸水搅得浑浑浊浊的，那是接的雨水，用来洗衣服的。珍妮也是个孩子，当她听到声音跑出来时，那几个淘气包早跑得没踪影了，气得她直跺脚。

奶奶看她被几缸水弄得心神不宁，就安慰她："你的心怎么比桶里的水还容易混乱？那些恶作剧的孩子，你越在乎，他们就越高兴，如果不理他们，时间一长，他们就觉得没什么好玩了。不要管水，再浑浊的水，到最后总会变清的。"

她听了奶奶的话，不再理会恶作剧的孩子。他们也很快就失去了兴趣，水，也自然地澄清了。

那被淘气孩子搅得浑浊的雨水，就像人生中遭遇的种种困境和不如意，只要我们不是那么的执着，平平静静地等待，自然就能等到风消云散、水清见底的一天。不在乎它，再浑浊的水都会变清，把心静下来了，再困惑的问题都会找到突破点，世间的一切烦恼与无奈也都会烟消云散。太在意一些东西，反而会徒增烦恼，弄得心神不宁。一切顺其自然，生活反而会很惬意。

平静地等待，顺其自然地接受生活赐予我们的东西，幸福就会自然到来。这就要求我们不仅有平静的心，还要豁达。得到或者失去，不要那么计较，不要那么着急。有快乐性格的人，才会感受到快乐的存在；有平静心态的人，才能感受到幸福的存在。

有一个国王没有什么不良嗜好，除了打猎以外，最喜欢与宰相微服私访。宰相除了处理国务以外，就是陪着国王下乡巡视，他最常挂在嘴边的一句话就是"一切都是最好的安排"。

有一次，国王打猎射伤了一只花豹，但花豹却咬掉了国王的小手指。回宫以后，国王越想越不痛快，就找了宰相来饮酒解愁。宰相知道了这事后，一边举酒敬国王，一边微笑着说："大王啊！少了一小块肉总比少了一条命来得好吧！想开一点，一切都是最好的安排！"国王听了很是生气，说："你真是大胆！你真的认为一切都是最好的安排吗？"国王将宰相投入了监狱。

过了一个月，国王养好伤独自出游了。一群野蛮人抓了国王用来祭神，但是大祭司发现国王的左手小指头少了小半截，下令说："再找一个完美的祭品。"脱困的国王大喜若狂，飞奔回宫，立刻叫人将宰相释放了。国王设宴款待宰相，向宰相敬酒说："宰相，你说的真是一点也不错，果然，一切都是最好的安排！如果不是被花豹咬一口，今天连命都没了。"宰相慢条斯理地喝下一口酒，才说："是啊，假如我不是在监狱里，估计今天被祭神的就是我了。"

很多时候，遇到什么、发生什么，都是我们无法预料的。只有摆正了心态，积极地去面对，我们才能守住幸福。宰相就是知道这一点，所以即使面对国王的怒火，他还是会说"一切都是最好的安排。"即使被投入监狱，他也不急不躁。宰相就是一个能够发现幸福，能够保持顺其自然心态的人。

生活中，很多人在不停地忙碌着。他们在熙熙攘攘的人群里穿梭，轰轰烈烈地追求着自己定义的幸福。幸福是要靠我们自己争取，幸福更要求我们有一分清醒，有一分思考。当生活赐予我们幸福少时，我们能够珍惜它；当生活赐予我们幸福多时，我们能够感谢它。幸福要求我们能够平静理智，幸福要求我们能够顺其自然地看待它。

保持一种顺其自然的心态，幸福自然就会来临。

感受一碗水似的幸福

一个人能从日常平凡的生活中发现快乐，他就比别人幸福。

——罗曼·罗兰

一碗水，平平淡淡，有的人看到的只是无滋无味，而有的人看到的则是清凉爽快。能从一碗平淡无奇的水中感受出别样滋味的人，必然会比一般的人更幸福，因为他们懂得珍惜，懂得发现，懂得欣赏，懂得感恩。很多人终其一生都在追求理想中的幸福生活，但却完全不知道幸福是何种滋味。其实，幸福并不存在于某种物质条件或某种环境下，只存在于我们内心。如果我们有心的话，那么纵使是一碗水，也能从中品出幸福的滋味。

人如果想一辈子过得快乐，就应该能在平凡的日子里挖掘不平凡的快乐。不必去追求轰轰烈烈的成功，只需要一种平平淡淡的生活。尽管必须去奔波赚钱才可以生存，尽管有很多无奈和烦恼，但是也应依然保持自然平淡的心态。有了这样的心态，人们才可以很轻松地生活，才可以感受到幸福的真谛。

有一个老头在森林里抡起斧子正准备砍一棵树，突然从树上飞下一只金嘴巴的小鸟。它求他不要砍倒那棵树，并答应送给他柴烧。老头空手回到家，把遇到了金嘴巴鸟的经过告诉了老伴。

第二天，老伴发现院子里多了一大堆柴，就叫老头："柴是有了，可是我们没有吃的。"老头又回到森林里告诉了金嘴巴鸟，金嘴巴鸟答应了。家里出现了许多食物，饱餐了一顿后，老伴对老头说："快去找金嘴巴鸟，让它把我变成王后，把你变成国王。"老头又来到森林里，对金嘴巴鸟说出了愿望。金嘴巴鸟冷漠地望了一眼老头，但还是答应了。第二天早上醒来，他们发现自己变成了国王和王后。可是，老伴对此仍不满足，她对老头说："去，找金嘴巴鸟去，让它把魔力给我，让它来宫殿，每天早上为我唱歌。"老头刚到森林里，便只见金嘴巴鸟愤怒地盯着他，说："回去等着吧！"老头回到家，和老伴一起等待。第二天起床后，他们变成了两个又丑又小的小矮人。

遇到金嘴巴鸟之前的老两口虽然贫穷，但是生活有滋有味。一旦自己的欲望开始膨胀，便忘乎所以只顾得享受了。失去了理智与平常心态，贪得无厌的老两口终于让金嘴巴鸟忍无可忍，把这两个贪婪的人变成了小矮人。

现实生活中，并没有金嘴巴鸟来帮我们实现愿望，要想过得幸福还是要靠自己，靠自己的双手去打拼。这并不是说有了丰富的物质才有幸福，而是要有一颗感受幸福的心才会拥有幸福。拥有善于感受幸福的人，往往具有平淡的处世心态，他们能冷静地面对生活中的挫折，因而也就能过简单快乐的生活。

桌子放着凯瑟琳和杰克互赠的礼物——一件看起来什么人都能穿的浴衣，一瓶带喷嘴的淋浴剂。"你知道，理查德给利丝买了一枚贵重的钻戒，她给他买了一件长毛皮大衣。"凯瑟琳说。"住在这么热的地方，毛皮大衣有什么用？"丈夫笑着回答。

杰克开始收拾东西。凯瑟琳看着他。他们一起经历了两次经济危机，搬过5次家，养育了3个孩子。凯瑟琳给丈夫剪头发，披好过33488次右边的衬衣领子；她每次怀孕时，丈夫都给她洗脚；有18675次在她用完车后，丈夫把车子停到它该停的地方。他们共用牙膏、橱柜，共有账单和亲戚，同时，他们也相互分享友情和信任……

这就是他们在一起生活了25年的一切。杰克走过来，对凯瑟琳说："我给你准备了一件礼物。""什么？"她惊喜地问。"闭上你的眼睛。"当凯瑟琳睁开眼睛时，只见他捧着一棵养在坛子里的椰菜花。"我一直偷偷地养着它，叫孩子们看见，就该把它毁了。"丈夫乐滋滋地说，

"我知道你喜欢椰菜花。"

椰菜花平凡到微不足道，它既没有玫瑰的娇艳，也没有百合的馨香，但却是平淡生活的代表。在看似琐碎而平常的日子里，蕴藏的就是爱情与幸福。凯瑟琳和杰克一起度过了风风雨雨的 25 年，早已不再羡慕别人富有的生活，他们在平凡的生活里发现了不平凡的美。他们可以感受到每一天里细微的幸福。他们互相付出、互相珍爱对方，互相分享友情和信任，即使是一颗再平凡不过的椰菜花，他们也能闻到幸福的味道。

平凡的幸福并不是谁都能体会到，这需要有一颗能够享受平淡、感受生活的心。爱和幸福需要培养，就像需要一碗清清凉凉、平平淡淡的水一样。请相信，只要你拥有一颗平淡如水的心，那么你就终能找到幸福的真谛。

第十三章

合理规划自己的时间

时间的意义

时间是无声的脚步，是不会因为我们有许多事情要处理而稍停留片刻的。

——莎士比亚

有一个故事说，所罗门王有一天晚上做了一个梦。一位先贤在梦里告诉他涵盖了人类所有智慧的一句话，让他高兴的时候不会忘乎所以，陷入忧伤的时候能够自拔，始终保持勤勉，兢兢业业。但是，他醒来后却怎么也想不起那句话来，于是召来了最有智慧的几位老臣，拿出一颗大钻戒，向他们说了那个梦，要他们把那句话想出来，并说："如果想出那句话来，就把它镌刻在戒面上。我要把这颗戒指天天戴在手上。"

一个星期过后，几位老臣兴奋地送来钻戒，钻戒上已经刻了一句勉励人胜不骄，败不馁的至理名言："这也会过去！"

这个故事说的主题就是时间。时间就是这样在我们眼前不经意地流走，而且永不回头。在时间面前，所有的荣辱得失变得黯然失色。生活中我们无数次看到：腰缠万贯的富翁垂暮之时，宁愿撒尽所有财富，欲换得多活几分钟却已不能够。时间，对于每个人而言，是唯一最公平的东西。

莎士比亚说："时间是无声的脚步，是不会因为我们有许多事情要处理而稍停留片刻的。"

时间，给懒惰者留下空虚和懊悔，给勤奋者带来智慧和力量。

克雷默说："留心你的时间是怎样花掉的，因为你的整个未来都要生活在时间里面。"

时间对于每一个人来说，都是异常公平的，不论富人或穷人，男人或女人，聪明的或不聪明的，摆在你面前的时间，每天都是 24 小时，总统和乞丐的生命都是同一单位。

但是时间也有不公平的一面，那就是有人懂得珍惜，有人暴殄天物。对时间的挥霍和浪费是一种最大的浪费，人生没有回头路可走，我们无法回过头去找回我们曾经无意之中浪费掉的哪怕是一分钟的光阴。

浪费掉的时间就永远失去了，我们永远无法追回。但是，如果学会科学地把握时间、追求效率，就能在适当的时间内做完应该做的事情，而不是杂乱无章，只做你刚好遇到的事情。计划中的事情做得越多，效率就越高，也就能够掌握时间。

合理利用零碎时间

哪里有什么天才，我只是把别人喝咖啡的时间都用在工作上了。

——鲁迅

时间是由分秒积成的，用"分"计算时间的人，比用"时"来计算时间的人，时间要多 59 倍。

　　鲁迅说："哪里有什么天才，我只是把别人喝咖啡的时间都用在工作上了。"亨利·福特说："大部分人都是在别人荒废的时间里崭露头角的。"时间对于每一个人来说都是公平的，能不能在一样多的时间里取得比别人更多的成就，关键看你能不能有效地利用你的时间。

　　爱因斯坦在组织享有盛名的奥林比亚科学院时，每晚例会，他总是愿意和与会者手捧茶杯，开怀畅饮，边饮茶，边谈话。爱因斯坦就是利用这种闲暇时间，来与大家交流思想，把这些看似平常的时间利用起来。他后来的某些思想和很多科学创举，在很大程度上都源于这种饮茶之余的交流。如今，茶杯和茶壶早已成为英国剑桥大学的一项"独特设备"，以纪念爱因斯坦利用闲暇时间的创举。

　　美国近代诗人、小说家和出色的钢琴家艾里斯顿善于利用零散时间的方法和体会也颇值得借鉴。他写道：

　　当时我大约只有14岁，年幼疏忽，对于爱德华先生那天告诉我的一个真理，未加注意，但后来回想起来那真是至理名言，从那以后我就得到了不可限量的益处。

　　爱德华是我的钢琴教师。有一天，他给我教课的时候，忽然问我：你每天要花多少时间练习钢琴？我说大约每天三四个小时。

　　"你每次练习，时间都很长吗？是不是有个把钟头的时间？"

　　"我想这样才好。"

　　"不，不要这样！"他说，"你将来长大以后，每天不会有长时间的空闲的。你可以养成习惯，一有空闲就几分钟几分钟地练习。比如在你上学以前，或在午饭以后，或在工作的休息余暇，5分钟、5分钟地去练习。把小的练习时间分散在一天里面，如此，弹钢琴就成了你日常生活中的一部分了。"

　　当我在哥伦比亚大学教书的时候，我想课余时间从事创作。可是上课、看卷子、开会等事情，把我白天、晚上的时间完全占满了。

差不多有两个年头我不曾动笔写下一个字，我的借口是没有时间。后来才想起了爱德华先生告诉我的话。到了下一个星期，我就实验起他的话来。只要有 5 分钟左右的空闲时间，我就坐下来写作 100 字或短短的几行。

出乎意料，在那个星期的周末，我竟积累了相当厚的稿子。

后来，我用同样积少成多的方法，创作长篇小说。我的教授工作虽一天比一天繁重，但是每天仍有许多可资利用的短短闲暇。我同时还练习钢琴。我发现每天小小的间歇时间，足够我从事创作与弹琴两项工作。

利用短时间，有一个诀窍：你要把工作进行得迅速，如果只有 5 分钟的时间给你写作，你切不可把 4 分钟消磨在咬你的铅笔尾巴上。思想上事前要有所准备，到工作时间来临的时候，立刻把心思集中在工作上。实际上，迅速集中脑力，并不像一般人想象的那样困难。

艾里斯顿的经历告诉我们，生活中有很多零散的时间是大可利用的，如果你能化零为整，那你的工作和生活将会更加轻松。

所谓零碎时间，是指不构成连续的时间或一个事务与另一事务衔接时的空余时间。这样的时间往往被人们毫不在乎地忽略过去。零碎时间虽短，但倘若 1 日、1 月、1 年地不断积累起来，其总和将是相当可观的。凡是在事业上有所成就的人，几乎都是能有效地利用零碎时间的人。

富兰克林在有效利用零碎时间方面堪称楷模："我把整段时间称为'整匹布'，把点滴时间称为'零星布'，做衣服有整料固然好，整料不够就尽量把零星的用起来，每天二三十分钟，加起来，就能由短变长，派上大用场。"这是成功者的秘诀，也是我们学习借鉴的好方法。

伟大的生物学家达尔文也曾说："我从来不认为半小时是微不足

道的一段时间。"诺贝尔奖获得者雷曼的体会更加具体，他说："每天不浪费、不虚度或不空抛剩余的那一点时间。即使只有五六分钟，如果利用起来，也一样可以有很大的成就。"把时间积零为整，精心使用，这正是古今中外很多科学家取得辉煌成就的奥妙之一，也是我们应该从他们身上学到的优点之一。

恪守时间，珍惜时间

我从来不认为半小时是微不足道的一段时间。

——达尔文

要想赢得时间，就必须做到恪守时间。

贺拉斯·格里利说："一个人如果根本不在乎别人的时间，这和偷别人的钱有什么两样呢？浪费别人的 1 小时和偷走别人 5 美元有什么不同呢？况且，很多人工作 1 小时的价值比 5 美元要多得多。"

美国国父华盛顿经常这样说："我的表从来不问客人有没有到，它只问时间有没有到。"

他每天 4 点钟吃饭，如果有时候应邀到白宫吃饭的国会新成员迟到了，华盛顿就会自顾自地吃饭而不理睬他们，这使他们感到很尴尬。

一次，他的秘书找借口说，自己迟到的原因是表慢了。华盛顿回答说："那么，或者你换块新表，或者我换个新秘书。"

另一位美国开国元勋富兰克林对经常迟到却总是有借口搪塞的佣人说："我发现，擅长找借口的人通常除此之外什么都不擅长。"

美国第六任总统约翰·昆西·亚当斯从不误时。议院开会时，看到亚当斯先生入座，主持人就知道该向大家宣布各就各位，开始会议了。有一次发生了这样一件事，主持人宣布就座时，有人说："时间还没到，因为亚当斯先生还没来呢。"结果发现是议会的钟快了 3

分钟，3分钟后，亚当斯先生准时到达了会场。

恪守时间是使人信任的前提，会给人带来好名声。它清楚地表明，我们的生活和工作是按部就班、有条不紊的，使别人可以相信我们能出色地完成手中的事情。恪守时间的人一般都不会失言或违约，都是可靠和值得信赖的。办事准时、恪守时间，往往是积累成功资本的第一步。

李悦是一家装修公司的业务员，经过他的努力，一家科技公司的高级主管终于答应面谈公司装修的项目。他们约定见面的时间是第二天上午10点半，李悦在第二天上午却迟到了半个小时。而此时这位主管恰恰不在。等到李悦打电话再次预约面谈的时间时，那位主管说："没有这个必要了，你已经失去了那笔业务。因为在你迟到的半个小时里，我们已经把项目交给了别人，你不守时，我们不敢相信你能够兑现你许下的诺言。"一个连别人的时间都不能遵守的人，又怎么能为自己赢取时间呢？

生活中，守时的重要性随处可见。比如，火车司机的表慢一点就可能发生严重的撞车事件。又比如，西安《华商报》在2002年7月12日报道了以往在古装剧中"刀下留人"一幕的真实上演。说的是陕西延安一名死囚，在执行枪决前4分钟，接到最高人民法院下达的"暂缓执行命令"，原因是此案涉嫌自卫，且对方也有错，判处死刑不当。这短短4分钟是多么重要！

为了珍惜和利用自己或别人的时间，为了能够成为一个可靠的、值得信任的人，恪守时间是非常重要的。

一个成功者懂得珍惜自己的时间，他总是设法回避那些消耗自己时间的人，希望自己宝贵的光阴不要因为他们而多浪费一刻。一个成功的时间管理者不仅懂得如何珍惜自己的时间，而且特别珍惜别人的时间。因为他们深知这才是真正的赢取时间之道。

做时间的主人

如果想成功，就必须重视时间的价值。

——富兰克林

时间抓起来就像金子，抓不住就像流水。

有许多人，整日"两眼一睁，忙到熄灯"，可还是深感时间紧迫，不够用。他们精疲力竭，来去匆匆，却总是不能从容自如。

要想赢得比别人高的评价，要想获得比别人多的成就，必须学会有效利用时间，做时间的主人。

德国伟大的文学家、诗人歌德说：我们都拥有足够的时间，只是要善加利用。一个人如果不能有效利用有限的时间，就会被时间俘虏，成为时间的奴隶。一旦在时间面前成为弱者，他将永远是一个弱者。因为放弃时间的人，同样也会被时间放弃。

时间可以毫无顾忌地被浪费，也可以被有效地利用。有人算过这样一笔账：一个人如果每天临睡前挤出 15 分钟看书，他的看书速度为中等水平，即每分钟能读 300 字，那么，15 分钟他就能读 4500 字，一个月读 12.6 万字，一年的阅读量就可以达到 151.2 万字。如果每本书平均约 7.5 万字，一年他就可以读 20 本书。这个数目是可观的，远远超过了世界上人均年阅读量。许多伟人之所以能流芳百世，一个重要的原因就在于他们十分珍惜时间。他们在一生有限的时间里，不但充分利用上天赐予他们的每一分每一秒，还善于把隐藏的时间找出来，一刻不停地工作、积累、进步。

在美国近代企业界里，与人接洽生意时能以最少时间产生最大效率的人，非金融大王摩根莫属。为了珍惜时间，他招致了许多怨恨。

摩根每天上午 9 点 30 分准时进入办公室，下午 5 点回家。有人对摩根的资本进行了计算后，说他每分钟的收入是20美元。除了与生意上有特别关系的人商谈外，他与人谈话的时间绝不超过5分钟。

通常，摩根总是在一间很大的办公室里，与许多员工一起工作，而不是一个人待在房间里工作。摩根会随时指挥他手下的员工，按照他的计划去行事。如果你走进他那间大办公室，是很容易见到他的，但如果你没有重要的事情，他是绝对不会欢迎你的。

摩根能够轻易地判断出一个人来接洽的到底是什么事。当你对他说话时，一切转弯抹角的方法都会失去效力，他能够立刻判断出你的真实意图。这种卓越的判断力使摩根节省了许多宝贵的时间。有些人本来并没有什么重要事情需要接洽，只是想找个人来聊天，却耗费了工作繁忙的人许多重要的时间。摩根对这种人简直是恨之入骨。

富兰克林说过，如果想成功，就必须重视时间的价值。

人生是由时间组成的，不珍惜时间就是不珍惜自己的生命。每一个成功者都非常珍惜自己的时间，他们能够真正主宰自己的时间，能够在有限的时间里做更多的事。

零碎时间可以成就大业

世界上真不知有多少可以建功立业的人，只因为把难得的时间轻轻放过而默默无闻。

——本杰明·富兰克林

如果你生活在大都市里，一定对每天上下班的交通问题颇有感触。通常你每天早上去上班要花一两个小时在公共汽车上，而下班回家时又要花上一两个小时。这样一天就有可能花掉四五个小时甚至更多的时间来挤车、上车、下车、换车。很明显，有两方面值得你考虑：你是否能缩短交通时间？你是否能有效地利用这些时间？

在美国造币厂处理金粉车间的地板上，有一个木制的格子，每次清扫地板时，这个格子就被拿了起来，里面细小的金粉随之被积攒起来。日积月累，每年可以因此为厂里节约上万美元。事实上，每一个成功人士都有这样一个"格子"，用于积攒那些被分割得支离破碎的时间。等着咖啡煮好的半个小时，不期而至的假日，两项工作安排之间的间隙，等候某位不守时人士的闲暇，等等，都被他们如获至宝般地加以利用，并足以取得令那些不懂得这一秘密的人瞠目结舌的业绩。

埃利胡·布里特说："所有我已经完成的、准备完成的或者是想要完成的工作，都跟蚁丘的形成一样，要经过或即将经过沉重缓慢、单调乏味、持之以恒的积累过程——材料的日积月累、思想火花的不断撞击和对真理的不断辨析。如果说我是受到了某种雄心的激励的话，那么，我最崇高也是最热切的愿望就是能够为美国的年轻人树立这样一个榜样——把那些被称之为瞬间的点点滴滴而又无比珍贵的时间充分利用起来。"

我们常常这样说："噢，只有 5 到 10 分钟就要开饭了，什么事都干不了。"但实际上，有一些身处逆境、命运多舛的人，充分利用了这些被许多人轻易浪费的时间，从而为自己建立了人生和事业的丰碑。那些被你虚度的时光，如果能够得到有效利用的话，完全有可能使你成为杰出人物。

马莉恩·哈伦德的成功主要源于她能够精打细算地利用每一分每一秒。作为一个勤劳的母亲，她既需要照顾孩子，又需要操持家务。终其一生她都受到各种各样的干扰，这种干扰完全可能使得绝大多数妇女在处理琐碎的家庭事务之外不可能有别的作为，然而哈伦德，由于有超常的毅力和做事分秒必争的好习惯，终于化平凡为伟大。

无独有偶，同样有繁重家务负担的家庭主妇哈丽特·斯托夫人，完成了那部家喻户晓的名著——《汤姆叔叔的小屋》。

　　朗费罗每天利用等待咖啡煮熟的 10 分钟时间翻译《地狱》，他的这个习惯一直坚持了若干年，直到这部巨著的翻译工作完成为止。比彻在每天等待开饭的短暂时间里读完了历史学家弗劳德长达 12 卷的《英国史》。

　　德·格里斯夫人后来成了法兰西王后的密友，她在给公主上课之前，把时间用于创作，日积月累，她竟然写出了好几部充满吸引力的著作。休·密勒是一个石匠，赚钱养家糊口是他的天职。但在做好本职工作的同时，他把一些零零碎碎的时间积累起来阅读科学书籍，最终他根据自己与石头打交道的亲身经历，写出了一本充满智慧和才气的大部头著作。苏格兰著名诗人彭斯的许多最优美的诗歌，是他在一个农场劳动时完成的。约翰·斯图亚特·密尔曾经在东印度公司当小职员，他的许多传世之作都是在这一时期完成的。《失乐园》的作者弥尔顿是一位教师，还是联邦秘书和摄政官秘书。在繁忙的工作之余，他注意利用一些零碎的时间，坚持苦读。伽利略是一个外科医生，他以专心致志的态度和常人少有的勤勉，挤出时间从事科学研究，从而为后人留下了丰硕的成果。

　　所有这些事例都告诉我们一个道理：善于利用零碎时间可以成就大事业。

第十四章

学习到底是为了什么

学历不是"通行证"

所谓教育，是忘却了在校学的全部内容之后剩下的本领。

——爱因斯坦

在最初涉世的时候，我们怀着美好的理想走入社会，却碰上了一个又一个的难题。首先就是学历问题，没有本科学历或学历太低，是通向成功路途的羁绊。播下种子，却没有开花，不必灰心失望，我们注重的不是妖艳的花朵，而是沉甸甸的果实。

努力学习了，即使最后没有如愿拿到学历，没有得到那个"证明"，你也要相信自己的能力，只要还拥有学到的知识和拼搏的精神，你就有成功的机会。

一天午后，一位老妇人走进费城一家百货公司，大多数的柜台人员都不理她，只有一位年轻人问是否能为她做些什么。当她回答说只是在避雨时，这位年轻人并没有推销给她不需要的东西，也没有转身离去，反而拿给她一把椅子。

雨停之后，老妇人向年轻人说了声谢谢，并向他要了一张名片。几个月之后这家店主收到一封信，信中要求派这位年轻人去苏格兰收取装潢一整座城堡的订单！这封信就是那位老妇人写的，她正是美国钢铁大王卡内基的母亲。

许多农村的孩子学习条件并不好，可他们通过努力考上了大学。这正是运用了补偿的方法——"勤于学业"，力争取得"好成绩"，他们成功了。

顺利拿到大学文凭的学子们，即使踏入社会也不一定能够顺利成就事业，学历只代表过去的成绩，而真正的成功还须日后努力奋斗得来。

学历只是你学习成绩的见证，并无法准确反映你的综合水平。踏入社会后，一个人的品德、修养、性格对其发挥的作用远远大于学习成绩所发挥的作用。

大学毕业不等于学习终结

人永远是要学习的。死的时候，才是毕业的时候。

——萧楚女

只有不断地学习，才能不断地适应外部环境的变化。一旦学习停滞了，适应就停滞了。适应新时代的生存方式，就是不断学习、终身学习。只有做到终身学习的人，才能不断获得新信息、新机遇，才能不断获得高能力、高素质，才能够不断地走向成功。

在人的一生中，要持续不断地学习。学习始于生命之初，终于生命之末，即从摇篮到坟墓，一辈子持续不断。它宣告了"学历社会"的终结，宣告了把人生分为两半——学习和工作（"充电"和"放电"）的传统观念的错误。终身学习，成为迎接新世纪挑战的高能武器，越来越受到全世界的高度重视。

这是美国东部一所大学期终考试的最后一天。在教学楼的台阶上，一群工程学高年级的学生挤做一团，正在讨论几分钟后就要开始的考试，他们的脸上充满了自信。这是他们参加毕业典礼和工作之前的最后一次测验了。

一些人在谈论他们现在已经找到的工作，另一些人则谈论他们将会得到的工作。带着经过4年的大学学习所获得的自信，他们感觉自己已经准备好了，并且能够在社会中游刃有余。

他们知道，这场即将到来的测验将会很快结束，因为教授说过，他们可以带想带的任何书或笔记，要求只有一个，就是不能在测验的时候交头接耳。

他们兴高采烈地冲进教室。教授把试卷分发下去。当学生们注意到只有5道评论类型的问题时，脸上的笑容更加扩大了。

3个小时过去了，教授开始收试卷。学生们看起来不再自信了，他们的脸上是一种恐惧的表情。没有一个人说话，教授手里拿着试卷，面对着整个班级。

他俯视着眼前那一张张焦急的面孔，然后问道："完成5道题目的有多少人？"

没有一只手举起来。

"完成4道题的有多少？"

仍然没有人举手。"3道题？2道题？"

学生们开始有些不安，在座位上扭来扭去。

"那1道题呢？当然有人会完成1道题的。"

但是整个教室仍然很沉默。教授放下试卷，"这正是我期望得到的结果。"他说。

"我只想要给你们留下一个深刻的印象，即使你们已经完成了4

年的工程学习，但关于这项科目你们仍然有很多的东西还不知道。这些你们不能回答的问题是与每天的普通生活实践相联系的。"然后他微笑着补充道："你们都会通过这个课程，但是记住——即使你们现在已是大学毕业生了，你们的教育仍然还只是刚刚开始。"随着时间的流逝，教授的名字已经被大家遗忘了，但是他教的这堂课却从来不曾被遗忘。

1994 年 11 月，在意大利罗马举行了"首届世界终身学习会议"，提出"终身学习是 21 世纪的生存概念"，强调如果没有终身学习的意识和能力，就难以在 21 世纪生存。

终身学习，理所当然地成为新世纪的生存方式。

比终身学习更进一步，应当是终身学习化。所谓"化"者，正所谓彻头彻尾、彻里彻外。

终身学习化与终身学习有所不同。

终身学习，只是强调走出校门，走上工作岗位，需要学什么就要及时充电，接受培训，直到老了也要学习，活到老，学到老。

终身学习化，不仅要终身学习，而且要使学习完完全全地融入生活，融入工作，做到生活学习化、工作学习化。生活学习化，就是使生活成为锻造性格的课堂、锻造素质的熔炉。工作学习化，不是工作之余的学习，而是工作本身就成为一种学习。终身学习化就是把学习融入人生的每时每地，成为"全时空学习"。终身学习化是终身学习的深化、升华和飞跃。如果说终身学习是新世纪的生存手段，那么终身学习化就是新世纪的生存目的。

终身学习化，就是人生学习化。要使我们的人生成为"学习化的人生"，就要不断地在实际生活中学习，在实际工作中学习，终生都做到"无一事而不学，无一时而不学，无一处而不学"。

假使你真有向上的志愿，假使你真想补救你没有知识的损失，你应当记住，你每天所遇见的每个人，都能增益你的知识。假使你遇见的是一个印刷匠，他也能灌输你许多印刷的技术；一个泥水匠，能告诉你建筑方面的技巧；一个普通的农夫，有他做人、做事的经验，你能从他身上得到许多人情世故。

大学毕业不等于学习终结。即使你已经大学毕业，但你的教育仍然还只是刚刚开始。这是一个终身教育的时代，谁不知道学习，谁不知道更新自己的知识结构，谁就会被社会淘汰。

真正要学习的是学习方法

真正的学者知道怎样从已知引出未知，并且逐步接近于大师。

——歌德

要具备终身学习的能力，关键就在于必须"学习如何学习"。

珍尼特·沃斯和戈登·德莱顿在《学习的革命》一书中认为："真正的革命不只在学校教育之中，它在学习如何学习，在学习你能用于解决任何问题和挑战的新方法中。"

急遽的全球性转变，资讯光速流转，机会转瞬即逝，环境的迅速变化向任何人都提出了新的挑战——因循守旧，还是创新超越。

在巨变的洪流中，无论企业或个人，凡是依赖于旧有的知识和依循以往的方式解决新问题，终将无法逃脱被淘汰的命运。

别无选择，只有"变"才能应变。佛经教义说，变，才是唯一的不变。

"变"是新的挑战下唯一不变的生存之道。

那么，如何应变甚至导变呢？那就是学习如何学习。只有具备"如何学习"的能力，才能在骤增的资讯中有所取舍，在"全时间"、"全环境"中因时、因地、因事、因变地进行学习创新，从而更高效地实现自己的目标。也只有如此，你的时间才是用在最有生产力的地方，而效率就是竞争力。

中国台湾企业战略专家石滋宜博士认为：

懂得如何学习的人，自然能掌握变化、掌握趋势。

懂得如何学习的人，自然有事业心、有应变力。

懂得如何学习的人，自然能够有创造力、有前瞻性。

过去我们说，不愿学习是愚蠢，而加拿大媒体怪杰麦克鲁汉更直言："不会学习，是一种罪恶。"

所谓"会学习"、"如何学习"，实质就是倡导一种创造性学习、高效学习。如何能更有效、更高效地学习，这本身就是知识和学问。

学习很重要，学习如何学习更重要。

不学习的人，不如好学习的人，好学习的人，不如会学习的人。

成绩不等于成就

教育的第一目的是做人，而不是学识。

——欧尼斯特·乔普生·萨顿

成绩和成就不一定成正比，你不能以学业的成败评估自己未来的成就。

剑桥教授亨利·B.雷林曾讲过："为了发现与学生未来成功相关的因素，剑桥商学院做了大量的调查研究。调查结果显示：一个学生在学校里的成绩与他将来的成就之间并无关系。短期内还有点关系，而长期内根本没有什么关系。"

作为一名学生，必须能够正确认识短期学业上的成败。生活之路是很漫长的，即使是剑桥大学最顶尖和最失败的学生也必须走完剩下 2/3 的人生旅程。在学业上跑在前面的人，在长跑中往往会黯然失色，起初落后的人却往往会后来居上。

一项研究表明，在智力水平相当的天才儿童中，成就最高者和成就最低者之间的差距相当大，那些最成功的人士都有两个区别于他人的特征：高度的自信和恒心，或者说充满豪情壮志。

有句古谚说实践出真知，而真正聪明的人懂得从他人的经验中学习。

影响成功的因素有很多。

首先是处理失意的能力。非常成功的人士都能够饱受学习的失意而始终坚持不懈。在你的职业生涯中你将会遭遇一些极为扫兴甚至痛苦的事情。你可能在一个很好的公司里工作，突然公司不需要你了，而你不得不走人。

成功的人总是在生活中勇往直前，富有弹性地面对失意和挫折。有时候许多人由于早年经历了太多成功——进入了自己所选择的大学，或毕业于名牌大学，他们不知道该如何摆脱失意或失败的情绪而勇往直前。他们更像一个可爱的瓷茶杯：高雅、精致、美观——但是逆境袭来时则脆弱不堪。

第二是运气。这里的运气并不是指生于达官显贵之家，或者是中了大奖。如果你遗传了好的基因，接受了良好的教育，拥有关心你并给你提供好建议的人或导师，如果你生于这个世纪而不是中世纪，那么你的好运便已多于你应该获得的了。幸运并不意味着安逸的生活，而是你的机遇。一个人，即使再有才能，但如果没有机遇，也很难让自己的才能得以发挥。

第三是公正感。你应该对他人公正。要获得成功，你必须有最优秀的人为你工作。如果你不公正或阴险地对待他人，他们会选择离开。你不得不让二流的人接管他们的工作，而同一群二流员工一起工作是很难取得成功的。

这几种能力的高低在学业上很难体现，而这几种能力是成功的必备因素。不要被成绩左右，成绩并不等于成就。

能力比知识重要

你知道得很多，但如果你不善于把你的知识用于你的需要，那就没有什么用处。

——彼得·杜拉克

学习的本质就是培养人的思考能力和创造能力，只有通过学习，掌握了这些能力，才能让我们的人生更加卓越。

有一天，一名大学教授到一个落后乡村游山玩水。

他雇了一艘小船游江，当船开动后教授问船夫："你会数学吗？"

船夫回答："先生，我不会。"

教授又问船夫："你会物理吗？"

船夫回答："物理？我不会。"

教授又问船夫："那你会用计算机吗？"

船夫回答："对不起。我不会。"

教授听后摇摇头说道"你不会数学，人生已失去 2/6；不会物理，人生又失去 1/6；不会用计算机，人生又失去 1/6；你的人生总共已失去 4/6……"

说到这儿，天空忽然飘来大片黑云，随后吹来强风，眼看暴风雨就要来到。

船夫问教授："先生，你会游泳吗？"

教授愣一愣答道："不会。没学过。"

船夫摇摇头说道："那你的人生快要全部失去了……"

一个人拥有多少知识，并不能证明他就拥有多少能力，也就是说，知识与能力并不是成正比的。有渊博的知识固然是件好事，但人生首先最需要的并不是渊博的知识，而是生存的能力。

青少年朋友只有通过学习，掌握一种能力，并让这种能力适应千变万化的社会需求，才能更好地生存和发展。

有人说，真正的"铁饭碗"，不是在一个地方总有饭吃，而是走到哪里都有饭吃，也就是到哪里都有生存的能力。

曾经的"高工资、低付出"仅仅是一种生存状态，而技能与技术却是一种生存能力，只有掌握能力的人，才能更好地生存下去。

知其然，仅仅是一种状态，知其所以然，则是一种能力。

学习成绩只是一种状态，思考与创新却是一种能力。我们学习的目的，正是为了获取这种能力。

所以，孔子说："学而不思则罔。"卢梭说："读书不要贪多，而是要多加思索，这样的读书才能受益匪浅。"

这些伟人的良言，就是要告诫我们青少年，要学以致用，不要用书本中的知识来替代自己的思考。只有积极地思考，才能触摸到知识的灵魂，才能将知识转化为生存的精彩，所谓"六经注我"，而不是"我注六经"。

有一位伟人说过："学习是学习，学习的学习也是学习，而且是更重要的学习。"青少年朋友尤其要注重"学习的学习"，从各个方面塑造培养自己的综合能力。

尽信书不如无书，书本中的理论只有与实践相结合，才能转化为生存的能力。

做到这一点其实很简单，我们只要细心观察生活中的一些现象，并有意识地在自己的头脑中找出理论印证就可以了。比如说，老师在课堂上传授给我们作文的方法和要点，读书的时候，就可以用这样的理论衡量一篇文章的结构，从中找出为什么好、为什么不好，这些共性的经验，可以反过来促进我们的作文水平，培养我们理论与实际相结合的能力。

学习归根究底是为了应用，所以，我们要在日常的生活中，积累一些有用的经验和知识，从"无字句处"读书，这也是我们打造生存能力的一个重要途径。

数学运算阻碍物理的研究，牛顿就创造了微积分；工具的简陋影响了手艺的发挥，鲁班就发明了锯。这些都是在学习中创造、学以致用的典范。

青少年朋友更要在实践中突破各种束缚，主动应用新的技能，创造新的观点，这样我们在未来社会中的生存才能说有了保障。

古人说："授我以鱼，只供一饭之需；教我以渔，则终身受用无穷。"在学习中探索生存的技能，在生存中体会学习的真谛，人才会越来越成熟！

第十五章

梦想是成功的翅膀

分大目标为小步骤

向着某一天终于要达到的那个终极目标迈步还不够，还要把每一步都看作目标，使它作为步骤而起作用。

——歌德

大目标都是通过无数小目标的成功而铺垫、积累的，每一个杰出的人，都是通过取得许多小的成功，才逐步达到他们的最终目标的。

化大目标为小步骤，是实现目标最具效能的方法。我们先设立一个长远目标，然后在前进的路上再设立几个中期目标，每一个中期目标还可以划分为若干个小步骤。

居里夫人年轻的时候，家里非常贫困，根本没有钱读书，况且，失去国家主权的波兰当局也不允许女子读书。但是，她和她的姐姐却都向往着上大学，在国内不能上，就立志要到国外留学。

这个目标看起来是根本没有办法实现的。当时她家里的经济状况，连维持温饱都成了一个严峻的问题，怎么能有钱供姐妹俩出国留学呢？

然而，她们并没有就此放弃，而是将大目标分解为小步骤来实现。首先，她们一起努力打工，攒够姐姐一个人到国外的旅行费和第一个月的学费；然后，姐姐出国学习，妹妹继续打工，并给姐姐邮寄学费；等姐姐毕业了，姐姐打工，供妹妹上学。

就这样，居里夫人姐妹俩都完成了各自的学业。

目标的长短，对我们所起作用的大小也不一样。目标长远则动力作用大，目标短小，产生动力则小，像人走路一样，预定走 5000 米，走到三四千米时就会感到累，预定走 50000 米，走了三四十千米才会觉得累。

我们不可能一下子达到很高的生存目标，可以让大目标以小目标的形式分步骤地完成，这样，当完成了几个小目标后，我们就会发现，我们已实现了一个中期目标。同样，当几个中期目标完成，我们会惊异地发现，自己已是一个成功者。然后，你再逐步培养、树立远大的目标，向远大的目标奋进。

假如你确立了一个把语文成绩提高到 90 分的目标，那么你就可以分步骤来实现这一目标。比如，你可以画一张成绩进展步骤图，在该图的最上面，写上 90 分，然后写上 80 分，并在最下面写上 70 分。在第一个步骤旁边，可以标上"按时上课，认真听讲"；在第二个步骤旁边，可以标上"课前认真预习，课后及时完成作业"；在第三个步骤旁边，可以标上"全力投入复习，力争实现所定目标"。

如果你第一步没有做好，也并不意味着需要废弃原定目标。只要把第一步所需做的学习任务补上来，依然可按照原定计划逐步前进。

还有重要的一点需要引起注意，那就是所确立的目标，应当是我们本人的长远目标，这个目标对自己来说，经过努力是可以实现的。

在实现目标的方法上，没有什么捷径可走。这是一个需要不断地勤奋努力和持之以恒的漫长过程。为此而付出的心血将得到巨大的回报，它不仅可以让自己成为一位成功者，重要的是它可以让自己自由地生存在这个美好的世界上。

贫穷只因无梦想

贫穷本身并不可怕，可怕的是自己以为命中注定贫穷或一定老死于贫穷的思想。

——富兰克林

如果你出身贫寒，而且没有脱离贫困的强烈愿望，那你的一生就注定了与富足无缘。"多数人并不是因为贫穷而被奴役，而是因被奴役而贫穷。"

卡尔有7个兄弟姐妹，他父亲是路易斯安纳州黑人佃户。卡尔从5岁就开始工作，9岁时会赶骡子。这些一点也不稀奇，因为佃农的孩子大多在年幼时必须工作，他们对于贫穷十分认命。幸运的是，卡尔有一位了不起的母亲，她始终相信一家人应该过着快乐且衣食无忧的生活。她经常和儿子谈到自己的梦想。

"我们不应该这么穷，"她时常这么说，"不要说贫穷是上帝的旨意，那是因为爸爸从来不想追求富裕的生活。家中每一个人都胸无大志。"

母亲的话深深地植根在卡尔的心中。以致最终改变了他的一生。

卡尔一心向往跻身富人之列，于是开始追求财富。终于凭借辛苦的推销工作有了一些积蓄。12年后，他得知供货的公司即将被拍卖，底价是15万美元，就去同供货的公司商谈收购接手事宜。谈判的结果，他用积蓄的25000美元作为定金，并答应在10天内筹足余款125000美元。合约中还规定，若逾期未补齐余款，将没收定金。

卡尔努力地向朋友筹钱，但到了第10个晚上，他还差1万美元。

卡尔觉得自己已经想尽所有的办法。时间不早了，房里一片漆黑，卡尔跪下来祈祷，请求上帝指引。

让谁能在时限内借我 1 万美元？卡尔反复问自己。最后他决定开车沿着第 61 街走下去，看看有没有机会。

当时是深夜 11 点，卡尔沿着第 61 街往下走。过了几个路口，终于看到一家承包商的办公室里还有灯光。约翰走了进去，那位承包商正埋头办公，由于熬夜加班，已经疲惫不堪。

卡尔和他略有交情，他鼓起勇气："你想不想赚 1000 美元？"卡尔直截了当地问。

那位承包商回答："想，当然想。"

"借我 1 万美元，我会外加 1000 美元红利还给你。"卡尔告诉那位承包商，还有哪些人借钱给他，并且详细说明整个投资计划。凭着卡尔平日的信誉以及他周密而切实可行的发展计划，他顺利地借到了 1 万美元。

其后，他不但从接手的公司获得可观的利润。并且还陆续收购了 7 家公司，其中包括 4 家化妆品公司、1 家食品公司、1 家服装公司及 1 家报社。他因为有梦想而实现了由贫到富的质变。

"人不能坐等好运的降临；唯有目标现实可行并且身体力行，梦想才能变成现实。"很多人贫穷并不是因为别的，而是因为他们没有告别贫穷，走向富有的梦想。连想都不敢想的事情，更不要说去做了。

不要只顾一面埋怨自己的贫穷，一面安于现状，而是要告诉自己：我想富有！这样才能真正告别贫穷。

确信目标终究会实现

全神贯注于你所期望的事物上，必有收获。

——爱默生

我们应当坚信，只要朝着自己的目标不断向前，肯定会有好的结果。一个人除非对自己的目标有足够的信心，否则目标很难实现。

爱得卡在创业之初，全部家当只有 1 台拖拉机，价值 50 美元。第二次世界大战结束后，爱得卡做生意赚了点钱，便决定从事地皮生意。如果说这是爱得卡的成功目标，那么，这一目标的确定，就是基于他对自己的市场需求预测充满信心。

当时，在美国从事地皮生意的人并不多，因为战后人们一般都比较穷，买地皮修房子、建商店，盖厂房的人都很少，地皮的价格也很低，当亲朋好友听说爱得卡要做地皮生意时，异口同声地反对。

而爱得卡却坚持己见，他认为反对他的人目光短浅。他认为虽然连年的战争使美国的经济很不景气，但美国是战胜国，它的经济会很快进入大发展时期，到那时买地皮的人一定会增多，地皮的价格会暴涨。

于是，爱得卡用手头的全部资金再加一部分贷款在市郊买下很大的一片荒地。这片土地由于地势沉洼，不适宜耕种，所以很少有人问津。可是爱得卡亲自观察了以后，还是决定买下了这片荒地。他的预测是，美国经济会很快繁荣，城市人口会日益增多，市区将会不断扩大，必然向郊区延伸，在不远的将来，这片土地一定会变成黄金地段。

后来的事实正如爱得卡所料。不出 3 年，城市人口剧增，市区迅速发展，大马路一直修到爱得卡买的土地的边上。

这时，人们才发现，这片土地周围风景宜人，是人们夏日避暑的好地方，于是，这片土地价格倍增，许多商人竞相出高价购买，但爱得卡不为眼前的利益所诱惑，他还有更长远的打算。

后来，爱得卡在自己这片土地上盖起了一座汽车旅馆，命名为"假日旅馆"。由于它的地理位置好，舒适方便，开业后，顾客盈门，生意非常兴隆。从此以后，爱得卡的生意越做越大，他的假日旅馆逐步遍及世界各地。

因为眼前的利益或众人的否定就轻易放弃自己的目标，那么，你的目标将永远无法实现。美国教育家卡耐基说："朝着一定目标走去是'志'，一鼓作气中途决不停止是'气'，两者合起来就是'志气'，一切事业的成败都取决于此。"

确定自己的职业目标

确定目标，即意味着为了达到目的必然要把自己逼进艰难困苦的境地中去；不能确定目标，则意味着他是没有这种勇气的人。

——德田虎雄

如果你认为你是在为别人工作，那你就永远只能为别人工作。如果你认为你是在为自己工作，那你终将会有自己的一番事业。

菲尔·强生的父亲开有一家洗衣店，并且让菲尔在店里工作，希望他将来能接管家族事务。

但菲尔厌恶洗衣店的工作，懒懒散散，无精打采，在父亲的强迫下勉强做一些工作，心思完全不放在店里。

菲尔的状态使父亲非常苦恼和伤心，他觉得自己养育了一个不求上进的儿子，而在员工面前深感丢脸。

有一天，菲尔告诉父亲自己想到一家机械厂工作，做一名普通工人。

抛弃现有蓬勃兴旺的家族事业，出去打工，一切从头开始。父亲对他的想法完全无法理解，并且横加阻拦。

菲尔坚持自己的想法，穿上油腻的粗布工作服，开始了劳动强度大、时间长的工作。

在常人看来，这是十分辛苦的工作。但是，菲尔·强生不但不觉得苦，反而觉得十分快活，边工作边吹口哨。

工作之余，他还选修工程学课程，研究引擎，装配机械。经过多年的坚持不懈的努力，到1944年他逝世时，菲尔已经荣升为波音飞机公司的总裁——制造出了"空中飞行堡垒"轰炸机，为盟军赢得第二次世界大战的胜利立下汗马功劳。

而所有的成功，都来源于他广博的兴趣。

可见，兴趣对职业选择的重要性可能是你始料不及的。

一开始影响你选择的往往是薪水高低等因素，但你慢慢会发现，如果长期干自己所不喜欢的工作，就会备感厌倦，你就会变成一个简单的赚钱机器。

很多人都忽视了这样一个事实：工作本身也是生活的一部分，工作质量的高低决定了生活质量的高低，工作并不是毫无感情的，它对于人生的意义，绝不在于满足衣食住行的需要。

实际上，它更是你实现理想的途径，是使你生活得快乐幸福的隐形伴侣。

你的爱好是你选择职业的第一步，也是最后一步、决定性的一步。

你不仅要问："我能为自己的工作做点什么？"而且要问："工作能给我带来什么？"

做一份既能胜任又喜欢的工作，才是人生真正的乐事。

我们要坚守这样一个信念：最后抉择必须由自己做出，因为未来的工作和生活是快乐还是苦闷，全部由你自己来承担。

因此，不要贸然决定从事某一行业，除非它能给你带来快乐。当然，这并不意味着你可以完全不考虑他人的意见，一意孤行；也不意味着你应该立刻辞掉现有工作，放弃家庭。

第十六章

每个人都是金子

经营你的强项

伟大高贵人物最明显的标志，就是能充分发挥自己的长处。不管环境变化到何种地步，他能使自己的强项得到巧妙发挥，因而始终能克服障碍，达到所期望的目的。

——爱迪生

一只小兔子被送进了动物学校，它最喜欢跑步课，并且总是第一；它最不喜欢的是游泳课，一上游泳课它就非常痛苦。但是兔爸爸和兔妈妈要求小兔子什么都学，不允许它有所放弃。

小兔子只好每天垂头丧气地到学校上学，老师问它是不是在为游泳太差而烦恼，小兔子点点头。老师说，其实这个问题很好解决，你跑步是强项，但是游泳是不足。这样好了，你以后不用上游泳课了，可以专心练习跑步。小兔子听了非常高兴，它专门训练跑步，结果成为跑步冠军。

　　小兔子根本不是学游泳的料，即使再刻苦，它也不会成为游泳能手；相反，它专门训练跑步，结果成为跑步冠军。

　　一个人的性格天生内向，不善于表达，你却要他去学习演讲，这不仅是勉为其难，而且还浪费了大量时间和精力。一个人天生有心脏病，你却要他去练习长跑，这不是要他的命吗？

　　自然界有一种补偿原则，当你在某方面很有优势时，肯定在另一个方面有不足。而当你在某个方面拥有缺点时，可能又在另一个方面拥有优点。如果你想要出类拔萃，就必须腾出时间和精力来把自己的强项磨砺得更加犀利。

　　世界上没有两片完全相同的树叶，每个人的天赋也是不同的。你也许在某个方面表现突出，而其他方面则可能有所欠缺。

　　所以，你最好集中自己的智慧潜能优势，寻找一个与之相符合的发展方向，这样成功的机会才可能多起来。

　　也许你此生进不了名牌大学，但是这并不意味着你就一定比名牌大学出来的学生差。只要你愿意，善于经营自己的强项，你也一样会很优秀，甚至更好。拥有正确的心态，不要因为羡慕别人的风景而把自己的风景给耽误了。

　　在漫漫的人生旅途中，找到自己的强项，也就找到了通往成功的大门。选准自己的坐标以后需要立即行动，没有走出去的冒险精神，你的选择永远不会变成现实。

　　如果你是鱼，就跳进大海，在茫茫的大海里尽情畅游；如果你是鹰，就飞向蓝天，在广阔的天空里自由翱翔。

每个人都是金子

　　一个人没有认清自己的真面目，不能深明自己的优势所在，就不能把命运掌握在自己手中，也就不可能取得成功。

——卡耐基

　　不要认为自己一无是处。每个人都是金子，能不能发光，关键在于你能否发掘自己的闪光之处。

　　有一天，一个流浪汉来到哈德教授的办公室，要求与他谈谈。他说，前天下午他本已经决定跳进密歇根湖，了此残生。但不知是谁，也许是命运之神，把一本哈德多年以前写的书放入他口袋，这本书给他带来了勇气和希望，并支持他渡过难关。他还说，只要他见到这本书的作者，他相信作者一定能帮助他再度站起来。哈德问他："我能替你做什么。"

　　他脸上沮丧的表情、眼中茫然的神情，他的身体姿势、脸上 10 天未刮的胡须，以及他那紧张的神态，完全向哈德显示出，他已经无可救药了。哈德不忍心对他这样说。因此，哈德请他坐下来，要他把他的故事完完整整地说出来。他说得很详细：他把他的全部财产投资在一种小型制造业上。1914 年，第一次世界大战爆发，使他无法取得他的工厂所需要的原料，因此他只好宣告破产。金钱的丧失，使他大为沮丧，于是，他离开了妻子和儿女，成为一名流浪汉。他对于这些损失一直无法忘怀，而且越来越难过。到最后，甚至想自杀。

　　他说完他的故事后，哈德对他说："我已经以极大的兴趣听完你的故事，我希望我能对你有所帮助，但事实上，我却没有能力帮助你。"

　　他的脸立刻变得苍白。他低下头，喃喃地说道："这下子完蛋了。"

　　哈德等了几秒钟，然后说道："虽然我没有办法帮助你，但我可以介绍你去见本大楼的一个人，他可以协助你东山再起！"哈德刚说完这几句话后，他立刻跳了起来，抓住哈德的手，说道"看在老天爷的分上，请带我去见这个人。"

　　他会为了"老天爷的分上"而做些要求，这显示他心中仍存在着一丝希望。所以，哈德引导他来到实验室里，和他一起站在一块看来像是挂在门口的窗帘布前。哈德把窗帘布拉开，露出一面高大的镜子，哈德用手指着镜子说：

　　"我答应介绍你跟他见面，就是这个人。在这世界上，只有这个人能够使你东山再起。"

他朝着镜子向前走了几步，用手抚摸他长满胡须的脸孔，对着镜子里的人从头到脚地打量了几分钟，然后后退几步，低下头，开始哭泣起来。哈德知道自己的忠告已经发挥功效了，便送他离去。

几天后，哈德在街上碰见了这个人，而且几乎都认不出他来了。他的步伐轻快有力，头抬得高高的。他从头到脚打扮一新，看来很成功的样子。

他解释说："我正要到你的办公室去。把好消息告诉你。那一天我离开你的办公室时，还只是一个流浪汉。但是，虽然我的外表落魄，我仍然替自己找到了一项年薪3000美元的工作。老天爷，一年3000美元。并且我的老板先预支了一些薪水给我，要我去买些新衣服，还让我先寄一部分钱回去给我的家人。我现在又走上成功之路了。"

在从来不曾发现"自立"价值的那些人的意识中，原来隐藏了伟大的力量和各种潜能。

我们首先要意识到，自己就是一个蕴含着无尽宝藏的世界，每个人都有自己的个性和长处，每个人都可以选择自己的目标，并通过不懈的努力去争取属于自己的成功。

每个人都具有特殊才能，每个人应该尽量灵活运用自己的这项特殊才能。有很多人以为自己所具有的这项才能，只是一些不登大雅之堂的"小玩意儿"，根本不曾想过利用这项"小玩意儿"来提高身价。而杰出人士们正是因为勤于思考，发掘利用自己的才能，才获得了很大的成功。

一味攀比会使你迷失方向

聪明的人只要能认识自己，便什么也不会失去。

——尼采

不能总望着别人的强项羡慕不已。你也有你的强项，如果你总是跟自己的劣势较劲，那只能是到处碰壁。

孔雀因为大家都爱听夜莺唱歌，而自己一唱歌就会被人笑话，很苦恼，就向天神诉苦。天神对它说："别忘了，你的项颈间闪着翡翠般的光辉，你的尾巴上有华丽的羽毛，所以在这些方面，你是很出色的。"孔雀仍不满足："可是在唱歌这一项上有人超过了我，像我这样唱，跟哑巴有什么区别呢？"天神回答道："命运之神已经公正地分给你们每样东西：你拥有美丽，老鹰拥有力量，夜莺能够唱歌，这些鸟，都很满意天神对它们的赐予。"

这个世界上根本没有十全十美的事物，人也是如此，可能在此方面优秀，在彼方面低劣，这是无可辩驳的事实。可是，生活中太多的人总是喜欢和别人攀比，他们因此而给自己带来了许多无端的烦恼。

不要总把自己与别人比较，这样会愈看自己愈自惭形秽。相信天生我才必有用，你有别人没有的优点和长处，你一定可以成就未来。

不要开错窗

宝贝放错了地方便是废物。人生的诀窍就是找准人生定位，定位准确能发挥你的特长。经营自己的长处能给你的人生增值，而经营自己的短处会使你的人生贬值。

——本杰明·富兰克林

当帕瓦罗蒂还是个孩子时，他的父亲，一个面包师，就开始教他学习歌唱。父亲鼓励他刻苦练习，打下坚实的功底。后来，在他的家乡意大利的蒙得纳市，一位名叫阿利戈·波拉的专业歌手收帕瓦罗蒂为他的学生，那时，帕瓦罗蒂还在一所师范学院上学。在毕业时，他问父亲："我应该怎么办？是当教师还是成为一个歌唱家？"父亲这样回答他："如果你想同时坐两把椅子，你只会掉到两个椅子之间的地上。在生活中，你应该选定一把椅子。"他选择了。忍住失败的痛苦，经过 7 年的学习，他终于第一次正式登台演出。此后他又用了 7 年的时间，终于进入大都会剧院。

成功需要一个切实可行的定义。无论什么都要踏踏实实地做，好高骛远的想法一定要排除。如果我们要成功，必须要找准自己的人生定位，必须找到个人能力、兴趣和职业的最佳结合点。首先要问问你自己的兴趣所在。"我喜欢做什么？""我最擅长什么？"只要对自己所从事的工作有兴趣，其余的一切就很容易办了。

爱因斯坦在 20 世纪 50 年代曾收到一封信，信中邀请他去当以色列的总统。出乎人们意料的是，爱因斯坦竟然拒绝了。他说："我整个一生都在同客观物质打交道，因而既缺乏天生的才智，也缺乏经验来处理行政事务及公正地对待别人，所以，我觉得我不适合担当这一重任。"

人并无高下之分。一个人有抱负，也不是非成为驰名世界的大科学家或大文豪不可，炒菜、做衣服、设计花布、种菜、开车、售货，甚至于修车和收废品，只要是社会上的一项有益的工作，做好了都能有所成就。

一片树叶总有一滴露水养着，人人都会有完全属于自己的一片天地。我们在拥有自己长处的同时，总会在某些方面不如别人。每个人活在世上，受各种因素影响，都会带上或这或那的不足，如果因此而失去自己的人生定位及目标，无疑是可悲的。

走出别人给你画的圆

一个人如果能根据自己的爱好去选择事业的目标，他的主动性将会得到充分发挥。

——爱迪生

　　每个人在给自己定位或者确定方向的时候，总会受到外界这样或者那样的影响，其中包括父母长辈的期望。在这种情况之下，一个人就容易受外在事物的影响，不遵从自身特质的指引，走上一条由别人指定的道路。对于任何人而言这都是一种悲哀。而杰出人士在这方面一般都能够有所坚持。

　　拉德斯·图夫特是诺贝尔奖获得者。当杰拉德斯·图夫特还是一个8岁的小男孩时，一位老师问他："你长大之后想成为怎样的人？"他回答："我想成为一个无所不知的人，想探索自然界所有的奥秘。"图夫特的父亲是一位工程师，因此想让他也成为一名工程师，但是他没有听从。"因为我的父亲关注的事情是别人已经发明的东西，我很想有自己的发现，做出自己的发明。我想了解这个世界运作的道理。"正是因为有着这样的渴求，当其他孩子正在玩耍或者在电视机前荒废时光的时候，小小的图夫特就在灯前彻夜读书了。"我对于一知半解从来不满足，我想知道事物的所有真相。"他很认真地说。

　　没有人有强迫你去干你不感兴趣的事情的权利。杰出人士都是能够保持特质的人，最后他们得到了属于自己的那片蓝天。要保持自我，首先要知道自己的兴趣在哪里。所谓兴趣，是指一个人力求认识某种事物或爱好某种活动的心理倾向。这种心理倾向是和一定的情感联系着的。"我喜欢做什么？""我最擅长什么？"一个人如果能根据自己的爱好去选择事业的目标，他的主动性将会得到充分发挥。即使十分疲倦和辛劳，也总是兴致勃勃，心情愉快；即使困难重重也绝不灰心丧气，而是想尽办法，百折不挠地克服它，甚至废寝忘食，如醉如痴。

　　你可能一时很难弄清楚自己的兴趣所在，或擅长什么，这就需要你在实践中善于发现自己、认识自己，不断地了解自己能干什么，不能干什么，如此才能取之所长、避之所短，进而找准坐标、通过奋斗取得成功。